广西高校人文社科重点研究基地——广西旅游产业研究院资助出版

南岭走廊民族特色村寨旅游扶贫效果评估研究

侯玉霞　著

中国财经出版传媒集团

经济科学出版社
Economic Science Press

图书在版编目（CIP）数据

南岭走廊民族特色村寨旅游扶贫效果评估研究/
侯玉霞著. -- 北京：经济科学出版社，2022.5
ISBN 978 - 7 - 5218 - 3485 - 7

Ⅰ.①南…　Ⅱ.①侯…　Ⅲ.①民族地区 - 乡村旅游 -
作用 - 扶贫 - 研究 - 中国　Ⅳ.①F592.7②F323.8

中国版本图书馆 CIP 数据核字（2022）第 043209 号

责任编辑：李晓杰
责任校对：郑淑艳
责任印制：张佳裕

南岭走廊民族特色村寨旅游扶贫效果评估研究

侯玉霞　著

经济科学出版社出版、发行　新华书店经销

社址：北京市海淀区阜成路甲 28 号　邮编：100142

教材分社电话：010 - 88191645　发行部电话：010 - 88191522

网址：www. esp. com. cn

电子邮箱：lxj8623160@ 163. com

天猫网店：经济科学出版社旗舰店

网址：http：//jjkxcbs. tmall. com

北京密兴印刷有限公司印装

710 × 1000　16 开　17.5 印张　330000 字

2022 年 5 月第 1 版　2022 年 5 月第 1 次印刷

ISBN 978 - 7 - 5218 - 3485 - 7　定价：68.00 元

（图书出现印装问题，本社负责调换。电话：010 - 88191510）

（版权所有　侵权必究　打击盗版　举报热线：010 - 88191661

QQ：2242791300　营销中心电话：010 - 88191537

电子邮箱：dbts@ esp. com. cn）

前　　言

　　2021 年，习近平总书记在建党 100 周年纪念大会上庄严宣布我国已全面建成小康社会，"历史性地解决了绝对贫困问题"。改革开放以来，党和国家便开始实施大规模扶贫开发战略，党的十八大之后，更是把扶贫开发工作摆在突出位置，少数民族地区的贫困问题尤为严重。本书以狭义的南岭地区行政区划为准，通过对南岭走廊民族地区社会经济情况的总体分析和旅游扶贫效率的评价，构建南岭走廊民族特色村寨旅游扶贫效果评估指标体系，选取南岭走廊上三个特色民族村寨进行实证研究，对其扶贫模式成效进行分析，进而提出南岭走廊民族特色村寨可持续发展与旅游富民的对策，为巩固拓展脱贫攻坚成果与乡村振兴有效衔接提供路径参考。

　　本书对南岭走廊民族特色村寨旅游扶贫效果评估的研究主要包括以下几个部分：

　　第一部分：南岭走廊民族特色村寨旅游扶贫效果评估研究基础。第一章通过对国家扶贫战略方针的回顾阐述本书的研究背景和研究意义，进而提出研究内容、思路及方法。第二章通过界定南岭走廊、民族特色村寨、旅游扶贫的相关概念，结合理论基础对国内外旅游扶贫相关文献进行梳理和评述。

　　第二部分：南岭走廊民族地区社会经济发展与旅游扶贫效率分析。第三章以狭义的南岭地区行政区划为准，分析南岭走廊范围内 11 个市级行政区的社会经济发展状况。采用 DEA 数据包络分析法计算南岭走廊民族地区各市的旅游扶贫效率，对其旅游扶贫综合效率、纯技术效率、规模效率进行分析，并运用 ArcGIS 软件，以地图形式直观地展现旅游扶贫综合效率的时空分布情况。

　　第三部分：南岭走廊民族特色村寨旅游扶贫效果评估体系构建。第四章跳出传统的研究框架，对国内外研究中所总结的经济、社会、文化、环境、生态等宏观与微观指标进行分析，构建以旅游经济发展、村寨治理能力、村民感知评价为准则层，下设多个细化指标的多层次南岭走廊民族特色村寨旅游扶贫效果评估指标体系。针对目标层、准则层、指标层选用层次分析法确定评价指标权重，针对细化指标选用熵权法进行权重计算。

第四部分：南岭走廊民族特色村寨旅游扶贫模式研究。第五章、第六章、第七章分别阐述对勾蓝瑶寨、平岩村、大寨村的实证分析。基于对田野点选择依据、旅游发展基础、村寨扶贫现状的介绍，结合旅游扶贫效果评估指标体系宏观实证分析、旅游扶贫效果居民感知问卷分析，探索出不同村寨的旅游扶贫模式。第八章进一步对不同民族特色村寨旅游扶贫模式成效与不足进行分析对比。

第五部分：南岭走廊民族特色村寨可持续发展与旅游富民对策研究及总结展望。第九章在前文分析的基础上，归纳南岭走廊民族特色村寨可持续发展与旅游富民的路径，设计出"共享—协作—开发—动态—创新"的发展机制，提出参与设计注重利益均衡、丰富营销强化旅游品牌、创新驱动激发内在动力、提质增效促进三产融合等对策建议，从旅游政策制度保障、旅游教育培训保障、旅游资金信贷保障、旅游技术支持保障等方面指出可持续发展与旅游富民的保障体系。第十章指出本书的不足并进行未来展望。

本书理论研究与实证研究密切结合，具有较强的理论价值和应用价值。基于理论与实证研究所构建的民族特色村寨旅游扶贫效果评估指标体系，探索民族特色村寨可持续发展与旅游富民路径，丰富了乡村振兴的阶段性成果，为下一步大力发展乡村旅游助推乡村振兴提供模式参考和经验借鉴。

侯玉霞

2022 年 1 月

于漓江河畔

目 录
Contents

第一章

绪　　论

第一节　研究背景

一、南岭走廊地区贫困问题突出，旅游扶贫成为最佳方式

南岭走廊是费孝通提出的"三大民族走廊"之一，也是瑶族、苗族、侗族、壮族、畲族等少数民族聚居地。南岭民族走廊在行政区划上包括广西的桂林市、贺州市、梧州市；广东的韶关市、清远市、河源市；湖南的郴州市、永州市、怀化市、邵阳市；江西的赣州市。其中包括桂林市龙胜县、贺州市昭平县、永州市江华县、郴州市汝城县、赣州市安远县等10多个国家扶贫开发工作重点县；桂林市资源县、邵阳市新宁县、永州市江永县、韶关市新丰县、清远市阳山县、河源市连平县等20多个省级扶贫开发工作重点县；郴州市宜章县、安仁县，赣州市瑞金市、石城县、南康区等5个罗霄山特困片区。这些地方属于名副其实的"区域性整体贫困"和"少数民族群体性贫困"，贫困县、村分布密集，贫困面广，贫困程度深，贫困发生率高。南岭走廊地区旅游扶贫迫在眉睫，具有较强现实意义和相应的工作基础，民族村寨旅游开发成为当地扶贫致富、化解社会矛盾、民族和谐的最佳方式。

二、精准扶贫思想逐渐深入人心，为脱贫攻坚指明新方向

2013年11月，习近平总书记在湖南湘西十八洞村考察调研时，首次提出"精准扶贫"理念。2015年6月，习近平总书记在贵州召开部分省区市党委主要

负责同志座谈会上全面论述了精准扶贫思想，指出"扶贫开发贵在精准，重在精准，成败之举在于精准"①。各地区在扶持对象、项目安排、资金使用脱贫成效等方面都要做到"精准"。要针对各地不同情况对症下药，坚持因地制宜政策。2015 年 11 月，在中央扶贫开发工作会议上习近平总书记发表了非常重要的讲话，指出要处理好"扶持谁"的问题，在坚持"因户施策、因人施策"的原则下把我国真正的贫困人口弄清楚，同时把贫困程度、致贫原因等弄清楚。

2017 年 6 月，习近平总书记在深度贫困地区脱贫攻坚座谈会上发表讲话，强调贫困地区脱贫要坚持精准扶贫精准脱贫基本方略。区域的发展重在解决"精准脱贫"的问题，坚持精准扶贫基本方略。解决好深度贫困地区的区域发展是精准扶贫的关键，也是其基础步骤。"减贫"是深度贫困地区促进区域发展必要的措施，为精准扶贫的落实奠定基础。2017 年 2 月，习近平总书记在主持中共中央政治局第三十九次集体学习时强调，要坚持精准扶贫、精准脱贫。要打牢精准扶贫基础，通过建档立卡，摸清贫困人口底数，做实做细，实现动态调整。要提高扶贫措施有效性，核心是因地制宜、因人因户因村施策，扶贫小额信贷、扶贫再贷款等政策要突出精准。2017 年 10 月，习近平总书记在党的十九大报告中指出，要坚决打赢脱贫攻坚战，要发动全国各界的全部力量，坚持精准扶贫精准脱贫基本方略，实现到 2020 年我国的贫困县全部摘帽，农村贫困人口全部脱贫。党的十八大以来，在以习近平同志为核心的党中央坚强领导下，我国脱贫攻坚工作取得了显著成绩。我国成为世界上脱贫人口最多的国家，同时也是率先完成联合国千年发展目标的国家。

三、乡村旅游扶贫政策密集落实，赋能旅游产业扶贫力量

《国务院关于促进旅游业改革发展的若干意见》强调指出，要"加强乡村旅游精准扶贫，扎实推进乡村旅游富民工程，带动贫困地区脱贫致富"。旅游扶贫是在具有一定旅游资源条件、区位优势和市场基础的贫困地区，通过开发旅游带动整个地区经济发展、贫困群众脱贫致富的一种产业扶贫开发方式。乡村旅游扶贫是依托农村、牧区良好的自然资源、人文景观和地域风情，以贫困连片地区和贫困村扶贫开发为背景，在发展乡村旅游业的基础上，通过扶贫政策与项目和资金的介入，带动乡村经济结构优化和发展培育支柱产业，提升贫困地区和贫困群众的自我脱贫能力与发展能力。

---

① 中国共产党新闻网，http://dangjian.people.com.cn/n1/2016/0112/c117092-28043680.html。

2016 年 10 月，国家旅游局《关于印发乡村旅游扶贫工程行动方案的通知》要求，通过实施乡村旅游扶贫工程，使 1 万个乡村旅游扶贫重点村年旅游经营收入达到 100 万元，贫困人口年人均旅游收入达到 1 万元。2018 年 2 月 27 日，国家旅游局印发《关于进一步做好当前旅游扶贫工作的通知》，要求细化分工责任，精准脱贫机制，创新帮扶举措，加强政策衔接，丰富宣传手段，着力推进贫困地区旅游产业发展。以深度贫困地区脱贫攻坚为重点，以旅游扶贫领域作风建设为抓手，注重目标对象精准，注重科学规划引领，注重机制体制建设，注重工作举措创新，注重社会力量参与，注重激发内生动力，注重工作作风建设，注重责任监督落实，进一步提高旅游脱贫的质量和成效。

四、乡村振兴战略扎实有序推进，引领民族村寨兴旺发展

党的十九届五中全会肯定了决胜全面建成小康社会取得的显著性成就，明确"十四五"时期要扎实推动共同富裕。会议上通过的《中共中央关于制定国民经济和社会发展第十四个五年规划和二〇三五年远景目标的建议》（以下简称《建议》）指出，大力发展农业农村，积极推动乡村振兴，必须把处理"三农"问题作为全党工作的重心，加强以工补农，以城带乡，推动形成工农互促、城乡互补、协调发展、共同繁荣的新型工农城乡关系，推进农业农村现代化。《建议》指出要坚持走中国特色社会主义乡村振兴道路，重新构建城乡关系，开拓城乡融合发展之路；要巩固和完善农村基本经营制度，走共同富裕之路；要深化农业供给侧结构性改革，走质量兴农之路；要坚持人与自然和谐相处，走乡村绿色发展之路；要传承发展提升农耕文明，走乡村文化兴盛之路；要创新乡村治理体系，走乡村善治之路；必须打好精准脱贫攻坚战，走中国特色减贫之路。

第二节 研究意义

一、理论意义

第一，整合贫困与反贫困理论、旅游感知理论、利益相关者理论、区域经济理论、可持续发展理论、旅游地生命周期理论等多个理论，跳出固有的经济、社会、文化、环境框架，构建包括四个层次的南岭走廊民族特色村寨旅游扶贫效果

评估指标体系，分别采用层次分析法和熵权法计算评价指标和细化指标的权重，并进行信度与效度检验，确保指标体系的有效性与应用性，为旅游扶贫效果评估指标体系构建研究提供借鉴。

第二，基于案例地实证研究结果，对各案例地的旅游扶贫模式进行归纳总结，分析其旅游扶贫效果，提出可持续发展与旅游富民路径、机制与保障体系，为民族特色村寨旅游可持续发展提供理论依据。

二、现实意义

第一，为南岭走廊地区其他民族特色村寨提供了可借鉴的旅游扶贫模式，有利于带动民族地区的经济发展，助力脱贫工作的开展。

第二，在全面建成小康社会之际，本书所构建的民族特色村寨旅游扶贫效果评估指标体系，有助于对南岭走廊地区民族特色村寨的旅游扶贫成效进行评估和验收。

第三，通过对南岭走廊地区民族特色村寨旅游扶贫效果进行评估，总结出旅游扶贫模式，为下一步大力发展乡村旅游、促进乡村振兴提供经验。

第三节 研究对象及内容

一、研究对象

本书以南岭走廊民村特色村寨为研究对象，选取勾蓝瑶寨、平岩村、大寨村三个不同规模、资源特色、旅游扶贫模式的代表性案例作为具体研究对象。

勾蓝瑶寨，位于湖南省永州市江永县兰溪瑶族乡。勾蓝瑶寨作为湖南省少数民族特色村寨、中国历史文化名村，村寨在选址格局、传统建筑、民族文化等方面独具特色，有着较高的保护和研究价值。勾蓝瑶寨是"十二五"期间国家扶贫开发重点村，随着旅游开发的逐步深入，全村参与旅游的人数逐年增长，旅游业逐渐发展为村寨主导型产业。2018年，村寨贫困户全部实现脱贫，勾蓝瑶寨的发展模式得到了上级的高度认可，入选为国家级旅游扶贫示范项目，还被推荐申报全国文明旅游先进单位。

平岩村，位于广西柳州市三江侗族自治县林溪乡。平岩村村落选址巧妙，与自然环境完美融合，整体格局完整，布局模式很好地体现了"尊重自然"的侗族传统理念，传统街巷韵味留存，历史环境要素丰富，具有侗族（南侗）传统村落的代表性特性。平岩村位于程阳八寨景区的核心区域，旅游发展态势良好。2007年程阳八寨被国家命名为"国家首批景观村落"，2009年被授予国家4A级景区。2013年，平岩村的马安、平寨、岩寨三村屯被列入国家申报世界文化遗产预备名录。

大寨村，位于广西桂林市龙胜各族自治县龙脊镇。大寨村作为南岭走廊地区典型的少数民族特色村寨，村内有"千层天梯""西山韶乐"和"金佛顶"等梯田景观。大寨村优美的梯田景观、良好的生态环境、多姿多彩的瑶族文化吸引着国内外游客前往观光游览。2006年大寨村被选定为整村推进扶贫开发与社会主义新农村建设相结合试点村；2007年经国土资源部、建设部、农业部等多家部门组成的评选委员会评选，大寨村从参选村中脱颖而出，入选"中国经典村落景观"村；2009年被推荐为中国生态示范村参选单位，入选国家4A级景区。大寨村的旅游发展卓有成效，备受关注，是乡村旅游扶贫的典范，值得更多的民族村寨效仿学习。

二、研究内容

本书的研究内容包括以下六个部分：

一是南岭走廊民族地区社会经济发展与旅游扶贫效率分析。以狭义的南岭地区行政区划为准，分析南岭走廊范围内11个市的社会经济发展状况。采用DEA数据包络分析法计算南岭走廊民族地区各市的旅游扶贫效率，对其旅游扶贫综合效率、纯技术效率、规模效率进行分析，并运用ArcGIS软件，以地图形式直观地展现旅游扶贫综合效率的时空分布情况。

二是南岭走廊民族特色村寨旅游扶贫效果评估体系构建。（1）评估指标确定，对国内外研究中所总结的经济、社会、文化、环境、生态等宏观与微观指标进行分析，跳出传统的研究框架，同时又吸收其核心内容，构建以旅游经济发展、村寨治理能力、村民感知评价为准则层，下设多个细化指标的四个层次的南岭走廊民族特色村寨旅游扶贫效果评估指标体系。（2）评估体系建构，针对目标层、准则层、指标层所形成的指标体系选用层次分析法确定评价指标权重，针对村民感知评价所包含的细化指标选用熵权法进行权重计算，结合指标体系构建原则，建构评估指标体系。

三是南岭走廊民族特色村寨旅游扶贫效果评估指标体系宏观实证分析。通过整理相关政府工作材料、专家意见咨询与评价等形式获取旅游经济发展、村寨治理能力相关指标评价数据，将细化指标加权计算得到村民感知评价各三级指标的评分结果。采用加权函数法，从旅游经济发展、村寨治理能力、村民感知评价三个准则层进行勾蓝瑶寨、平岩村、大寨村 3 个案例地的旅游扶贫效果评估宏观实证分析。

四是南岭走廊民族特色村寨旅游扶贫效果评估研究。以发放调查问卷的形式对旅游扶贫效果居民感知情况进行了解，包括对旅游扶贫经济和社会文化正效应的感知、对旅游扶贫环境和人口素质正效应的感知、对旅游扶贫负效应的感知、旅游精准扶贫政策绩效评价等 4 方面共 28 个题项，总体满意度共 3 个题项，以及旅游参与意愿共 7 个题项。采用因子分析方法，利用 SPSS 软件对勾蓝瑶寨、平岩村、大寨村 3 个案例地的旅游扶贫效果居民感知进行深入分析。

五是南岭走廊民族特色村寨旅游扶贫模式研究。基于勾蓝瑶寨、平岩村、大寨村的实证分析结果，对 3 个案例地的旅游扶贫模式分别进行归纳总结，并从二级指标的三个方面对其成效进行横向对比，指出 3 个案例地旅游扶贫发展过程中的不足之处。

六是南岭走廊民族特色村寨可持续发展与旅游富民对策研究。基于南岭走廊民族特色村寨各案例地的旅游扶贫效果评估结果，以及旅游扶贫模式经验总结，探索使民族特色村寨从旅游扶贫到旅游致富、从物质富裕到幸福生活的可持续发展与旅游富民路径与机制，从多角度提出发展对策建议，并构建南岭走廊民族特色村寨可持续发展保障体系。

第四节　研究思路及方法

一、研究思路

本书的技术路线如图 1 - 1 所示。

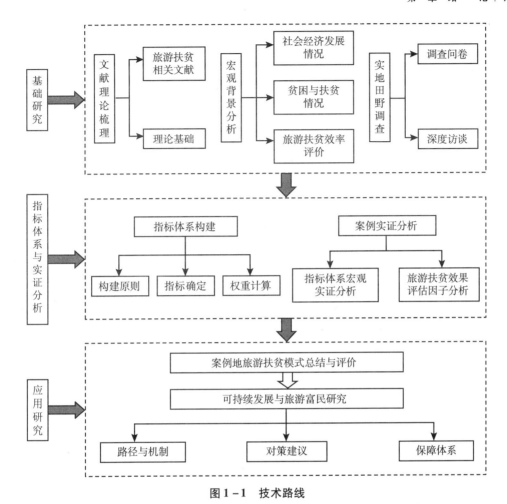

图 1-1 技术路线

二、研究方法

(一) 文献研究法

文献研究法是通过对文献资料的检索、搜集、鉴别、分析,从而形成事实科学认识的方法。在 Web of Science 数据库中以 "Tourism and Poverty" "Pro-Poor Tourism" "Poverty Alleviation" 等作为主题词进行检索,对相关国外文献进行筛选,按照研究内容进行分类;在中国知网 (CNKI) 数据库中,以 "旅游扶贫" "旅游扶贫效率/效果" "旅游扶贫绩效" 等作为主题词进行检索,对相关检索结果进行梳理归纳，分析国内外旅游扶贫研究动态。除此之外，在国内外文献搜集分析的基础上，全面总结归纳已有的旅游扶贫相关理论，为旅游扶贫效果评估指标筛选、旅游扶贫评估指标体系的构建和扶贫效果实证研究提供依据和借鉴。

（二）个案研究法与比较研究法相结合

个案研究法即对具有代表性的案例进行深入分析。通过对南岭走廊民族地区特色村寨进行梳理，本课题选取勾蓝瑶寨、平岩村、大寨村等3个具有代表性的南岭走廊民族特色村寨作为案例地，分别对3个案例地的地理位置、人文社会、旅游资源、旅游扶贫情况等进行分析，并对居民感知情况进行因子分析。比较研究法即对所选的多个案例进行多方面的比较分析。从旅游经济发展、村寨治理能力、村民感知评价等3个方面入手，对勾蓝瑶寨、平岩村、大寨村的旅游扶贫效果进行对比，分析各案例地旅游扶贫模式的特色与不足之处。个案研究法与比较研究法相结合能够全面深入地分析各案例地的优势与不足，为进一步研究提供基础。

（三）田野调查法

民族学田野调查法是指经过专门训练的民族学工作者亲自进入民族地区，通过直接观察、具体访问、住居体验等方式获取第一手研究资料和建立理论通则的最基本途径。本课题主要采用田野调查法中的问卷调查法和深度访谈法。在田野调查过程中，访谈记录组对案例地进行观察与深度访谈，严格依据田野调查访谈规则。为规避调查人对被调查人的主观臆断，访谈过程中该组成员采用录音设备完整记录被调查人所述，每天撰写田野日志，客观叙述事实并对事实背后的逻辑关系进行梳理。问卷调研组采用随机抽样与目的性抽样结合的方法，采用无记名方式对当地居民进行问卷调查。

（四）定性与定量分析相结合

定性分析法是在归纳的基础上，从所收集到的资料中去建立对事物的理解，而定量分析法则是在演绎的基础上，对标准化的资料进行统计量化分析来建立对事物的理解。定性分析和定量分析在使用对象、使用方法和使用步骤上存在一定的区别，关于其优缺点和局限性也有着持续的讨论，但两者之间并没有绝对的界限，且是相互依存的，即没有定量的定性是空洞的、不够精确的，没有定性的定量是盲目的、毫无价值的。在文献研究和对田野调查资料进行定性分析的基础上，构建包括四个层次的旅游扶贫效果评估指标体系，运用层次分析法、熵值法、因子分析法等多种定量分析方法进行指标权重计算与实证分析。

第二章

理论基础与研究述评

第一节 概念界定

一、南岭走廊

"南岭走廊"是费孝通先生在 20 世纪七八十年代提出的一个历史、民族与文化区域概念。以南岭走廊、藏彝走廊和西北走廊构成的"民族走廊理论"是费孝通先生"中华民族多元一体格局"思想的重要组成部分。民族走廊是指"一定的民族或族群长期沿着一定的自然环境向外迁徙或流动的路线，并认为在这条走廊中必然保留着该民族或族群众多的历史与文化的沉淀"①。民族走廊强调的不仅仅是作为道路的走廊，更强调走廊中的人之流动。在民族走廊地区，总会有一些不断活动的人群，由此形成聚落。"南岭走廊"区域内生活着汉族、瑶族、苗族、畲族、侗族、佬族、壮族、彝族、毛南族、布依族、土家族、水族等十几个民族。

从地理分布角度看，广义的"南岭"是指，从长江与珠江流域的分界线，一直向西至红水河与乌江的分界线苗岭，即两广丘陵与云贵高原的分界，包括黔西南、黔南、黔东南、桂北、桂西北、滇东等地；狭义的"南岭"是指，在我国广东、广西、湖南、江西等省份交界处有一系列平行的山岭和山地，其中以大庾岭、骑田岭、都庞岭、萌渚岭、越城岭五岭最为有名，史称"南岭"。从行政区

---

① 李绍明. 李绍明民族学文选［M］. 成都：成都出版社，1995：10.

划角度看，目前学术界关于"南岭走廊"的范围还没有明确的定义，广义的"南岭走廊"自西向东包括云南东部，贵州的黔西南、黔南、黔东南，湖南的郴州、永州、怀化、邵阳，江西的赣州，广西的桂林、贺州、梧州、桂北、桂西北，广东的韶关、清远、河源、梅州，福建西部等广大地区；而狭义的"南岭走廊"包括广西桂林、贺州、梧州，广东韶关、清远、河源，湖南郴州、永州、怀化、邵阳，江西赣州等。

本书采用狭义的"南岭走廊"行政区划标准（见图 2 - 1），共包括 11 个地级市，在此范围内选取具有代表性的案例地展开"南岭走廊民族特色村寨旅游扶贫效果评估"研究。

图 2 - 1 狭义"南岭走廊"

资料来源：运用 ArcGIS 软件绘制。

二、民族特色村寨

国家民族事务委员会经济发展司（2014）将少数民族特色村寨定义为：具有鲜明的民族特色和独特的文化底蕴，与当地自然生态环境高度和谐统一、生产生活功能较为完备的少数民族聚居点。少数民族特色村寨是少数民族群众根据特定的自然地理条件和历史文化积淀而形成的民居建筑。在长期的生产生活中，少数民族群众又形成了既相对一致又特色鲜明的共生体系和习俗风情。民族特色村寨反映着生活在不同区域的人类社会，在不同发展阶段的族群制度、经济生活方式、民族关系、生产力发展水平、宗教信仰等。少数民族特色村寨是一个地区民族文化基因最完整的保留地，是传承民族文化的有效载体，也是加快民族地区发展的重要资源。少数民族村寨承载着少数民族的物质与非物质文化遗产，是一个由少数民族聚集的乡土社区，既包括乡土社会生活和精神生活，也包括乡土经济生活，是一种价值体系的综合表现。少数民族特色村寨在特色产业、民居风格、民族风俗习惯等方面都独具特色，是少数民族区域经济社会发展特点和文化特征的反应体。

三、旅游扶贫

旅游扶贫是一种利用旅游作为扶贫工具的发展方法，已被官方发展机构和非政府组织采用。非政府组织通过自愿性旅游活动来减少贫困。旅游扶贫即为穷人带来净利益的旅游，这个定义假定贫困的绝对定义是基于净收入的，认为可以将旅游作为一种扶贫方式，即使贫困人口的收入可能是微乎其微的。旅游扶贫通过开发贫困地区丰富的旅游资源，兴办旅游经济实体，使旅游业形成区域性支柱产业，实现千家万户和地方财政双脱贫致富。旅游扶贫开发是指，旅游资源比较丰富的贫困地区，通过对旅游资源保护性的开发利用，发展旅游产业，并以旅游产业的发展带动和促进相关产业的发展，从而增强自我发展的能力，走出一条脱贫致富的路子。旅游扶贫利用乡村独特自然特色和地理优势开发乡村旅游业，缓解当地旅游财政收入的缺口，表现出贫困人口参与面广、扶贫效果见效快、返贫率低等优势。

第二节 理 论 基 础

一、贫困与反贫困理论

国家统计局指出"贫困是指个人或家庭依靠劳动所得和其他合法收入不能维持其基本的生存需求"①。马克思和恩格斯根据对自己所生活的资本主义时代现实情况的考察，以历史唯物主义的分析方法为前提，提出了自己对贫困问题的见解和解决贫困的具体方法，并致力于实现无产阶级脱贫和彻底解放。马克思从制度、资本剥夺、生产力、能力与知识四个层面剖析了贫困产生的根源与特征。对古典政治经济学家贫困理论的批判与继承是马克思贫困理论的理论渊源，对"国家制度""资本积累"和"意识形态"与贫困之间关系的研究是马克思贫困理论的精髓。

世界范围内关于反贫困内涵的概述主要有三种：一是 Poverty reduction，意为减少贫困；二是 Poverty alleviation，意为减缓贫困；三是 Poverty eradication，强调消除贫困。在中国反贫困的过程中，则使用"扶贫"一词，即通过扶持的方式帮助贫困地区摆脱贫困。随着我国进入全面建成小康社会的决胜时期，一个不落消除贫困成为急需补齐的短板之一。2013 年 11 月，习近平在湖南农村考察时详细阐述了精准扶贫的含义，即各级政府在扶贫开发的过程中要注重"扶贫对象精准、项目安排精准、资金使用精准、措施到户精准、因村派人精准、脱贫成效精准"②。

二、旅游感知理论

感知属于哲学名词，是感觉与知觉的统称，是客观事物经感官在大脑中的直接反映。旅游感知是将感知与旅游结合起来的，更侧重于对旅游方面的知觉。旅游感知是感知主体对旅游各种相关因素及其相互关系的社会知觉。旅游感知的主体主要分为社区居民和旅游者。居民旅游感知是在旅游发展过程中，目的地居民

---

① 康晓光. 中国贫困与反贫困理论［M］. 南宁：广西人民出版社，1995：8 – 9.
② 闻涛. 扶贫开发成败在于精准［N］. 人民日报，2015 – 06 – 25（005）.

对旅游给当地经济、文化、社会、环境等带来变化以及影响的认知程度，以及对其的主观评价。旅游感知理论源自心理学的感知理论，是一种基于人们心理研究提出的理论。这一理论，是人的思维对既定存在的事物而产生的直观感受。经济影响感知是指居民感受到的旅游发展为当地带来的经济发展、就业机会增加、收入增加、产业结构调整等方面的作用；环境影响的感知是指居民感受到的旅游发展对其生活环境产生的正面或负面影响；社会文化影响感知是指居民对旅游发展造成的生活方式、思想观念、民俗民风等变化的认知。

三、利益相关者理论

1963 年，斯坦福研究所首次使用利益相关者这一术语，指在企业生存发展中必不可缺的一些利益群体，如果没有他们的支持，企业就无法生存。1984 年，弗里曼在《战略管理：利益相关者管理的分析方法》中归纳出利益相关者理论。这一理论是指企业的经营管理者不是像传统那样仅仅追求个别主体的利益，而是追求包括所有交易伙伴和社会交往联系者等所有利益相关者的整体利益。利益相关者涵盖广泛，包括政府部门、企业集团、社区和个人，从理论层面探讨企业绩效评估与管理的核心，为绩效评估理论奠定了基础。

在旅游业中，利益共享的概念是指旅游业产生的利益应该在广泛的利益相关者之间分配。有效的沟通、利益相关者之间良好的协作和开放的态度是利益相关者之间协同互动的重要前提。政府在旅游扶贫过程中发挥主导作用，是旅游扶贫的相关政策制定者，同时又是旅游扶贫的规划者，旅游扶贫效果是否能实现，取决于政府的引导和扶持；旅游扶贫企业是旅游扶贫开发的主导者；旅游目的地的社区和贫困人群生产、生活方式，民俗风情是旅游产品的重要构成部分。

四、区域经济理论

区域是人们依据土地资源进行划分后的地界，它是一种连续的有限空间范围，在地理学理论中区域是指含有自然因素、经济因素、社会因素中的一个或者多个因素组成的地理单位。分布在各个行政区域的国民经济均为区域经济的一部分，由于劳动地域分工的不同，在区域经济发展的内在因素和外部条件的相互制约和影响下，逐步形成了不同的经济区。区域经济是指在一定区域范围内，影响该区域经济发展的内部和外部因素相互作用进而产生的生产综合体。在宏观经济环境相对稳定的前提下，区域经济的发展会受资源配置、政府政策和劳动力水平的制约。区域经济理论的研究目标是，实现生产资源在一定空间或区域内的优化组合和配置，以获得最大的产出。区域经济理论以经济均衡增长理论和经济非均衡增长理论为代表。经济均衡增长理论认为资本、劳动、技术进步三个方面决定了区域经济的发展；非均衡增长理论认为由于在资金、信息、技术进步、劳动、资源等要素方面的不同，不同区域与行业的经济并非以相同的速度均衡增长。

五、可持续发展理论

可持续发展已成为指导世界社会经济转型的基本战略。可持续发展理论经历了三个阶段：胚胎期（1972 年以前）、成型期（1972～1987 年）和发展期（1987 年至今）。可持续发展的概念最早是在 1972 年斯德哥尔摩举行的联合国人类环境研讨会上正式讨论，直到 1987 年，世界环境与发展委员会（WCED）关于人类未来的报告《我们共同的未来》第一次阐明可持续发展理论定义：既满足当代人的需求，也不会损害后代人满足自身需求的发展方式。可持续发展主要包括三个方面：经济、生态、社会。可持续发展理论体现出了事物发展的时间性、空间性和延续性，"协同、调节、公正、高效、多维"的发展方针是该理念的首要目的。

可持续发展从最初的模糊概念逐步落实为全球性行动，包括日益增长的实践经验。《联合国 2030 年可持续发展议程》确立了 17 项可持续发展目标（SDG）和 169 项具体目标，每项目标都与综合可持续发展的经济、社会和环境方面的指标有关。这是一个复杂的系统，150 多个国家拥有不同的发展优先次序和发展水平。可持续发展的目标从追求可持续利用自然资源的单一目标演变为千年发展目标（MDGs）和可持续发展目标（SDGs），文化、良好治理和生命维持系统是促进可持续发展的重要因素。

六、旅游地生命周期理论

旅游地生命周期的概念最早由德国学者克里斯塔勒（1963）提出，1980 年加拿大学者巴特勒（Butler）提出旅游地生命周期（Tourism Area Life Cycle）理论。该理论认为旅游地的演化经过 6 个阶段：探索阶段（exploration）、参与阶段（involvement）、发展阶段（development）、巩固阶段（consolidation）、停滞阶段（stagnation）、衰落（decline）或复苏阶段（rejuvenation）。探索阶段，旅游地仅有少量或欠缺旅游基础设施，只有自然或部分文化资源；参与阶段，游客量上升，基础设施和旅游设施开始建设，当地居民开始通过提供住宿与餐饮获利，旅游地开展广告宣传活动；发展阶段，旅游数量明显增长，人造景观与旅游设施逐渐增多，旅游业对当地的自然、社会、文化环境等均造成影响；巩固阶段，游客量增长速度有所减慢，旅游业成为当地的支柱产业，但是经济、社会、自然环境问题日益突出；停滞阶段，游客量趋于顶点，鲜有增长，过度依赖游客重游，旅游业所带来的各类负面影响明显；在衰落或复苏阶段，部分旅游地难以抵抗旅游带来的各类负面影响，逐渐失去旅游功能，而另外一些旅游地则通过挖掘开发新的旅游资源或进行改革重新恢复旅游功能。

第三节　国内外研究动态与述评

一、国外相关研究梳理

20 世纪 50 年代，国外学者开始关注旅游的扶贫效果，到了 1998 年，哈罗德·古德温（Harold Goodwin，1998）首次对旅游与扶贫的关系进行分析。对国外相关文献进行梳理后发现，国外学术界对旅游扶贫的研究主要集中在影响因素研究、实践研究、效果研究等三个方面：

（一）旅游扶贫影响因素研究

1999 年，英国国际发展局（DFID）首先提出反贫困旅游（Pro - Poor Tourism，PPT）概念，将旅游发展与消除贫困直接相连。麦可尔·穆干达（Michael Muganda，2010）考察了旅游业发展在多大程度上影响减贫的 7 个指标：易达性改善（运输和通信）、商品和服务价格、企业培训、创收项目、就业机会、一般生活质量和家庭收入。哈泽尔·塔克（Hazel Tucker，2012）分析确定了限制以及促使男女参与旅游业发展并从中受益的各种社会文化因素。研究结论显示，在处理旅游业、性别和减贫之间的关系时，必须细致地了解这些关系所涉及的重大变化，并考虑到妇女和男子在这些变化中所处的位置以及这种位置的不稳定性。法里杜尔·伊斯兰（Faridul Islam，2012）通过旅游业减轻贫困存在一些障碍，包括政府、非政府组织和金融组织的支持不足，中介和富裕精英主导旅游业，传统农业社区缺乏参与旅游机会的意识和能力，以及培训和技术支持不足。丽吉娜·斯彻文思（Regina Scheyvens，2012）采用了赵（Zhao）和里奇

（Ritchie）的"反贫困旅游"综合研究框架的多维贫困观，确定了三个决定性因素："机会""赋权"和"安全"。苏珊·林恩斯·尼曼（Susan Lynne Snyman，2012）通过对影响人们保护和旅游态度的各种因素的深入分析发现，生态旅游就业对人们保护和旅游态度的影响是积极的，但对受教育程度的影响最大。丹尼斯·托尔卡奇（Denis Tolkach，2012）从项目管理的角度考虑 PPT，通过对旅游开发的总体分析，特别是对 PPT 文献的分析，找出实施 PPT 所涉及的关键因素，并采用混合方法研究对其相关性和重要性进行检验。根据对相关反应的分析，将影响因素分为三类：外部因素、高阶内部因素和低阶内部因素。有几个方面被认为对成功实施和发展 PPT 非常重要：利益相关者之间的沟通、市场方式、财政支持、政治、社会经济和文化环境以及组织结构。珀西·马布武托·恩维拉（Percy Mabvuto Ngwira，2013）指出以社区为基础的自然资源管理（CBNRM）可能是推动南部非洲社区和农村发展的最重要工具。作者认为，旅游、减贫、农村发展和可持续的自然资源利用在提高社区福祉的过程中是相互联系和相互关联的。研究结果表明，CBNRM 的倡议在实现可持续旅游、农村发展、减贫和自然资源管理方面产生了显著和积极的影响。

（二）旅游扶贫实践研究

杰弗里·马尼亚拉（Geoffrey Manyara，2007）指出联合国世界旅游组织赞同旅游业促进发展中国家的经济发展和减贫，强调微型、中小型旅游企业的作用，评估了社区企业（community-based enterprises，CBEs）在肯尼亚减贫方面的潜力和挑战。利用机会主义抽样法和滚雪球抽样法，对散布在肯尼亚以旅游为重点的社区倡议中的 6 个肯尼亚 CBEs 进行了案例研究。帕特丽夏·林多（Patricia Lindo，2011）自从社区旅游（CBT）发展以来，政府、发展机构和非政府组织都非常重视这一发展模式，通过尼加拉瓜的案例研究，探讨了 CBT 模式在支持社会经济发展和减贫方面的可行性。亚当·M.（Adam M.，2012）提出了一种强调基层观点的 PPT 方法，通过本土化的过程促进当地的旅游文化重构。V. 道张（V. Dao Truong，2013）利用旅游决策过程模型，指出政府积极参与旅游业，扮演经营者、企业家、监管者、规划者、促进者、协调者和教育者的角色。虽然减贫已被列入许多旅游政策和战略，但它往往次于旅游业的增长。要想通过旅游业缓解贫困，地方旅游政策应更加重视贫困问题。曼瓦（Manwa，2014）调查了利益相关者对开放博茨瓦纳森林保护区进行生态旅游将为穷人创造机会的看法。研究结果表明，通过直接、间接和动态效应，开放森林保护区进行生态旅游有可能减轻住在森林保护区附近的弱势群体的贫困。C. 迈克尔·霍尔（C. Michael

Hall，2014）以越南萨帕地区的贫困人口作为研究对象，研究结果显示，更多的当地人认为旅游业有助于减轻贫困。所有受访者都希望成为寄宿家庭的主人或导游，前者最主要的障碍是资金匮乏，而外语能力是后者的主要障碍。霍尔迪·加斯孔（Jordi Gascón，2015）分析了 PPT 的贫困概念是否充分解决了农村贫困问题。PPT 的贫困概念回避了收入分配不平等可能意味着大多数农村人口生活质量下降的事实：高收入社会部门往往会增加其经济和政治权力，从而损害其他社会部门。安德鲁·霍尔登（Andrew Holden，2018）通过对加纳埃尔米纳（Elmina）穷人进行解释性和参与性实地调查，探讨他们对贫困的理解和构建，以及他们如何理解旅游业作为替代生计机会的提供者。大卫·W.（David W.，2018）应用杰索普（Jessop）的战略关系方法分析秘鲁圣谷的两个旅游协会的案例，定性地评估解决特定制度问题的地方战略。研究表明，将扶贫作为机会产生的过程来考虑，强调结构和机构之间的相互作用，当地居民通过小规模的制度变革来改善他们的生活，有利于扶贫旅游研究。

（三）旅游扶贫效果研究

安娜·斯宾塞利（Anna Spenceley，2007）为了评估自然旅游业对穷人的影响，在南非保护区内的企业进行了社会经济评估，比较了企业报告的地方经济干预措施和邻近社区成员对其倡议的看法。研究表明，个别旅游公司的孤立努力对居住在人口密集的农村社区的大多数人没有实质影响，但对少数直接受益的人影响重大。同时，还研究了这些调查结果对今后通过旅游业开展的社会经济活动的影响，以及增加穷人净收益的备选办法。克鲁斯·罗伯迪克（Croes Robertico，2008）运用协整检验与因果关系检验，探讨尼加拉瓜旅游发展、经济扩张与减贫之间的关系，结果表明，三者之间存在长期稳定的关系。安德森（Anderson，2015）通过准统计、领域分析和叙事学对 5 个村随机选取的 85 户家庭进行定性分析，研究结果证实，文化旅游对提高人们的生活水平做出了巨大的贡献，为当地人民提供了旅游就业机会。穆罕默德·S. A.（Mohammad S. A.，2015）采用了定量的方法，收集了法尤姆政府旅游业从业人员和当地居民的问卷，发现法尤姆保护区的 PPT 开发存在着一些障碍，而 PPT 在保护区的开发对法尤姆当地居民的生计产生了积极的影响。由于在宏观层面上衡量旅游业的影响并不能全面反映对穷人的影响，因此纳夫贝克·所罗门·凯贝蒂（Nafbek Solomon Kebede，2017）在一定程度上评估了旅游业在埃塞俄比亚丁肖区贝尔生态地区对抗贫困方面的配合情况。在按比例抽样抽取各地层样本后，用描述统计学和推论统计学进行分析，调查结果显示，旅游业与贫困和当地人的低生活水平并没有明显的联系。卡门·玛利亚·略尔卡（Carmen María Llorca，2017）分析了旅游业对总体和极端货币贫困的影响，以阐明围绕旅游业和贫困之间的联系的辩论，将固定效应模型应用于2001~2013年秘鲁各部门的面板数据，分析了旅游模型中影响实证结果的关键因素。调查结果表明，旅游业对穷人很重要，但它的好处并没有同样惠及极端贫困人口，其潜力也没有得到充分开发。宏观环境薄弱，社区参与度低，阻碍了旅游减贫。恩约亚·埃里克·丘亚梅尼（Njoyaeric Tchouamou，2018）利用动态的、微模拟的可计算的一般均衡模型来研究旅游业发展是否可以成为肯尼亚减贫的引擎。研究结果显示，农村和城市地区对贫困差距和贫困严重程度的影响都是显著的，其中城市地区的影响更大，旅游业的扩张使贫困家庭更接近贫困线。奥维耶多·加西亚 M.（Oviedo – García M.，2019）在多米尼加共和国（小岛屿发展中国家加勒比共同体内）分析了旅游业对减少贫困和收入分配不平等的影响。用 Ng 和 Perron 检验分析时间序列平稳性，用自回归分布滞后边界检验确定长期关系的存在性，并对误差修正模型所代表的短期动态模型进行了估计。结果表明，旅游收入并没有减轻贫困，也没有明显减少财富分配的不平等。雷努卡·马哈德文（Renuka Mahadevan，2019）以1995~2012年13个旅游密集型经济体为研究对象，研究结果表明，旅游收入占国内生产总值（GDP）比例所促进的旅游业增长对贫困的影响取决于所采用的贫困衡量标准。福拉林·奥卢代尔（Folarinoludele，2020）由于贫困和解释变量之间可能存在反向因果关系而产生内生性问题，因此采用系统广义矩量估计技术。研究结果表明，旅游发展有助于撒哈拉以南非洲国家的减贫。卡门·玛丽亚·略卡（Carmen María Llorca，2020）将系统广义矩估计方法应用于1995~2014年覆盖60个国家的不平衡面板数据集，探讨国内和入境旅游在缓解绝对贫困中的有效性。

二、国内相关研究梳理

20世纪80年代，我国一些"老、少、边、穷"地区通过发展旅游实现了脱贫致富，引起了相关部门和学术界的普遍关注。1996年吴忠军在《论旅游扶贫》一文中指出，旅游扶贫不仅是一个经济问题，而且也是一个政治问题。2000年8月8日，中国第一个旅游扶贫试验区在六盘山正式挂牌建立，随后旅游扶贫工作不断推进。国内对旅游扶贫研究主要集中在理论基础研究、影响因素研究、扶贫模式研究、扶贫机制研究、扶贫效果/效率研究、扶贫绩效评价研究等六个方面：

（一）旅游扶贫理论基础研究

张晓等（2018）、张琼（2019）基于利益相关者理论，分别分析了各利益主体在旅游扶贫过程中的参与形式并构建旅游扶贫体系。顾荣等（2018）利用价值网络理论探析了扶贫利用参与机制。钟学思（2019）为了对瑶族村寨的旅游扶贫资源配置效率进行全面分析，以内生式发展理论、贫困增长理论、利益相关者等多个理论为基础。何星（2019）运用社区参与理论探讨民族地区旅游扶贫中的生态化建设。笪玲、刘晓鹰（2019）将相对剥夺理论运用在旅游扶贫研究中，深度剖析在乡村旅游扶贫过程中相对剥夺的形成。陈慧萍（2019）从生态人类学理论视角探析民族地区生态旅游扶贫路径。李锋（2019）从价值理性视角，指出乡村旅游扶贫伦理包括价值伦理、空间伦理、主体伦理、资源伦理、开发伦理、生计伦理等内容。李光明、刘丹玉（2019）运用计划行为理论构建贫困户参与旅游精准扶贫行为的理论模型。向从武、谢正发（2019）以协同发展理论为基础，探析民族特色村镇旅游扶贫与协同发展的条件与制约因素。

（二）旅游扶贫影响因素研究

李佳等（2017）认为连片特困民族地区旅游受益的限制性因素包括资本约束、权力约束、能力约束。党红艳等（2017）、张琰飞等（2018）将旅游扶贫的影响因素归纳为资源禀赋、产业基础、政策环境。邓云芳等（2018）指出，政府部门职责履行程度、乡村旅游开发商对当地资源开发的态度、当地贫困人口对于发展乡村旅游的态度是影响乡村旅游扶贫成效的重要因素。轩源（2018）、吴清（2019）认为区位条件、地形地貌、相关政策、经济水平和旅游资源等是旅游扶贫的主要影响因素。何琼峰、宁志中（2019）运用扎根理论对访谈资料进行三重编码，分析出乡村旅游扶贫的四个影响因素分别是政策和环境、资源和市场、农户有效参与、精准扶贫。

刘婷（2019）运用层次分析法对旅游扶贫影响因素进行分析，研究结果表明乡村旅游发展基础对旅游扶贫效应影响力最大，其中资源禀赋、乡村基础设施情况、交通区位三个因素的影响力占比最高。程文超等（2019）通过回归分析得出，经济基础、社会基础、自身参与意识等是导致旅游扶贫效果存在差异的主要因素。苗银家、周莉莉（2019）运用 Amos 24.0 软件进行结构方程模型分析，得到经济效应、社会文化效应、村民参与乡村旅游意愿、村民对乡村旅游满意度、村民对政府扶贫工作满意度等 5 个乡村旅游扶贫的共性因子。冯斐等（2020）运用 DEA - BCC 模型和面板 Tobit 方法，发现旅游扶贫综合技术效率密切相关的影响因素为旅游综合收入、专项扶贫资金、省级配套资金，贫困居民人均纯收入。陈超凡、王赟（2020）运用 DEA 模型、Malmquist 指数以及 GMM 动态面板模型对罗霄山片区旅游扶贫效率的影响因素进行检验，结果显示：财政支持、基础设施建设、产业化扶贫教育培训水平和金融支持能力等因素均对旅游扶贫和旅游扶贫效率有较大影响。

（三）旅游扶贫模式研究

张玉强、李祥（2017）将大别山区、武陵山区、秦巴山区的精准扶贫情况进行对比分析，总结出旅游精准扶贫、金融精准扶贫、易地搬迁精准扶贫三种实践模式。李烨（2017）提出家庭自主经营、服务接待经营、产品共生营销、"合作社＋"运营、入股分红经营等旅游扶贫模式。张军等（2017）将秦巴山片区张湾区的旅游扶贫模式总结为"生态游＋农家乐""花卉产业＋旅游""茶产业＋旅游""电商＋农业＋旅游""节庆活动＋旅游"等模式。李娟（2017）将西南地区的旅游扶贫归纳为"亦农亦旅""景区帮扶""异地安置""政府扶持""先富助贫"等模式。罗云艳（2017）认为，传统乡村旅游扶贫模式包括景区主导模式、农旅促进模式、农企合作模式以及个体发展模式等，社区旅游扶贫开发模式是乡村旅游扶贫新模式。陈炜、张志明（2018）从全域旅游视角提出共建共享、区域联动发展、产业带动发展、多点推进等四类包容性旅游扶贫模式。汪姣（2018）基于乡村振兴战略，提出了构建全域旅游示范区、"旅游＋"产业融合、绿水青山"生态＋""观念扶贫、智力扶贫、智慧扶贫"三位一体可持续等旅游扶贫模式。银马华（2018）利用旅游优势度评价模型和区位熵指数法，将区域扶贫模式分为政企合作、战略联合、休闲农业与乡村旅游、区域联动等四种模式。

针对西南民族地区的旅游扶贫模式，向从武、冯伟林（2019）将其分为亦农亦旅、景区帮扶、搬迁安置、政府扶持、先富助贫等模式，张素梅等（2019）则归纳为政府主导型、企业拉动型、景区辐射型三类。王晓伟、戈大专（2019）将旅游扶贫村发展模式分为依托景区、农户自组织、合资共建三种模式。王庆生等（2019）提出乡村旅游扶贫共生模式，包括行为模式和组织模式。徐少癸等（2019）构建了以旅游企业、游客、当地居民、政府为主体的四位一体式生态旅游可持续发展模式。李晓甫、高梦琪（2019）将恩施市女儿城的旅游扶贫模式分为政府主导型、景区带动型、民俗文化旅游型三种类型。王建华（2020）指出青海省互助土族自治县积极推动文旅融合，形成"非遗＋旅游""刺绣＋扶贫"特色文化产业发展模式。王东琴等（2020）总结出乡村生态农业模式、O－RHB模式、多元主体协同参与模式、旅游＋特色小镇模式四种旅游扶贫模式。马悦（2020）基于绿色发展理念，提出"三位一体""立体化""政府部门扶持，农业和旅游业相互帮助"等旅游扶贫模式。唐承财（2020）构建了基于目标导向下的旅游精准扶贫"拉—推—粘—斥"四力协作模式。

（四）旅游扶贫机制研究

张笑薇（2016）将西部地区旅游扶贫机制归纳为政府主导型、企业主导型及社区主导型。何星、覃建雄（2017）从政府、企业、社区、贫困人口分析其旅游精准扶贫驱动机制。冯伟林、冉龙权（2017）基于社区参与构建旅游扶贫的赋权机制、收益分配机制、生态环境与民族文化保护机制、精准帮扶机制。吴靖南（2017）从参与受益、联动运行、主体协调、目标考核等方面提出了乡村旅游扶贫的保障机制。朱宝莉、刘晓鹰（2018）构建以民族地区贫困人口为主体的内源式旅游扶贫的内生机制。连惠芎（2018）针对旅游精准扶贫管理问题，提出构建旅游精准扶贫管理机制、多元参与主体的协调机制、旅游精准扶贫全程监控机制。胡春丽（2018）从经济利益、政府调控、社区发展、社区精英等方面提出乡村旅游精准扶贫的驱动机制。李根、刘贝（2018）构建出促进旅游扶贫可持续发展的执行机制、监管机制和合作机制。白鹏飞（2018）提出，要建立健全组织机制、微型金融扶贫机制、参与受益机制。李小娟（2018）构建了包括精准识别、政府主导协调、贫困人口内涵建设、利益分配、保障机制等五大受益机制。黄渊基（2018）认为旅游扶贫机制是一个大系统，包括动力机制、参与机制、利益分配机制、绩效评估机制、保障机制及合作机制等。

蒋佳霖等（2019）提出要完善精准识别、精准帮扶、科学管理、扶贫效果评估、预防返贫等乡村旅游精准扶贫机制。张群、刘荆州（2019）提炼了以资源要素、经济要素、社会要素、技术要素为核心的旅游扶贫可持续发展 REST 驱动机制。杨丽、龙茂兴（2019）提出构建旅游扶贫攻坚与跨行政区合作协同机制、扶贫攻坚与生态建设共赢机制、合力攻坚旅游大扶贫工作机制和扶贫投入与扶贫效益增长机制等多维减贫机制。杨丽（2019）提出建立包括精准识别、教育培训、宽贷机制、扶贫项目股份制、全民参与等机制的内生型旅游扶贫机制。王兆峰、向秋霜（2019）构建了集动力机制、保障机制、认同机制和自我发展机制为一体的旅游扶贫机制。王凯等（2019）采用 QAP 相关性分析和 QAP 回归分析，对旅游扶贫效率空间网络驱动机制进行分析，共分为片区协作机制、交通工具革新机制、经济要素集聚与扩散机制和旅游发展机制等四类。黄宗华（2019）针对生态旅游扶贫发展，提出了多元协同、融合发展、生态补偿、监督管理以及配套服务等机制。廖军华、黄艳（2019）归纳得出乡村旅游精准扶贫的运行机制包括：精准识贫机制、精准帮扶机制、精准动态管理机制、社会参与和评价机制。刘娟娟（2019）指出全产业链模式对旅游扶贫带来的积极作用以及存在的问题。赖水平（2019）结合实际案例论述"交通＋旅游＋扶贫"模式的基本理念、基本框架、实施路径。刘慧乾、于立新、王会战（2020）构建了包括社区参与机制、利益分配机制及资金保障机制的旅游精准扶贫机制。王瑜、胡尹慧（2020）构建了乡村旅游资源与精准扶贫对接的机制，内源发展与可持续机制、边缘效应与空间优化机制、优势—效益转化机制、参与主体收益机制。

（五）旅游扶贫效果/效率研究

采用数据包络分析（DEA）方法以及 Malmquist 指数法，龙祖坤等（2015）、陈国柱等（2018）、杨光明等（2018）、李英等（2019）将旅游扶贫效率分为潜力型、朝阳型、黄金型和夕阳型。丁煜、李啸虎（2017）认为旅游扶贫效率可划分为稳定式、渐进式和复杂式三种模式。朱琳琳（2020）则将其归纳为薄弱型、潜力型和衰退型三类形态。乌兰、刘伟民（2018）结合贫困发生率将旅游扶贫效率分为"低贫低效""低贫高效""高贫高效""高贫低效"四种类型。

在运用 DEA 和 Malmquist 指数方法的基础之上，众多学者结合其他软件、模型进行了进一步分析。程慧、徐琼（2019）采用 Tobit 模型进一步探索旅游扶贫的驱动因素，冯斐等（2020）则利用面板 Tobit 方法检验旅游扶贫要素投入对当地贫困减缓的影响；张琳琳（2019）运用 ArcGIS 软件，分别从产出效益和投入产出角度研究示范区旅游扶贫效率的空间差异性，钟学进（2019）、郑群明、刘蒙恩（2020）借助 ArcGIS 10.0 探讨旅游扶贫效率的空间分异特征；黄渊基（2017）、苏芳等（2020）运用单侧截断 Bootstrap 方法深入剖析不同帮扶措施的执行效果；韩林芝等（2019）利用地理加权回归模型探讨旅游扶贫效率时空格局演变的驱动机制；陈超凡、王赟（2020）通过 GMM 动态面板模型实证检验了旅游扶贫效率的影响因素。

除此之外，曹妍雪、马蓝（2017）、杨佳等（2020）运用三阶段 DEA 模型对民族地区旅游扶贫结果进行效率评价。王凯等（2019）采用 Super–SBM 模型、均方差分解法以及 LS 回归模型，探讨旅游扶贫效率的时空异质性及其影响因素。

（六）旅游扶贫绩效评价研究

绩效评价指标体系方面，众多学者构建的旅游扶贫绩效评价指标体系均包括经济、社会、生态三个层面。王志章等（2018）、朱道才等（2019）、马洁（2020）则在此基础上增加文化绩效；唐业喜等（2019）增加了贫困绩效，并运用 AHP 法、标准值加权求和法确定指标权重及最终扶贫绩效值；黄渊基等（2019）则运用层次分析法，增加了政策、文化、技术等层面进行旅游扶贫绩效评价。冯伟林、陶聪冲（2017）从经济、社会、环境绩效三方面客观评价西南民族地区旅游扶贫开发取得的成效。王仟滢、霍云惠（2019）从旅游资源、经济发展、社会进步、生态环境、精神文化等五个维度进行绩效评价。张笑薇（2016）将西部地区旅游扶贫机制分为政府主导型、企业主导型及社区主导型，对这三种类型的旅游扶贫绩效进行分析。

绩效评价方法方面，罗盛锋、黄燕玲（2015）运用改进的熵权法和 TOPSIS 模型对生态旅游景区的扶贫绩效进行评价。吴国琴（2017）利用层次分析法对郝堂村旅游产业扶贫和脱贫绩效进行综合评价。马颖、王立华（2019）借助灰色关联分析方法探究贵州省政府财政拨款与旅游扶贫四大主体间的关系。陈超群、胡伏湘（2019）通过德尔菲法与层次分析法构建指标体系，利用加权平均综合标准模型对乡村旅游扶贫绩效进行综合评价。刘新（2019）应用有序 Probit 模型对乡村旅游精准扶贫绩效满意度进行了实证研究。谢双玉（2020）采用独立样本 t 检验分析贫困户与非贫困户对旅游扶贫政策绩效感知的差异及形成原因。

三、国内外研究述评

通过对相关文献的梳理发现，国内外针对旅游扶贫的相关研究整体呈现由宏观向微观转变的趋势。国外学者主要从旅游扶贫的影响因素、实践、扶贫效果等三个方面进行研究，而国内的相关研究可以归纳为旅游扶贫理论基础、影响因素、模式、机制、效果/效率、绩效评价研究等六个方面。

在旅游扶贫影响因素方面，国外学者主要围绕着旅游扶贫战略展开研究，从贫困人口的角度确定旅游扶贫的影响因素，多为定性研究；国内学者定性研究结果显示旅游扶贫的影响因素主要包括区位条件、经济水平、政策扶持等，部分学者通过数据分析或构建结构方程模型等定量研究方法，确定各项因素对旅游扶贫效果的影响程度。

在旅游扶贫实践研究方面，国外学者从微观案例入手，分析在不同扶贫模式下贫困人口的参与度，明确旅游扶贫与社区环境的关系以及对当地产生的影响；国内学者针对我国民族地区，尤其西部民族地区进行了大量研究，并针对各地实际情况提出了多种切实可行的旅游扶贫模式与扶贫机制。

在旅游扶贫效果评估方面，国外学者多从宏观视角开展定量研究，研究方法多元，涉及贫困人口对旅游扶贫效果的消极评价，但缺乏系统化的研究成果；国内学者大多采用数据包络分析方法对旅游扶贫效率进行测算，部分学者在此基础之上运用了其他模型，但整体而言研究方法过于单一，绩效评估指标体系以经济、社会、生态、文化等宏观指标为主，尚未能展现旅游产业特定元素（如产品吸引力、旅游服务、产品转型升级等），且未对旅游扶贫效果的正负面指标加以区分并分析。

除此之外，旅游扶贫政策最终能否带来贫困地区的旅游可持续发展是政策重点，因此居民参与以及对旅游发展的态度显得更为重要。虽然现有部分研究曾分析居民的参与态度，但居民参与态度受哪些因素的影响尚无研究，了解这些影响因素，才能使政府的旅游扶贫政策发挥应有的作用。

第三章

南岭走廊民族地区社会经济发展与旅游扶贫效率分析

第一节 南岭走廊民族地区社会经济情况总体分析*

区域社会经济发展情况是村寨旅游扶贫的重要基础，对旅游扶贫方案的制定、旅游扶贫政策的实施、旅游扶贫效果的评估等具有较大影响。考虑到数据的连续性，选取 2014～2018 年南岭走廊民族地区狭义范围内各省市的社会经济数据，对南岭走廊民族地区的社会经济发展情况进行分析。

一、广西社会经济情况

2014～2018 年广西城乡居民收入情况如图 3－1 所示，2014～2018 年广西城镇居民人均可支配收入从 24669 元增长到 32436 元，农村居民人均可支配收入从 8683 元增长到 12435 元，居民收入增长明显。到 2018 年末，广西壮族自治区的贫困发生率降至 3.3%，实现 14 个贫困县（含 9 个国定贫困县）、1452 个贫困村、116 万贫困人口脱贫摘帽。

---

* 省级相关数据均源自 2014～2018 年各省份国民经济和社会发展统计公报，市级相关数据均源自 2014～2018 年各市的国民经济和社会发展统计公报。

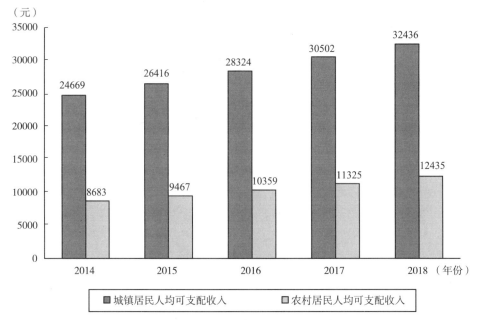

图 3 - 1　2014～2018 年广西城乡居民收入

由表 3 - 1 可知，南岭走廊广西范围内三个市的城镇居民人均可支配收入、农村居民人均纯收入、人均旅游综合收入在 2014～2018 年的五年中连年增长。其中，桂林市的各项人均收入均高于贺州市和梧州市，在人均旅游收入方面的差距尤为明显，说明旅游在桂林市人均收入中发挥着较大作用。

表 3 - 1　　　　　　2014～2018 年南岭走廊广西范围内各市各项经济收入　　　　　单位：元

年份	桂林市			贺州市			梧州市		
	城镇居民人均可支配收入	农村居民人均纯收入	人均旅游综合收入	城镇居民人均可支配收入	农村居民人均纯收入	人均旅游综合收入	城镇居民人均可支配收入	农村居民人均纯收入	人均旅游综合收入
2014	26811	9431	8544.25	23613	7337	6438.86	24272	8342	3740.82
2015	28768	10365	10426.68	25219	8056	8381.46	25898	9051	4597.27
2016	30124	12176	12722.28	26883	9552	10662.19	27260	10142	6550.70
2017	32534	13345	19214.24	28899	10498	13255.21	29359	11085	8093.51
2018	34649	14626	27367.02	30864	11548	19117.53	31209	12238	11421.10

二、广东社会经济情况

由图 3－2 可知，2014～2017 年，广东省城镇居民人均可支配收入稳步增长，但 2018 年出现明显下降，甚至低于 2014 年的收入水平。此外，2018 年的农村居民人均可支配收入较 2017 年也有所下滑，但变化幅度较小，仍高于 2016 年的收入水平。2018 年底，累计近 150 万相对贫困人口达到当年脱贫标准，贫困发生率降低至 0.03% 以下，有劳动能力的贫困户年人均可支配收入达到 9600 元。

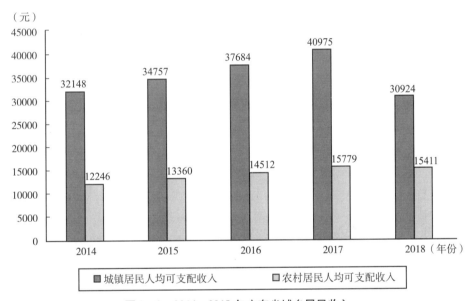

图 3－2　2014～2018 年广东省城乡居民收入

2014～2018 年，南岭走廊民族地区广东范围内的三个市中（见表 3－2），韶关市的各项人均收入明显高于其他市，河源市的城镇居民人均可支配收入、农村居民人均纯收入与韶关市差距较大，而清远市的人均旅游综合收入明显低于另外两个市。

表 3-2　　　　　2014～2018 年南岭走廊广东范围内各市各项经济收入　　　　单位：元

年份	韶关市			清远市			河源市		
	城镇居民人均可支配收入	农村居民人均纯收入	人均旅游综合收入	城镇居民人均可支配收入	农村居民人均纯收入	人均旅游综合收入	城镇居民人均可支配收入	农村居民人均纯收入	人均旅游综合收入
2014	21583	10532	7738.66	21093	10600	5486.63	18246	9884	5778.60
2015	23504	11607	9210.30	22907	11682	6285.04	20016	10803	6865.46
2016	25855	12790	10994.22	25267	12873	7012.48	21817	12046	7716.98
2017	28306	14108	13094.12	27610	14027	8147.67	23780	13301	8827.28
2018	30287	15434	15112.09	29377	15163	8936.50	25492	14620	10240.15

三、湖南社会经济情况

2014～2018 年湖南省城镇居民以及农村居民人均可支配收入及其增长速度如图 3-3、图 3-4 所示，城镇居民人均可支配收入的增长速度在 2015～2017 年保

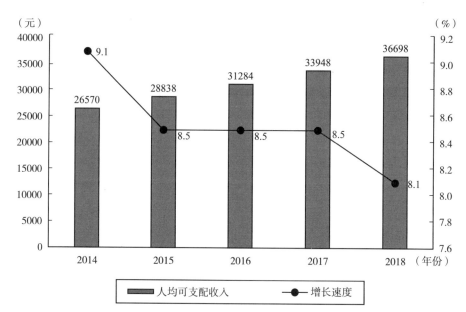

图 3-3　2014～2018 年湖南省城镇居民人均可支配收入及其增长速度

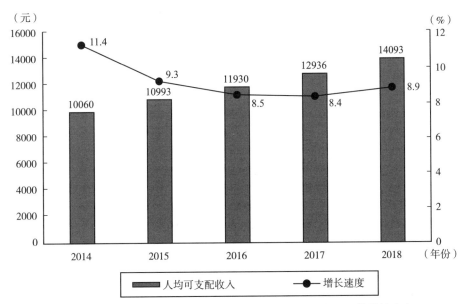

图 3 - 4　2014 ~ 2018 年湖南省农村居民人均可支配收入及其增长速度

持稳定在 8.5%，2018 年有所下降，农村居民人均可支配收入的增长速度在 2017 年下降至 8.4%，但 2018 年又有所提高。湖南共有 51 个贫困县，其中国家级贫困县 40 个，省定贫困县 11 个，截至 2018 年底，共脱贫 748 万人，6202 个贫困村出列，贫困发生率下降至 1.49%。

　　由表 3 - 3 可知，2014 ~ 2018 年南岭走廊湖南范围内各市中，郴州市各项人均收入远高于其他市，怀化市的城镇居民人均可支配收入、农村居民人均纯收入，相较于其他市均处于较低水平，而邵阳市的人均旅游综合收入与其他市的差距较大，亟待提高。

表 3 - 3　　　　　2014 ~ 2018 年南岭走廊湖南范围内各市各项经济收入　　　单位：元

年份	郴州市			永州市		
	城镇居民人均可支配收入	农村居民人均纯收入	人均旅游综合收入	城镇居民人均可支配收入	农村居民人均纯收入	人均旅游综合收入
2014	23621	10786	4961.79	20175	9873	2916.78
2015	25534	11778	5775.65	21938	10765	3508.48

续表

年份	郴州市			永州市		
	城镇居民人均可支配收入	农村居民人均纯收入	人均旅游综合收入	城镇居民人均可支配收入	农村居民人均纯收入	人均旅游综合收入
2016	27730	12756	6699.21	24026	11683	4176.79
2017	30005	13829	9441.98	26190	12738	7421.94
2018	32406	15018	13593.26	28470	13924	8889.05

年份	怀化市			邵阳市		
	城镇居民人均可支配收入	农村居民人均纯收入	人均旅游综合收入	城镇居民人均可支配收入	农村居民人均纯收入	人均旅游综合收入
2014	19205	6474	3639.22	19341	7786	2318.75
2015	20693	7203	4627.06	21070	8716	2754.18
2016	22554	7961	6045.53	22996	9721	3399.58
2017	24498	8831	7908.67	25029	10756	4503.76
2018	26703	9811	9368.22	27167	11857	5927.68

四、江西社会经济情况

2014～2018 年江西省城镇、农村居民人均可支配收入及城乡居民收入比如图 3-5 所示，城镇居民和农村居民的人均可支配收入稳步增长，城乡居民收入比逐渐减小，从 2014 年的 2.4% 降至 2.34%，城乡之间的差距不断缩小。2015 年底，建档立卡贫困人口 200 万人，贫困发生率为 5.7%。到 2018 年底，贫困人口减至 50.9 万人，贫困发生率降至 1.38%，3058 个"十三五"贫困村累计退出 2671 个。

由表 3-4 可知，2014～2018 年赣州市的城镇居民人均可支配收入、农村居民人均纯收入、人均旅游综合收入均呈稳定增长态势。

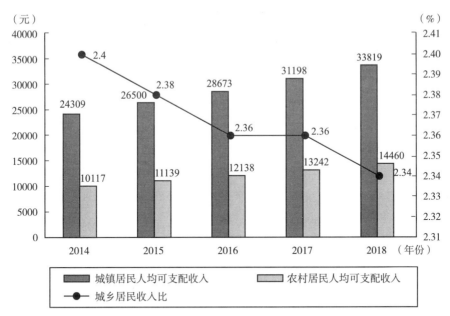

图3-5　2014～2018年江西省城镇、农村居民人均可支配收入及城乡居民对比

表3-4　　　　　　2014～2018年南岭走廊江西范围内赣州市各项经济收入　　　　单位：元

年份	赣州市		
	城镇居民人均可支配收入	农村居民人均纯收入	人均旅游综合收入
2014	22935	6946	3200.00
2015	25001	7786	4622.97
2016	27086	8729	6868.21
2017	29567	9717	9240.16
2018	32163	10782	13008.13

第二节　南岭走廊民族地区旅游扶贫效率评价

一、指标选取与数据来源

旅游扶贫效率是旅游消减贫困程度的反映，能有效地反映旅游扶贫情况，体

现旅游业对区域经济发展的促进程度。参考以往学者的研究，选取 2 个投入和 3 个产出指标对旅游扶贫效率水平进行测算（见表 3 – 5）。

表 3 – 5　　　　　　　　　　旅游扶贫投入—产出指标

指标类型	变量	评价指标	指标计算方法
投入指标	I_1	人均接待游客数量/人	全年累计接待游客数量/常住人口数
	I_2	人均旅游综合收入/元	全年旅游总收入/常住人口数
产出指标	O_1	人均 GDP/元	统计公报数据
	O_2	城镇居民人均可支配收入/元	统计公报数据
	O_3	农村居民人均纯收入/元	统计公报数据

投入指标的选择，用接待游客数量来反映旅游对当地的带动能力，旅游综合收入可以直观体现旅游业对当地经济发展的影响，由于人均指标能够更有效地对投入要素进行衡量，因此，最终确定投入要素为人均接待游客数量（记为 I_1）和人均旅游综合收入（记为 I_2）。产出指标的选择，人均 GDP 可以有效反映一个地区整体的经济发展状况，人均收入则能够直观体现贫困地区的脱贫效果。此外，各市居民包括城镇居民和农村居民，因此产出指标由人均 GDP（记为 O_1）、城镇居民人均可支配收入（记为 O_2）、农村居民人均纯收入（记为 O_3）三项构成。

投入—产出指标选取情况如表 3 – 5 所示，其中，三项产出指标数据均源自各市历年的《国民经济和社会发展统计公报》，因公报中仅可获取全年累计接待游客数量和全年旅游总收入的数据，故两项投入指标为基于公报数据二次计算的结果。

本书选取南岭走廊狭义范围的广西壮族自治区桂林市、贺州市、梧州市，广东省韶关市、清远市、河源市，湖南省郴州市、永州市、怀化市、邵阳市以及江西省赣州市等 11 个市作为样本，以 2014 ~ 2018 年作为时间跨度，对南岭走廊民族地区的旅游扶贫效率进行评价。

二、研究方法与计算模型

数据包络分析方法（data envelopment analysis，DEA）是以相对效率概念为基础，根据多指标投入和多指标产出对相同类型的单位（部门或企业）进行相对有效性或效益评价的一种非参数统计方法。其原理主要是通过对生产决策单元

（decision making units，DMU）的输入与输出数据的研究，从相对有效性的角度出发来评价具有相同类型的多投入、多产出决策单元的技术与规模的有效性。

常用的 DEA 模型是 CCR 模型，该模型假定规模报酬不变，n 个 DMU_j（j = 1，2，…，n）有 m 种投入和 s 种产出，投入产出向量分别为：$x_j = (x_{1j}, x_{2j}, …, x_{mj})^T$，$y_j = (y_{1j}, y_{2j}, …, y_{sj})^T > 0$，则评价 DMU_0 相对有效性的 CCR 模型可以表示为：

$$\begin{cases} \theta^* = \min\theta \\ \sum_{j=1}^{n} \lambda_j y_j \geqslant y_0 \\ \lambda_j \geqslant 0 \\ s.t. \sum_{j=1}^{n} \lambda_j \chi_j \leqslant \theta\chi_0 \end{cases}$$

其中，θ^*（$0 < \theta^* \leqslant 1$）为综合效率指数，θ^* 值越大，旅游扶贫效率越高。当 $\theta^* = 1$ 时，称 DMU_0 为 CCR 有效，表明该市旅游扶贫效率最优。此外，可根据最优解 λ_j^* 来判别 DMU_0 的规模收益。当 $\sum \lambda_j^* > 1$ 时，称 DMU_0 为规模报酬递减；当 $\sum \lambda_j^* = 1$ 时，称 DMU_0 为规模报酬不变；当 $\sum \lambda_j^* < 1$ 时，称 DMU_0 为规模收益递增。

DEA 方法包括假定规模报酬可变（VRS）的 BCC 模型和假定规模报酬不变（CRS）的 CCR 模型。BCC 模型可将综合效率（OE）分解为纯技术效率（PE）和规模技术效率（SE），三者之间的关系为 OE = PE × SE，纯技术效率是指剔除 DMU 规模影响之后的技术效率，而规模技术效率用来判定决策单元 DMU 是否处于最佳的生产规模。DMU 的效率值分布于 0～1，当其值为 1 时表示达到了 DEA 最优状态即资源配置最优状态。鉴于旅游扶贫效率用以衡量旅游益贫效应主要目的是实现产出最大化，因此选择产出导向的 BCC 模型，以桂林、贺州、梧州、韶关、清远、河源、郴州、永州、怀化、邵阳、赣州等 11 个市作为决策单元 DMU，运用 DEA – Solver pro5.0 软件对南岭走廊民族地区的旅游扶贫效率进行测算。

三、旅游扶贫综合效率分析

采用 CCR 模型对南岭走廊 11 个市在 2014～2018 年旅游扶贫综合效率进行测算来反映投入资源的利用程度。由表 3 – 6 可知，2014～2018 年南岭走廊地区旅游扶贫整体效率处于中等水平，均值为 0.778，其中 2015 年和 2017 年相对较低，且各市之间效率差异明显。

表 3－6   2014～2018 年南岭走廊 11 市旅游扶贫综合效率测算结果

地区	2014 年	2015 年	2016 年	2017 年	2018 年	均值
桂林市	0.578	0.563	0.614	0.466	0.500	0.544
贺州市	0.607	0.568	0.588	0.556	0.523	0.569
梧州市	1.000	1.000	1.000	1.000	0.948	0.990
韶关市	0.567	0.555	0.603	0.641	0.764	0.626
清远市	0.622	0.708	0.797	0.906	1.000	0.806
河源市	0.566	0.571	0.620	0.677	0.768	0.640
郴州市	0.892	0.949	1.000	0.969	0.915	0.945
永州市	1.000	1.000	1.000	0.817	0.922	0.948
怀化市	0.719	0.736	0.707	0.721	0.748	0.726
邵阳市	1.000	1.000	1.000	1.000	1.000	1.000
赣州市	1.000	0.782	0.671	0.647	0.708	0.761
均值	0.777	0.767	0.782	0.764	0.799	0.778

从年份上来看，旅游扶贫综合效率均值最高的年份是 2018 年，均值为 0.799；最低的年份是 2017 年，均值为 0.764。从各市整体情况来看，旅游扶贫综合效率均值排在前三位的分别为邵阳市（1.000）、梧州市（0.990）和永州市（0.948），5 年间分别有 3～5 年达到 DEA 有效，说明在相应年份各市的旅游扶贫资源得到了充分的利用，旅游扶贫既达到了规模有效，又达到了技术有效；综合效率均值较低的 3 个市分别为韶关市（0.626）、贺州市（0.569）和桂林市（0.544），综合效率均值都低于平均水平 0.778，说明这些城市的旅游扶贫资源没有得到最优的配置，纯技术效率或规模效率存在提升空间。

四、旅游扶贫纯技术效率分析

纯技术效率指的是剔除规模因素，受技术及管理水平影响下的投入产出效率。为了进一步分析各市之间综合效率差异产生的原因，应用 BCC 模型对 2014～2018 年南岭走廊 11 个市旅游扶贫纯技术效率进行分析。

如表 3－7 所示，2014～2018 年南岭走廊 11 个市旅游扶贫纯技术效率均值为 0.967。从年份上来看，旅游扶贫纯技术效率均值最高的年份是 2018 年，均值为 0.979；最低的年份是 2014 年，均值为 0.952。从各市整体情况来看，桂林市、梧州市、郴州市、邵阳市5年间旅游扶贫纯技术效率值均为1，说明三个市旅游扶贫手段合理，对旅游扶贫资源的管控能力以及技术水平达到相对最优水平；韶关市、永州市、赣州市和清远市的纯技术效率均值也较高，分别为0.991、0.989、0.988和0.986，已接近最优水平；而怀化市旅游扶贫纯技术效率均值最低，仅为0.834，远低于全区平均水平，说明其旅游扶贫方式不甚合理，对旅游扶贫资源的管控能力较弱。

表3-7　2014~2018年南岭走廊11市旅游扶贫纯技术效率（PE）测算结果

地区	2014 年	2015 年	2016 年	2017 年	2018 年	均值
桂林市	1.000	1.000	1.000	1.000	1.000	1.000
贺州市	0.919	0.908	0.925	0.945	0.933	0.926
梧州市	1.000	1.000	1.000	1.000	1.000	1.000
韶关市	0.972	0.985	0.998	1.000	1.000	0.991
清远市	0.937	0.992	1.000	1.000	1.000	0.986
河源市	0.849	0.917	0.936	0.948	0.961	0.922
郴州市	1.000	1.000	1.000	1.000	1.000	1.000
永州市	1.000	1.000	1.000	0.965	0.982	0.989
怀化市	0.791	0.799	0.842	0.841	0.899	0.834
邵阳市	1.000	1.000	1.000	1.000	1.000	1.000
赣州市	1.000	0.965	0.980	0.993	1.000	0.988
均值	0.952	0.961	0.971	0.972	0.979	0.967

五、旅游扶贫规模效率分析

在旅游扶贫综合效率和纯技术效率测算结果的基础上，根据三者之间的关系可以测算出每个决策单元的规模效率值。

如表3-8所示，2014~2018年南岭走廊11个市旅游扶贫规模效率均值为0.803。从年份来看，旅游扶贫规模效率均值最高的年份是2018年，均值为0.815；最低的年份是2017年，均值为0.785。从各市整体情况来看，相对于其他市而言，邵阳市、梧州市、永州市和郴州市旅游扶贫规模效率较高，其均值分别为1.000、0.990、0.957和0.945，都在0.9以上；而规模效率均值最低的3个市分别为韶关市、贺州市、桂林市，因规模不当造成较高的资源浪费率。其中桂林市和贺州市的规模效率基本呈现逐年下降的趋势，而韶关市的规模效率虽然起点低，但效率值却逐年增加。

表 3 - 8   2014 ~ 2018 年南岭走廊 11 市旅游扶贫规模效率（SE）测算结果

地区	2014 年	2015 年	2016 年	2017 年	2018 年	均值
桂林市	0.578	0.563	0.614	0.466	0.500	0.544
贺州市	0.661	0.626	0.636	0.588	0.561	0.614
梧州市	1.000	1.000	1.000	1.000	0.948	0.990
韶关市	0.583	0.563	0.604	0.641	0.764	0.631
清远市	0.664	0.714	0.797	0.906	1.000	0.816
河源市	0.666	0.623	0.663	0.714	0.799	0.693
郴州市	0.892	0.949	1.000	0.969	0.915	0.945
永州市	1.000	1.000	1.000	0.846	0.939	0.957
怀化市	0.909	0.922	0.840	0.858	0.832	0.872
邵阳市	1.000	1.000	1.000	1.000	1.000	1.000
赣州市	1.000	0.810	0.684	0.652	0.708	0.771
均值	0.814	0.797	0.803	0.785	0.815	0.803

从规模收益来看，如表 3 - 9 所示，2014 ~ 2018 年邵阳市旅游规模收益始终保持不变，梧州市、永州市、怀化市的规模收益基本保持不变，旅游扶贫要素投入规模保持现状即可；清远市、郴州市、赣州市的旅游扶贫规模收益基本保持递减状态；桂林市、贺州市、韶关市、河源市的规模收益则始终处于递减水平。总体而言，5 年间各市的旅游规模收益大多处于递减状态，说明南岭走廊 11 市中旅游扶贫要素投入结构不合理的情况普遍存在，扶贫要素浪费较明显。

表 3 - 9   2014 ~ 2018 年南岭走廊 11 市旅游扶贫规模收益（RTS）

地区	2014 年	2015 年	2016 年	2017 年	2018 年
桂林市	drs	drs	drs	drs	drs
贺州市	drs	drs	drs	drs	drs
梧州市	—	—	—	—	drs
韶关市	drs	drs	drs	drs	drs
清远市	drs	drs	drs	drs	—

地区	2014 年	2015 年	2016 年	2017 年	2018 年
河源市	drs	drs	drs	drs	drs
郴州市	drs	drs	—	drs	drs
永州市	—	—	—	drs	drs
怀化市	drs	drs	—	—	drs
邵阳市	—	—	—	—	—
赣州市	—	drs	drs	drs	drs

注："drs"表示规模收益递减，"irs"表示规模收益递增，"－"表示规模收益不变。

六、旅游扶贫综合效率时空分布

运用 ArcGIS 软件，将南岭走廊民族地区 11 个市 2014～2018 年的旅游扶贫综合效率（TE）按照五个区间进行划分，以地图的形式直观地展现出南岭走廊民族地区旅游扶贫综合效率的时空分布情况，具体如图 3－6、图 3－7、图 3－8、图 3－9、图 3－10 所示。

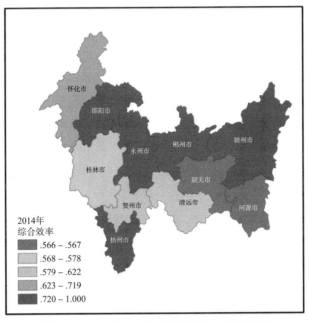

图 3－6　2014 年南岭走廊地区综合效率分布

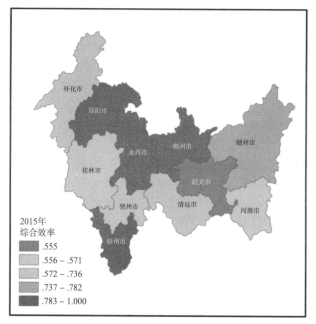

图 3 - 7　2015 年南岭走廊地区综合效率分布

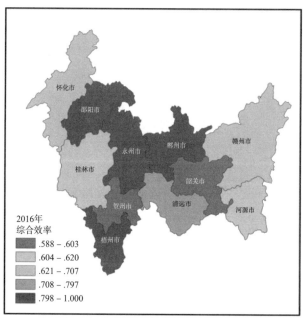

图 3 - 8　2016 年南岭走廊地区综合效率分布

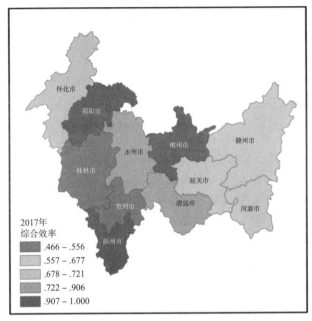

图 3 – 9　2017 年南岭走廊地区综合效率分布

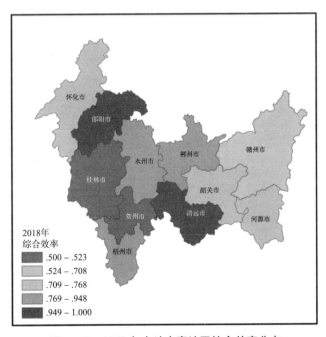

图 3 – 10　2018 年南岭走廊地区综合效率分布

2014 年，旅游扶贫综合效率最高的市主要分布于南岭走廊北部，邵阳市、永州市、郴州市、赣州市的旅游扶贫综合效率达到 DEA 有效水平，广东的韶关市、河源市旅游扶贫效率处于较低水平。

位于南岭走廊南部的桂林市、贺州市、韶关市、清远市，在 2015 年、2016 年旅游扶贫综合效率仍处于较低水平；赣州市的旅游扶贫综合效率有所下降，2015 年仍接近 DEA 有效，2016 年综合效率下降较为明显。

2017 年，位于南岭走廊民族地区东部的赣州市、韶关市、河源市，西部的桂林市、贺州市，其旅游扶贫综合效率分别处于同一区间当中，均低于南岭走廊民族地区旅游扶贫综合效率的平均水平。2018 年南岭走廊民族地区 11 个市的旅游扶贫综合效率空间分布较为分散，桂林市、贺州市始终处于较低水平，旅游对当地的经济带动作用不够显著。

第四章

南岭走廊民族特色村寨旅游
扶贫效果评估指标体系构建

第一节　指标体系的构建原则

一、科学性原则

评价指标体系的构建并不是简单地把若干个指标堆砌在一起，而是要充分遵循科学性原则。在南岭走廊民族特色村寨旅游扶贫效果评估指标体系的构建过程中，评价指标的选取、评价方法的选择、评价数据的来源都应做到科学合理，所得到的评价结果才能准确可信。这也要求本书课题组深入研究，充分参考本领域及相关领域的研究成果，杜绝先入为主、自说自话，克服主观随意性和片面性。

二、代表性原则

旅游扶贫效果内涵丰富，即便是把地域限定在南岭走廊、把载体限定为民族特色村寨，依然无法改变其内涵丰富的特征。对于本指标体系来说，不可能也做不到把所有的相关指标都涵盖在内，这样只会导致工作的复杂化和结果的不确定性。本书课题组应尽量选择最能反映旅游扶贫效果的有代表性的指标，当然，这些有代表性指标的选取并不是简单地拍脑袋决策，而是要由同行专家指导、协助完成。

三、系统性原则

旅游扶贫是一项复杂的系统工程，旅游扶贫效果涉及经济、社会文化、环境等方方面面，因而其评价需要指向所包含的全部因素，方能反映出南岭走廊民族特色村寨的旅游扶贫效果。指标体系应具有明确的逻辑关系且是一个有机整体，即整个评价指标体系应具有一定的系统层次性，目标层下有准则层，准则层下对应建立评价指标，各指标之间相互独立又相互联系，从宏观到微观逐层深入，共同构成一个有机整体。

四、可行性原则

一个成功的评价指标体系的重要判断标准就是行得通、能操作，所用指标便于理解，所选方法能够量化，所取数据没有争议，否则只能束之高阁而无法付诸实施。这也要求本指标体系的所有指标便于理解、没有歧义，所需资料和数据也能通过书籍、论文、调研等渠道收集。同时，指标体系的研究成果不仅可以在学术领域进行应用，也应方便行政部门在旅游扶贫一线使用。

第二节　指标体系构建

国内对民族特色村寨旅游扶贫效果评估的研究最早可以追溯到蔡雄教授主持的国家社科基金项目"旅游扶贫老少边穷地区乘数效应"的系列研究成果。伴随着我国旅游扶贫效果评估研究的不断发展，对民族地区的关注日益加强。在评估指标体系的构建中，受马西森等（Mathieson，1982）关于旅游影响研究的影响，经济、社会文化、环境是较常见的内容，如焦克源、杨建花（2017）等构建的评估指标体系包含经济发展效益、社会进步效益、生态环保效益和精神文化效益等四方面，并对甘南藏族自治州进行了实证分析；冯伟林、陶冲聪（2017）从经济绩效、社会绩效和环境绩效三个角度，对重庆武陵山区的贫困居民进行了问卷调查；王志章、王静（2018）从经济效益、社会效益、文化效益和生态效益四个层面对云南文山壮族苗族自治县进行了实地调研；曹兴华、张才猛（2019）从经济绩效、社会绩效、生态绩效和扶贫参与绩效等方面，对四川甘南州扎尕那藏寨进行了实地调研和问卷调查。

本书课题组在国内外研究成果的基础上，跳出经济、社会、文化、环境的框架，同时又吸收其核心内容，构建包括 3 个层次的南岭走廊民族特色村寨旅游扶贫效果评估指标体系（见图 4 – 1、图 4 – 2）。

如图 4 – 2 所示，旅游经济发展下设 6 个指标，分别是旅游接待人数、旅游收入、村民人均收入、旅游从业家庭占比、旅游产品体系、旅游基础设施。其中，旅游接待人数是村寨全年接待游客总数量，是衡量村寨旅游发展水平最基本的指标之一；旅游收入是村寨于年内在旅游业所获得全部经济收入，是体现旅游扶贫效果较为公认的指标，通常来说旅游收入越高，则旅游扶贫效果就越好；村民人均收入是村民在年内取得的各种收入总和，能够反映出村民的生活水平；旅游家庭从业占比是村寨内从事旅游业的家庭数量占全村家庭总量之比，可以看出旅游业在村寨家庭从业中的覆盖面；旅游产品体系为村寨旅游产品构成类型，既是旅游业发展的成果体现，也是村寨发展的内生动力；旅游基础设施是保障旅游活动正常进行的公共服务系统，同时也能为村民日常生活提供便利。

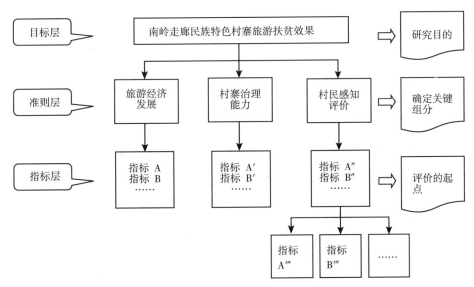

图 4 – 1　南岭走廊民族特色村寨旅游扶贫效果评估指标体系层次结构

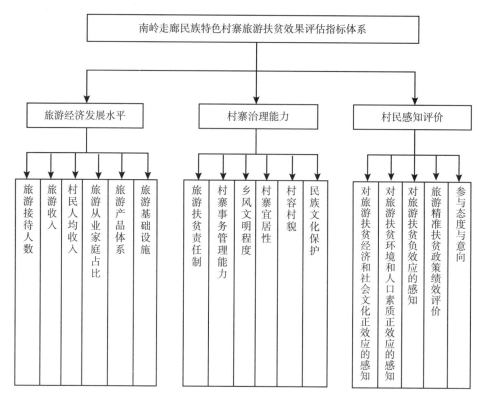

图 4 - 2　南岭走廊民族特色村寨旅游扶贫效果评估指标体系

村寨治理能力下设 6 个指标，分别是旅游扶贫责任制、村寨事务管理能力、乡风文明程度、村寨宜居性、村容村貌、民族文化保护。旅游扶贫责任制是实现旅游扶贫的制度设计，是对《脱贫攻坚责任制实施办法》的全面落实；村寨事务管理能力是村寨基层组织建设的重要内容，关系到村寨的改革、发展、稳定和旅游扶贫的效果，与广大村民利益息息相关；乡风文明程度侧重从精神文明层面衡量旅游扶贫效果，与物质文明进步并驾齐驱，是村寨乡村振兴发展的灵魂；村寨宜居性是村寨生活环境、居住环境的主要体现，是村寨生活的本源，是检验各类脏乱差现象是否得到根治的重要指标；村容村貌是指村寨整体美化程度及卫生状况，是旅游扶贫效果的外在体现之一；民族文化保护是指村寨民俗文化旅游资源的保护传承和管理，在旅游对文化存在多方面影响的背景下，对其进行考察尤其具有现实意义。

村民感知评价下设 5 个指标，分别是对旅游扶贫经济和社会文化正效应的感知、对旅游扶贫环境和人口素质正效应的感知、对旅游扶贫负效应的感知、旅游精准扶贫政策绩效评价、参与态度与意向。

村民感知评价是旅游扶贫效果的重要落脚点，应对其内容进行深入的细化，因此又深入设置了下级指标（见附录2）。

对旅游扶贫经济和社会文化正效应的感知是指对旅游扶贫在经济和社会文化领域所产生正能量的感知，下设11个指标，分别是旅游促进了村寨经济的发展、旅游带动了村寨相关产业的发展、旅游增加了村民的就业机会、旅游增加了村寨女性居民的就业机会、旅游增加了村民个人收入、旅游促进了文化遗产的保护、旅游促进村寨文化活动的多样性、旅游提高了本地知名度、旅游促进了村寨与外界的各方面交流、旅游促进了民族团结、旅游增加了村寨凝聚力。

对旅游扶贫环境和人口素质正效应的感知下设6个指标，分别是旅游改善了村寨基础设施、旅游提高了本地的生活质量、旅游改善了本地的治安环境、旅游改善了本地的自然环境、旅游提高了村民的能力与素质、旅游提高了村民的环保意识。

旅游扶贫也有可能会产生不同类型的负面效应，在对旅游扶贫负效应的感知中就下设6个指标，分别是旅游提高了物价和生活成本、旅游加剧了村民贫富分化、旅游导致或加剧了村民之间因经济利益而产生的冲突、旅游干扰了村民日常生活、旅游导致了本地的交通拥挤、旅游破坏了本地风俗文化。

旅游精准扶贫政策绩效评价是对各类扶贫政策实施效果的感知评价，下设5个指标，分别是政府的旅游扶贫政策能适应村民需求、旅游扶贫主要依靠政府的规划帮扶和管理、扶贫对象的识别是否精准科学合理、扶贫项目或措施是否到村到户、扶贫队伍是否到村到户。

旅游参与意愿是村民愿意通过旅游摆脱贫困的重要体现，下设7个指标，分别是：我愿意为了旅游发展保护自然资源和环境、我愿意参与旅游政策制定和决策过程、我愿意参与旅游开发与规划、我愿意为了旅游发展而出让土地林场山场等资源、我愿意自主经营一些旅游接待项目、我愿意接受景区或旅游企业聘用成为其工作人员、我愿意参与旅游教育和培训。

第三节　指标权重确定

一、选用方法与原理

权重确定是构建评价指标体系的重要步骤之一，有专家评价法、主成分分析法、熵值法、变异系数法等多种主观和客观的赋权方法。本课题针对目标层、准则层、指标层所形成的指标体系选用了层次分析法，针对村民感知评价所包含的细化指标选用了熵权法。

（一）层次分析法

层次分析法（Analytic Hierarchy Process），是由美国运筹学家托马斯·L. 萨蒂（Thomas L. Saaty）于20世纪70年代提出的一种定性和定量相结合的决策方法。该方法是将所要决策的问题置于一个大系统中，并将问题层次化，从而对问题的描述目标的相对重要度做出正确的估价，是一种较好的权重确定方法。在实际的运用过程中，层次分析法首先要建立有条理的层次结构模型，随后构造各层次的判断矩阵，用数字1~9及其倒数作为标度来对各方案相互之间的重要程度进行两两比较（见表4-1）。

表4-1 层次分析法两两比较量化取值

标度	含义
1	表示两个因素相比，具有同等重要性
3	表示两个因素相比，前者比后者稍重要
5	表示两个因素相比，前者比后者明显重要
7	表示两个因素相比，前者比后者强烈重要
9	表示两个因素相比，前者比后者极端重要
2，4，6，8	表示上述相邻判断的中间值
倒数	若因素 i 与因素 j 的重要性之比为 a_{ij}，那么因素 j 与因素 i 的重要性之比为 $a_{ji} = 1/a_{ij}$

随后，求解判断矩阵（其阶数为 n）的最大特征根 λ_{max} 和对应的特征向量，为保证其可靠性，需要计算一致性指标（consistency index，CI），公式为：

$$CI = \frac{\lambda_{max} - n}{n - 1}$$

之后再计算一致性比例（consistency ratio，CR），公式为：

$$CR = \frac{CI}{RI}$$

其中，RI 为随机一致性指标，又称平均随机一致性指标，其值只与判断矩阵的阶数 n 有关。很明显，当判断矩阵为一阶或二阶矩阵时，判断矩阵具有绝对一致性，而其他中低阶随机一致性指标的值可以通过查询获得（见表4－2）。

表 4－2　　　　　　　　　　　平均随机一致性指标

n	1	2	3	4	5	6	7	8	9	10	11	12	13	14
RI	0	0	0.52	0.89	1.12	1.24	1.36	1.41	1.46	1.49	1.52	1.54	1.56	1.58

通常，当 CR＜0.10 时，便认为判断矩阵的一致性是可以接受的，否则就要进行调整，直至达到满意的一致性为止。最后，计算最底层相对于最高目标的排序权重，对层次总排序也要做一致性检验。层次分析法在评价类旅游研究中有着广泛的运用，其计算过程也可以通过 yaahp 软件得到快速实现。本课题所构建的评价指标体系中，评价对象数量适中，但评价精度要求高，故采用层次分析法十分适合。

（二）熵权法

熵是由德国物理学家克劳休斯（Rudolph Clausius）于 1854 年提出的热力学概念，用以描述热力学系统中的混乱或无序程度。之后在 1948 年美国数学家香农（Shannon）将其引入信息论中，并提出信息熵的概念，用以表征信息源的不确定性。熵权法是基于信息熵计算评价指标权重的客观赋权法，即通过各指标的信息熵值所提供的信息量大小来确定权重。

假设共有 m 个评价指标，每个指标有 n 个评价项目。首先计算第 j 个指标中第 i 个评价项目出现的频率 a_{ij}，对判断矩阵进行归一化处理，其结果表现为 P_{ij}。

$$P_{ij} = \frac{a_{ij}}{\sum\limits_{i=1}^{n} a_{ij}} \ (i=1, 2, \cdots, n; \ j=1, 2, \cdots, m)$$

随后计算评价指标的信息熵，记为 H_i。

$$H_i = -\frac{1}{\ln n} \sum\limits_{i=1}^{n} (P_{ij} \ln P_{ij})$$

最后再计算评价指标的熵权，记为 W_i。

$$W_i = \frac{1 - H_i}{n - \sum\limits_{i=1}^{n} H_i}$$

村民感知部分采用李克特五级量表，分别用 5、4、3、2、1 代表非常同意、同意、一般同意、不同意、非常不同意，也对应着每个指标的评价项目。通过汇总计算每个指标每个评价项目出现的频次，运用上述公式按步骤进行计算。需要说明的是，在村民感知评价下设的 5 个指标中，"对旅游扶贫经济和社会文化正效应的感知""对旅游扶贫环境和人口素质正效应的感知""旅游精准扶贫政策绩效评价""参与态度与意向"及其细化指标均为正向指标，"对旅游扶贫负效应的感知"及其细化指标均为反向指标，需对其 a_{ij} 值进行正向化处理，并将处理后的结果记为 a'_{ij}，其计算公式如下所示：

$$a'_{ij} = \frac{1}{\left| a_{ij} - \sum\limits_{i=1}^{n} a_{ij} \right|}$$

需要说明的是，每个细化指标的权重是相对于三级指标而言，即三级指标下设细化指标的权重之和为 1。

将每个细化指标评价值的均值与其权重相乘后求和，即可得出三级指标的评价值。同样，"对旅游扶贫负效应的感知"的细化指标是反向指标，其评价项目中非常同意、同意、一般同意、不同意、非常不同意的评价值取值应分别为 1、2、3、4、5。

村民感知评价下设细化指标的权重计算结果、下设三级指标评价计算结果详见第五章、第六章、第七章案例地实证分析部分。

二、权重计算结果与分析

本书课题组通过微信、邮件等网络途径邀请了 10 位专家进行问卷调查，对所构建的评价指标体系的准则层和三个指标层进行两两比较（详见附录 1）。其中，高校教授、学者 6 人，分别来自广西大学、广西师范大学、桂林理工大学、南宁师范大学、贺州学院、湘南学院；旅游行政管理人员 3 人，分别来自广西文化和旅游厅、桂林市人民政府、湖南江永兰溪乡；来自旅游规划公司的行业专家 1 人。所邀请人员均为从事旅游扶贫的教研人员、规划人员或一线工作人员，工作经验较为丰富，从业年限整体较长，对本书课题组所研究的领域具有较好的了解。在专家征询过程中，各位专家只能与本书课题组成员联系，互相之间并不讨论。

基于回收的问卷，分别将每位专家所构造的判断矩阵输入 yaahp 软件，通过该软件计算得出准则层和各个指标的权重分布并进行汇总求取平均值。在 yaahp 软件的计算过程中，只有当判断矩阵经过一致性检验才能导出计算结果，因此该软件所分析的数据结果均是可用的。根据 10 位专家的计算结果，可以绘制出目标层下的评价指标权重图（见图 4-3）。从结果可以看出，在三个子系统中，旅游经济发展的权重最大，是 0.445，几乎占据一半，可见旅游扶贫很大程度上还是要落在经济上表现的；村寨治理能力的权重次之，为 0.336，超过 1/3，可以看出体制机制能够为村寨发展带来持续的动力；村民感知评价的权重最小，但也达到 0.219，可见村民的感知也是不可忽视的因素。

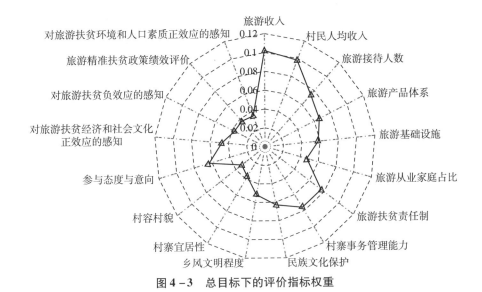

图 4 - 3　总目标下的评价指标权重

在旅游经济发展中，旅游收入的权重最大，是整个评价指标体系中权重最大的指标，为 0.102；其次分别为村民人均收入（0.098）、旅游接待人数（0.074）、旅游产品体系（0.066）、旅游基础设施（0.058）、旅游从业家庭占比（0.047）。在村寨治理能力中，旅游扶贫责任制、村寨事务管理能力的权重最大，均为 0.076，其次为民族文化保护（0.063）、乡风文明程度（0.052）、村寨宜居性（0.037）、村容村貌（0.032）。在村民感知评价中，参与态度与意向的权重最大，为 0.063，其次为对旅游扶贫经济和社会文化正效应的感知（0.047）、对旅游扶贫负效应的感知（0.037）、旅游精准扶贫政策绩效评价（0.037）、对旅游扶贫环境和人口素质正效应的感知（0.035）。

三、指标的评分标准与评分来源

一个完整的评价指标体系还应包括评分标准与评分来源。本书建立"非常好、较好、一般、较不好、非常不好"的评语集，分别对应五分制中的 5 分、4 分、3 分、2 分和 1 分。详细的评分标准与评分来源参见表 4 - 3。大部分指标的

表4-3

评价指标体系评分标准和评分来源

指标	指标权重	评分标准					评分标准参照来源	评分来源
		非常好（5分）	较好（4分）	一般（3分）	较不好（2分）	非常不好（1分）		
旅游接待人数	0.074	>60万人次	50万~60万人次	30万~50万人次	10万~30万人次	3万~10万人次	旅游区（点）质量等级的划分与评定（GB/T17775—2003）	实地调研，访谈村干部
旅游收入	0.102	>100万元	80万~100万元	60万~80万元	40万~60万元	<40万元	乡村旅游扶贫工程行动方案	实地调研，访谈村干部
村民人均收入	0.098	>4000元	3000~4000元	2000~3000元	1000~2000元	800~1000元	中国农村扶贫开发纲要（2011-2020年）	实地调研，访谈村干部
旅游从业家庭占比	0.047	>50%	40%~50%	30%~40%	20%~30%	10%~20%	四川省旅游扶贫示范村达标标准	实地调研，访谈村干部
旅游产品体系	0.066	>8种	7~8种	5~6种	3~4种	1~2种	全国乡村旅游重点村遴选标准	实地调研，课题组统计
旅游基础设施	0.058	非常完善	较完善	一般完善	较不完善	非常不完善	专家征询	实地调研，课题组打分
旅游扶贫责任制	0.076	已建立，且制度完善，对旅游扶贫工作做出安排	已建立，且制度完善，对旅游扶贫工作做出安排	已建立，且完善	已建立，但不完善	仅建立	专家征询	实地调研，课题组打分

续表

指标	指标权重	评分标准					评分标准参照来源	评分来源
		非常好（5分）	较好（4分）	一般（3分）	较不好（2分）	非常不好（1分）		
村寨事务管理能力	0.076	非常强	较强	一般	较弱	非常弱	广西乡村振兴战略规划（2018－2022年）	实地调研，课题组打分
乡风文明程度	0.052	乡风好，村民素质高	乡风较好，村民素质较高	乡风一般，村民素质一般	乡风较差，村民素质较差	乡风非常差，村民素质非常差	美丽乡村文明建设评价规范（DB5117/T—2019）	实地调研，课题组打分
村寨宜居性	0.037	非常宜居	较宜居	一般	较不宜居	非常不宜居	美丽宜居乡村建设规范（DB14/T 271—2016）	实地调研，课题组打分
村容村貌	0.032	非常整洁	较整洁	一般整洁	较不整洁	非常不整洁	美丽乡村建设指南（GB/T 32000—2015）	实地调研，课题组打分
民族文化保护	0.063	非常完好	较完好	一般完好	较不完好	非常不完好	民族民俗文化旅游示范区认定（GB/T 26363—2010）	实地调研，课题组打分
对旅游扶贫经济和社会文化正效应的感知	0.047	非常同意	较同意	一般	较不同意	非常不同意	专家征询	实地调研，居民问卷
对旅游扶贫环境和人口素质正效应的感知	0.035	非常同意	较同意	一般	较不同意	非常不同意	专家征询	实地调研，居民问卷
对旅游扶贫负效应的感知	0.037	非常同意	较同意	一般	较不同意	非常不同意	专家征询	实地调研，居民问卷

指标	指标权重	评分标准					评分标准参照来源	评分来源
		非常好（5分）	较好（4分）	一般（3分）	较不好（2分）	非常不好（1分）		
旅游精准扶贫政策绩效评价	0.037	非常同意	较同意	一般	较不同意	非常不同意	专家征询	实地调研，居民问卷
参与态度与意向	0.063	非常同意	较同意	一般	较不同意	非常不同意	专家征询	实地调研，居民问卷

评分标准都是参照国家标准、地方标准或行业标准，力求做到有章可循。但本书课题组在实际研究过程中也做了一些调整，例如《中国农村扶贫开发纲要（2011－2020年）》中规定的人均收入脱贫标准，并没有划定等级标准；又比如个别指标尚未有公认的评分标准，本书课题组是通过专家征询的方式探索制定而成。在指标的评分来源中，均通过实地调研获取，有的是访谈村干部，有的是发放居民问卷，有的是本书课题组集体打分。

◢ 第五章

南岭走廊民族特色村寨旅游扶贫效果评估实证研究——勾蓝瑶寨

第一节　田野调查说明

一、田野点选择依据

勾蓝瑶寨位于湖南省永州市江永县兰溪瑶族乡、南岭走廊五大山系的都庞岭东南侧。勾蓝瑶寨旅游资源丰富，至今保留独具特色的古城墙、守夜屋、关厢和门楼四大防御工事，同时拥有 300 多栋明清时期的古民居、5 座戏台、68 座庙及风雨桥、凉亭、书院、水井等便民设施。瑶家武术、歌舞、传统酿酒、木雕、刺绣织染工艺及民族节庆等是勾蓝传统村落历史文化和民族特色体验不可或缺的组成部分，具有一定的文化艺术保护价值。勾蓝瑶寨依托秀美的山水资源、深厚的文化底蕴、独特的民俗风情大力发展乡村旅游精准扶贫工程，成立"江永兰溪勾蓝瑶寨旅游开发有限公司"，走出了一条"以旅脱贫，以旅富民"的新路子，形成了全省乡村旅游扶贫的"勾蓝瑶模式"。2014 年，勾蓝瑶寨被列为第六批中国历史文化名村，2016 年被列入第四批中国传统村落名录，2015 年成功创建为国家 3A 景区，2019 年成功创建为国家 4A 级景区，同年 10 月成为第八批湖南全国重点文物保护单位。除此之外，还被列入第三批中国少数民族特色村寨名单。故勾蓝瑶寨具有较强的案例代表性。

二、调查过程说明

勾蓝瑶寨田野调查进程如表 5 - 1 所示，在 2017 年 7 月 21 ~ 23 日的预调查过程中，课题组成员通过深度访谈对勾蓝瑶寨的村寨历史沿革、社会经济发展状况、贫困情况等基本情况进行了解，结合村民具体情况对问卷题项内容进行修改。

表 5 - 1　　　　　　　　　　　勾蓝瑶寨田野调查情况

调查时间	调查天数	调查成员人数	调查方法	调查对象	调查内容
2017 年 7 月 21 ~ 23 日	3	3	深度访谈法	重点访谈村委干部、村民代表等	村寨历史沿革、社会经济发展状况、贫困情况等
2017 年 11 月 10 ~ 15 日	6	5	观察法、深度访谈法	重点访谈村委干部、乡镇干部、扶贫驻村干部、非遗传承人等	旅游发展现状、贫困与扶贫情况、社会经济发展状况、旅游资源及产品、民族文化与传承、村民参与旅游情况等
			问卷调查法	村民	发放问卷 110 份，实际回收问卷 100 份，有效问卷 96 份
2018 年 1 月 12 ~ 15 日	4	7	观察法、深度访谈法	重点访谈贫困户、参与旅游村民	贫困户实际情况、脱贫途径、参与旅游程度、对旅游扶贫感知、对各级政府扶贫工作的评价、未来发展建议等
			问卷调查法	村民	发放问卷 120 份，实际回收问卷 107 份，有效问卷 101 份
2019 年 10 月 13 ~ 15 日	3	5	深度访谈法	重点访谈乡镇干部、村委干部、村民代表等	旅游扶贫工作进展情况、旅游接待相关数据、发展困境与建议等

正式调研分为两次进行，本书课题组分别于 2017 年 11 月和 2018 年 1 月前往勾蓝瑶寨进行共 10 天的田野调查。课题组成员分组进行入户访谈和居民随机访谈，对当地居民发放问卷并现场回收，部分问卷采用一对一或二对一形式完

成，协助被调查者完成调查问卷。2017 年 11 月 10～15 日，重点访谈了村委干部、乡镇干部、扶贫驻村干部、非遗传承人等，获取旅游发展现状、贫困与扶贫情况、社会经济发展状况、旅游资源及产品、民族文化与传承、村民参与旅游情况等相关资料，发放问卷 110 份，实际回收问卷 100 份，有效问卷 96 份。2018 年 1 月 12～15 日，重点访谈了贫困户和参与旅游的村民，获得贫困户实际情况、脱贫途径、参与旅游程度、对旅游扶贫感知、对各级政府扶贫工作的评价、未来发展建议等资料，发放问卷 120 份，实际回收问卷 107 份，有效问卷 101 份。两次调研共获得有效问卷 197 份。

2019 年 10 月 13～15 日，课题组成员再次前往勾蓝瑶寨进行补充调研，重点访谈了乡镇干部、村委干部、村民代表等，了解 2018～2019 年村寨的旅游扶贫工作进展情况、旅游接待相关数据、发展困境与建议等。

第二节　勾蓝瑶寨旅游发展基础与扶贫现状

一、旅游发展基础

（一）地理位置

勾蓝瑶寨位于湖南省永州市江永县西南面的兰溪瑶族乡，距离县城 35 公里，地处东经 110°10′，北纬 24°25′的交汇点上，东与江华瑶族自治县毗邻，西与广西灌阳县、恭城瑶族自治县接壤，南连广西富川瑶族自治县，北接道县，是楚粤通衢重要通道。

（二）人文社会

勾蓝瑶寨又名"勾蓝""都源"，是保存完好的瑶族祖居地。因村中溪流呈现蓝色，故名勾蓝①。明代洪武二十九年，官府对勾蓝瑶族和流民实行招安，开始编入户籍，官授瑶田瑶户，承纳瑶粮，把手关隘，设立瑶长、瑶目管理地方事务。江永建县自隋代，宋时期设乡，元代行里设制，明袭宋制，清袭明制，后与

---

① 清乾隆二十二年（公元 1757 年）碑刻曰：予祖昔居万山中，山勾联透，溪水伏流，故名"勾蓝"。

清溪、古调、扶灵（源口）被称为"永明县四大名瑶"[①]，各自独立"不举称乡"。民国时期，永明县仍实行乡都制。1949 年新中国成立后，勾蓝瑶寨归永明县甘棠乡管辖；1958 年，成立大迳人民公社；1969 年，被并入棠下人民公社；1974 年，又与冷水铺人民公社合并；1984 年，兰溪瑶族乡成立。

勾蓝瑶寨历史悠久，自汉代以来便有人口居住繁衍，形成了独特的村落聚居地与防御体系，至今延续了四十多代。千百年来，村寨的位置、居住的家庭及民族成分都未曾改变。寨子面积约 14.03 平方公里，住着上村、黄家、大兴三个古村 518 户 2227 人，瑶族人口比例为 96%[②]。其中，上村分欧阳家和周家、蒋家和何家；下村分茶园、麻斋圩、桥头、石头街、槐树下、黄家湾；大兴分李家、天曹家、雷家、何家等 11 个自然村。

（三）旅游资源状况

1. 自然旅游资源

典型的喀斯特地貌景观造就了勾蓝瑶寨优美的自然景观，四周群山环绕，错落有致，层次分明，地势北低南高，层峦叠翠，山际轮廓线十分丰富，犹如一个巨大的天然盆景，形成优美的视觉景观效果（见图 5-1）。勾蓝瑶寨四周有中尾山、老人山、马腰山、龙岩山、望月山等首尾相连，村坐落在群山环绕的长形平地中。由于瑶族同胞有禁止砍伐村寨后山树林的习俗，因而山上植被保存较好，极目远眺，满眼苍翠，绿意盎然，充满生机，是山鸡、斑鸠、喜鹊、山鹰以及蝴蝶的乐园。傍晚时分，从勾蓝瑶寨极目远眺，连绵群峰犹如蠕龙起舞，霞光冲云破雾而出，顿时层林尽染，气象万千。

发源于蒲鲤井地下泉水的兰溪河，像一条玉带，迂回曲折，贯穿兰溪村全境，水流平缓，河水淙淙，甘甜怡人。河流上建有众多亭、桥，形成"人行三里观四亭，水流百步过十桥"的风水特色。早在康熙任子年间，当地文人将瑶寨主要风光概括成八景（蒲鲤生井、山窟藏庵、犀牛望月、天马扫槽、石窦泉清、古塔钟远、亭通永富、岩号平安）刻在石碑上，八景自然景观和人文景观的交互融合，成为勾蓝经典的旅游路线。

[①] "洪武九年招安，归化朝廷，封号清溪、古调、扶灵、勾蓝，为永邑四大民瑶。"欧阳绪珍，《兰溪资料汇编·一·兰溪概况》，第 1 页。

[②] 勾蓝瑶寨村委统计（2018 年 1 月）。

图 5 – 1　村寨环境

资料来源：本书课题组成员实地拍摄。

2. 人文旅游资源

（1）民族建筑类。

古民居：民居最早可追溯到宋元时期，建筑色调朴素淡雅，山墙造型别具一格，天井庭院紧凑通融，室内陈设古朴雅致。古民居的墙体都是以三六九寸（0.1 米 ×0.2 米 ×0.3 米）的火砖砌成。四周为高大的山墙体，起着防火防风的作用，屋顶多采用悬山式，内部结构及装饰多为木质。平面布局整齐对称，多为"三堂间"布局，中堂比两厢宽，为客厅和宴客之所。正壁设神龛，正壁后设通向二楼的楼梯。正堂对面为天井，天井前设照壁。两厢多为厨房、卧室、书房。二层多为卧室、储藏室。一楼除门外不开窗户，二楼开设小窗户，窗户不用木料仅用砖砌成拱形。住宅是兰溪村防御系统体系中最基本的防御层次，它的防御性体现在建筑构件的细部处理，如厚重的建筑外墙、高而狭小的开窗等。古民居的装饰是利用当地材料、工艺和技术的特长，因地制宜，就地取材，通过石雕、砖雕、木雕、陶雕、灰塑、彩画等形式来体现装饰艺术美。建筑的装饰不仅起到美化民居的作用，而且还展现了勾蓝瑶寨的历史和文化。古民居装饰主要集中在门、窗、梁枋、雀替、栏板、柱础、风火墙等部位。

防御体系：勾蓝瑶寨同胞依山就势修筑了四道防御工事——石城墙（石城

门)、守夜屋、关厢、门楼。

第一道防御工事是村寨外围的石寨门、石城门、石城墙。为把守隘口，瑶族同胞依山就势在关隘口修建了9个石砌城门及石城墙。石墙上有瞭望台、烽火台和警钟，石墙门两翼筑有石墙，高二丈，宽丈余，是名副其实的明代古城墙。石城墙作为防御体系中最基本的组成部分，与四周群山这一天然屏障结合起来，使村寨的安全有了基本保证。

第二道防御工事是村里的守夜屋。守夜屋是建在自然村的总路口处，是各自然村晚上轮流值守的处所。守夜屋一般占地为12～15平方米，上下两层，高约6～7米，下层有大门把住路口，上层有瞭望孔和枪眼。守夜人住上层，下层有供村民歇息的木凳或石凳。守夜屋既是一道防御，又是居民聚会和娱乐的场所。

第三道防御工事是关厢。关厢是建在守夜屋内并能出入到各自然村的道路口上。晚上守夜屋关门，关厢关门，进入各自然村的道路被全部切断，旁人无法入村。关厢与守夜屋相似，也有楼、门、瞭望孔、枪眼，其建筑无守夜屋那么大，较简单，下层无供人休息的木凳或石凳。

第四道防御工事是门楼和巷道门。门楼是以各姓氏家族为主建立，每姓一个至几个门楼。门楼是家族的代表，其建筑也较为精美。门楼多为全木结构，飞檐翘角、雕梁画栋、美观大方（见图5-2）。门楼比守夜屋宽，大多数门楼有正门、侧门，晚上大门关闭，留侧门出入。门楼与主干道垂直，并衍生出数条次干道，每条次干道旁有几个巷道门。巷道门内是宅门，巷道门的院落是最基本的单元住户。巷道空间小且迂回多变，加之丁字路，尽端小巷的处理营造一种迷幻的氛围。

宗教场所：千百年来，勾蓝瑶寨人民崇佛敬神，他们传统的宗教信仰历来就没有完整思想体系的杂神崇拜，崇拜的神灵众多且并不偏于某一教派。村里村外随处可见社坛土地、舞榭歌台、凉亭桥梁。这些建筑物古朴典雅，造型精致，诗文并茂，独具特色。汉魏以来，勾蓝瑶人为御灾捍患之有功烈于民者和各种信奉依靠的神灵，大兴建庙祭祀。从唐代以来，大规模以崇奉文庙、武庙、盘王庙和总管庙等诸庙的寺、庙、庵、阁、观、宫就有68座，其中49庙、8庵、5寺、3阁、2观、1宫，主要分为祭祀祖先庙、自然神庙、教化庙、英雄庙和管理庙五大类，但如今保存下来的仅有5庙（盘王庙、总管庙、相公庙、水龙祠、枇杷庙）、1阁（廻龙阁）及1观（龙泉观）。

图 5－2　姓氏门楼（欧阳门楼）

资料来源：本书课题组成员实地拍摄。

培元桥：培元晨曦为兰溪八景之一，培元桥最初建于清朝初，称"旧凉桥"，清光绪二十二年修葺时又增大其规模。桥长13米，宽6米，拱桥高5米，亭高5.6米。凉桥两端是"山"字头砖墙和拱门，中间两排木柱，每排四根，左右对称，顶部四组"卉"字形木架。木架中有拉木紧扣，青瓦盖面，中间两排木架高出瓦面三尺，构成高高隆起的两层式方体字画框。山墙和瓦顶有14个凤头翘角，屋顶和两端竖着3个宝葫芦。

祠堂：兰溪村的祠堂大都是建于明代，每姓都有祠堂，建筑很简洁，只有朴素的大门、简洁的天井和大厅，室内很少装饰，从外面看就像一座普通的民居。祠堂是宗教的圣殿，功能包括：一是祭祀，在祠堂供奉祖先牌坊，定期举行祭祀活动；二是商议、处理本族大事，如祭祖扫墓、建宗教建筑等；三是执法纠偏，对族内人违反族规的各种行为，祠堂又是本族执法的"法庭和刑堂"；四是教化功能，是努力劝学的场所；五是用来娱神娱祖娱人，供族人在此办理红白喜事，举办节日娱乐活动。勾蓝瑶寨建筑大都建于明代，现保存较好的祠堂主要有何家祠堂、雷家祠堂、曹家祠堂、田家祠堂、李家祠堂、欧阳家祠堂和何家祠堂（第二处）、黄家祠堂、蒋家祠堂、周家祠堂和三门街祠堂等11座祠堂。

欧阳书屋：兰溪人十分注重对子孙后代的教育。明清以来，兰溪人修建大量的私塾作为家族性的教育场所，还有部分较为富裕的家族在自家院落建书房供后生读书。兰溪现存的书屋有何家和欧阳书屋，其中最完整的、最具代表性的当属欧阳书屋。欧阳书屋建在下村较为核心的区域，四周树林茂密，环境宁静，是读书的好场所。建筑开间约 10 米，进深近 9 米，上下两层，一层高约 3.4 米，为完整的大空间，是老师授课的场所。一楼正厅有宽 1 米，长 4.1 米的天井，保持了建筑的通风和采光。二层高约 4 米，用木板隔成四间小卧室，供学生休息。二楼还有 1 米宽的廊道，站在廊道上倚着雕花栏杆，凭栏远眺，青山绿水尽收眼底。

（2）民族节庆类。

勾蓝瑶寨是一个崇尚仪式的民族，特别是以"过庙会""过节"最为典型。勾蓝瑶寨是盘瓠文化、多神教崇拜文化、汉文化等多种文化的交融之地，传统民族节日丰富多彩，包括洗泥节、敬鸟节、砍神牛、尝新节、上香节等。在节日期间，勾蓝瑶胞或跳起长鼓舞，或耍龙舞狮，走村串户，甚至请外地戏班唱上三天三夜大戏，这些习俗一直沿袭至今。众多节日中，以洗泥节最为典型和盛大。

勾栏瑶寨流行一句话：插田上岸，功夫一半，牛补青食，人换新装，家人团聚，举族联欢。这也正是洗泥节的真实写照。洗泥节又称"苦瓜节"，起源于唐代，流传于湘桂粤交界的 100 多个平地瑶，是每年春耕忙种之后的农历五月十三举办的农耕庆典活动。每当春耕生产结束后，瑶民把沾满春泥的犁、耙、锄头等农具都洗干净，举办庆祝仪式等。传统的洗泥节会持续 3～7 天不等，节日第一天是村寨的巡游仪式，第二天是寨里的戏班唱戏，青年男女对歌、武术和杂技表演等。2008 年 9 月，洗泥节入选"永州市非物质文化遗产保护名录"，2012 年入选第三批湖南省非物质文化遗产名录。

（3）民族艺术类。

武术：由于战乱频繁，勾蓝瑶寨先民只能经常迁徙，寻找山势险峻的地方居住。恶劣的自然环境造就了其强韧的体质和刚毅的民族性格。历史上统治者的压迫给勾蓝瑶寨先民带来了深重的苦难，他们为了生存而不得不奋起反抗。勾蓝瑶寨祖先们通过不断学习和钻研，习得了各类拳法、棍术、刀术等武术来抵抗外来侵略，守护一方平安。勾蓝瑶寨无论男女老少，都擅长武术。武术分拳术（有单人拳、双人拳、男拳、瑶家女子拳、拨拳）、棍术（有单人棍、双人棍、四人棍、八人棍、男女混合棍）、刀术（有大刀、马刀舞剑、剑术、长矛、句连、拔刀、双刀）、祖耙、拔祖五种。

壁画：勾蓝瑶寨壁画具有十分强烈的建筑美化功能，为建筑功能主题的彰显提供了重要支撑。壁画大致分为以下几种类型：第一，民居和公共建筑彩绘。主要分布在村民居所和公共活动场所。这类壁画较小，分布较为集中，比较贴近日常生活，如山水花鸟彩绘、吉祥寓意彩绘、卷草花卉图案、门额书法彩绘等。第二，宗教建筑瑞兽壁画，主要在宗教建筑大殿正墙内立面，表现题材为神话瑞兽，如麒麟、龙凤等，在北川庙、盘王庙和龙泉观有发现。第三，宗教建筑人物故事壁画。主要在宗教建筑大殿及回廊院墙立面，表现题材主要是重要的人物、故事，尤以水龙祠表现战争题材的壁画为代表，众多浩浩荡荡、身着铠甲的士兵，呈现万马奔腾而有条不紊的浩荡场景。水龙祠壁画在湘南地区乃至湖南省都是不可多得的艺术精品，可以通过壁画研究当地的服装、战争、风俗、美术等。但由于风雨侵蚀和不当使用，水龙祠早已被破坏而仅剩下一些破败不堪的墙体，庙外随意放置着碑刻，而壁画正位和水龙祠正殿的墙壁上，大致能分辨出有五幅壁画，主要画有三军仪仗队、盘龙和麒麟等内容，壁画上出现"敕封水龙庙""番王进宝"等幡旗，展示出皇帝敕封水龙庙暨瑶族人向皇帝进贡的庆典场景。

（4）特色饮食类。

梭子粑粑：白色的梭子粑粑外壳主要材料全为糯米，而紫色粑粑则添加了当地自产的农作物——富含硒元素和花青素的紫薯，不仅丰富梭子粑粑的色泽，更增添了其营养价值，具有抗癌功效。除了颜色分白色和紫色外，梭子粑粑的内馅在口味上也分甜味和咸味两种。将芝麻、花生和黄豆等香味较浓郁的食材干炒后磨成粉末，与黄糖粉末搅拌后即完成了甜味内馅制作。甜味内馅的梭子粑粑与油茶搭配，适合老人与孩子作早点吃，而咸味内馅有肉有菜，则比较适合做主食。

手工凉粉：凉粉也叫"冰粉"，是勾蓝瑶寨当地最好的夏季解暑食品。江永凉粉以假酸浆籽为主要原料，假酸浆籽也叫"凉粉籽"。凉粉的制作过程中搓与揉的力道是关键，将力量积蓄在手指反复搓揉，让浆液与凉粉籽脱离，从布袋流入水中；过浆之后，摘取大片鲜绿的六月雪叶，装入布袋放入水中搓揉成汁，浆、水、汁经过冲刷力而凝结在一起；经过 12 个小时的冷藏，爽滑细嫩的凉粉配上黄糖、薄荷、醋，更显得晶莹剔透。

瑶山油茶：油茶是勾蓝瑶胞最喜爱的美食。勾蓝瑶胞对茶叶有独特的理解，他们将茶叶配合适宜的生姜、大蒜、炒米、花生及江永县特有的豆豉等，置于茶滤里，加入适宜的瑶山泉水，泡煮于茶锅中，边煮边用曲尺形的茶杵反复锤打，至烂，味道、精华尽出，和入水中，然后将茶渣捞起，煮沸，撒上盐巴、香菜、葱花，便成味道、香气独特的瑶山油茶。端上桌后，首先闻到一股葱花、香菜特有的香味，瑶山油茶味初觉是茶叶的清苦，开始有点不习惯，三口下肚后，肠胃就会逐渐适应，过后便是甘醇鲜香，令人回味无穷。如法炮制的瑶山油茶，据说可驱湿避瘴、消食醒胃。

3. 旅游资源定性评价

（1）精雕细刻的古朴民居。

勾蓝瑶寨最为典型的文化特征体现便是其精雕细刻的古朴民居。民居沿山谷依山而建或临路而建，掩映在树木丛中。这些建筑造型精致、飞檐翘角、雕梁画栋，独具特色，充分显示了瑶民工匠的智慧。遍布全村的青石板巷道，房屋四周突起的马头墙，檐饰彩绘或砖雕点缀小型青石花格窗，从而形成各具特色的街景，古香古色，多姿多彩，使寨内民居具备了较高的艺术价值。

（2）独具匠心的建筑体系。

勾蓝瑶寨古建筑群是湖南省目前发现的创建年代最早、保存最完好、延续时间最长的村落。勾蓝瑶人运用自己的智慧在山中建立起一个极为坚固的防御城堡，利用城墙、守夜屋、关厢及门楼抵御外来入侵。在山与山之间的接口处，勾蓝瑶人修建了坚实的城门楼，并派专人值守站岗。同时，城楼上还设有瞭望台与枪眼，城门厚达七厘米。城门朝开夕闭，守卫严格巡查。此外，勾蓝瑶胞还建立起以姓氏为单位的房屋群落，形成了以血缘为主脉的居住格局。勾蓝瑶寨拥有丰富多彩的古建筑风貌，城堡式防御工事、舒适古凉亭、坚固古民居、古朴牛庄屋、历经沧桑的古戏台和一百多处水井、树人无数的书屋、简朴肃穆的宗祠堂、悠悠古瑶路、众多庙宇、长久不息的记事碑等。走入古风犹存的勾蓝瑶寨村落，仿佛置身于一个古老的世界。从全国范围内看，像勾蓝瑶寨这类仍保存完整防御体系分散型传统村落的数量非常稀少。

（3）古韵深厚的民族风情。

除古建筑多以外，勾蓝瑶寨的民俗风情也令人为之倾倒。勾蓝瑶人历来多神崇拜，奉先祖盘王，祀神农伏羲，信巫敬神，崇佛尊道。勾蓝瑶寨节日众多，几乎每月都有节日，除正常节日外，还有正月初二宰杀神牛祭祖、盘王节、洗泥节、敬鸟节、尝新节、中元节等带有浓厚瑶族特色的节日。勾蓝瑶人每节必戏，每节必舞。每逢节日到来，瑶民便齐聚一堂、舞狮耍龙、对歌跳舞，一派热闹场景，煞是令人艳羡。此外，勾蓝瑶寨古时人人习武，一些武术技艺也保存至今，尤以瑶家女子拳、男子刀舞、棍舞最为精彩。

（四）旅游发展现状

1. 旅游发展历程

（1）旅游探索阶段：被动融入旅游开发大环境。

勾蓝瑶寨的旅游业起步较晚，伴随着 2002 年江永县正式启动发展旅游业之后，特别是 2003 年乡村旅游提出以来，勾蓝瑶寨以其独特的民俗魅力开始吸引着周边游客。2005 年 4 月 26 日，在《湖南日报》以《兰溪勾蓝瑶寨的桃花源》为题头版头条大篇幅地介绍了勾蓝瑶寨奇特的民族文化现象，将美丽的勾蓝瑶寨呈现于世人面前。同年，当地一名在桂林经营广告公司的村民发现了勾蓝瑶寨的旅游开发前景，提出成立旅游公司，当时还自筹几千元，但最后由于各种原因不了了之。

2007 年，中央电视台《千里瑶乡行》摄制组到勾蓝瑶寨拍摄，发现上村欧阳家背后山的古瑶路，其规模的庞大、壮观被赞誉为"可算天下一绝，这里才是真正的瑶路"。

（2）旅游起步阶段：主动制定旅游开发总规划。

2014 年，受周边地区旅游业繁荣发展的带动，勾蓝瑶寨村支书欧阳明俊花费 1200 元以个人名义注册了"勾蓝瑶寨旅游开发有限公司"，但并未开展具体业务。在县委、县政府的重视和关怀下，勾蓝瑶寨积极组织并制定了《勾蓝瑶寨历史文化名村保护规划》《勾蓝瑶寨旅游开发总体规划》《勾蓝瑶寨五个部分规划建筑设计方案》，按照"发展经济、恢复古村、保护文物、开发旅游"的思路，加大少数民族特色村寨和新农村建设力度，大力开发特色产业和乡村旅游。

2014 年 6 月，经有关部门批准，"勾蓝瑶寨旅游开发理事会"（以下简称"理事会"）成立，发动村民积极探索旅游开发机制，打造新型村级集体经济。理事会结合实际，制定了理事会章程，明确了村民加入旅游开发理事会的条件、权利及责任等。目前，已有 205 户村民加入理事会，并与理事会签订入会协议，为勾蓝瑶寨 3A 级景区创建和今后发展民俗文化旅游业打下良好基础。同年，理事会引导具备接待条件的农户开办农家乐餐馆 2 家、农家旅社 4 家；投入 16 万元举办了春节庙会和农历五月十三"洗泥节"活动，吸引了 1.3 万多名游客前来旅游，提升了勾蓝瑶寨的知名度和美誉度；勾蓝瑶胞通过节会推销花生、红瓜子、油炸果、黄竹笋等农副产品，拉动了旅游消费；另外，理事会发挥勾蓝瑶寨民俗文化优势，动员组建了 120 余人的村民俗文化表演队，增添旅游趣味与活力。2014 年勾蓝瑶寨实现旅游总收入 47.2 万元。2015 年，"勾蓝瑶寨景区创 3A 指挥部"成立，组织修建了 3 个旅游公厕、1 个游客服务中心、1 个停车场，还完成了古城楼重建、环村河水系整理、古建筑保护、游道硬化等工作。

（3）旅游发展阶段：积极探索旅游开发新模式。

勾蓝瑶寨 3A 级景区建立后，为更好争取旅游项目投资建设，开展旅游各项事务，村支书欧阳明俊于 2015 年 8 月将其由个人注册的旅游公司变更为村集体经营性质的旅游公司，即"江永兰溪勾蓝瑶寨旅游开发有限公司"。公司由村支两委负责牵头和经营管理工作，村民以土地或古民居入股，自给自足的传统生产方式变成了集体性的公司经营管理。经过不断的学习和改进，旅游公司管理机制不断完善。

组织结构方面。公司成立后分为三个部室：旅游活动推广部，主要负责活动推广、民宿、业态布置、民俗表演、游客服务中心日常经营与管理等内容；基础设施环境整治部，负责景区内基础建设、车辆摆放、村庄整理、村民行为；农业生产部，主要负责800多亩流转土地的经营、种植管理等。

收益来源方面。公司的主要收益包括民俗表演收入、直营客栈收入、直营农产品销售收入、农家乐（吃住）收入管理提成、特产店收入管理提成、土地经营收入、特色定制旅游收入等各个方面。

收益分配方面。公司由村委会独资，采取以村集体为主体，村民以古民居面积、人口数等资源折算入股的形式，分享公司发展红利。公司收益集体占股80%。

村旅游公司经历了从"私有"到"公有"的改革历程，并不断探索"公司＋农户"的旅游开发新模式。从事旅游的村民达到200人，占村寨总人口的9.5%。2016年，村旅游公司被国家旅游局列为"全国'公司＋农户'旅游扶贫示范项目"。同年，湖南卫视大型民俗文化体验类综艺节目《我们来了》来此进行拍摄，提升了勾蓝瑶寨知名度。2019年全年，勾蓝瑶寨共计接待游客约38万人次，实现旅游收入约1200万元。其中，民俗表演收入合计约100万元。虽然目前勾蓝瑶寨仍处于旅游探索阶段，但村集体和各级政府都在不断努力，促使全体村民吃上"旅游饭"，实现经济增收。

2. 旅游开发现状

（1）旅游设施建设情况。

第一，旅游基础设施方面。道路方面：为了支持村寨全面发展旅游，从2010年起，村里抓住市委宣传部联系该村建整扶贫工作的机遇，争取到市、县项目资金300万元，启动了水泥路、排灌渠等基础建设，修缮了黄家至上村的石板路和开通了黄家一组至大兴的村道；完成了5.8公里（培元桥至欧菜4.8公里、将军庙至黄家湾碑林0.4公里、黄家茶园至大兴村0.6公里）的水泥硬化工程；新建黄家村至狮形平湖、村中央至欧菜的标准宽为5米的水泥路；修通了长4.5公里宽3.5米的村主干水泥道；将S325线至黄家勾蓝瑶寨景区的乡道提质改造成国家二级公路，完成了主干道全面硬化与游客石板路步道铺设工作，以满足瑶乡人民的出行和景区发展需求。未来计划将兰溪至源口道路拓宽，将勾蓝瑶寨、扶灵瑶寨、燕子山风景区连成一片。

水利方面：维修水渠1500米，完成环城河的疏浚工程、自来水建设工程、石驳塘左灌渠棋盘山河道"U"渠的建设，治理培元桥至元圩河道，修建引水渠将兰溪河连通狮形平湖，让溪水长流，改善水质，进一步美化生态环境，同时将兰溪河淤泥进行清理及河床扩宽，并于河旁种上风景树。考虑未来游客接待服务设施、农家旅馆及新村建设用水需求，规划扩容现有供水系统，新建容量400立方米的高位水柜。利用地形高差供水，采用环保型管材，铺设不小于DN150的输水干管，保证各个旅游接待设施都有配水管接入。排水采用雨、污分流体制，建设排污管网和污水处理设施，在勾蓝瑶寨附近建一个污水处理点，日污水处理能力达到700立方米。对现有的雨水系统进行清通和改造，共建设排水沟约3000米。强化狮形水库自来水取水源管理和保护，实现全村自来水普及率90%以上，水质及饮水安全100%达标。目前，已完成总体村内污水处理的规划设计，3个直营客栈、12个农家乐、5个厕所（现已建成3个）及3个衣服浣洗池的污水排放净化一期工程已完成。此外，整合资金完成石鼓登亭至培元桥的水系整理。

电力方面：全面完成了农网改造，每家每户都用上了电；建成60千伏集中式光伏发电站一座；加强农村电网改造和互联网全覆盖工作。

住房方面：因发展旅游，村里近三年已停止建新房，很多百姓住在上百年老房子里，居住条件较差。根据新农村、示范村建设及村庄规划工作，黄家村、上村新农村建设示范村按预定目标完成。政府充分利用易地扶贫搬迁政策，深入细致做群众的思想工作，着眼勾蓝瑶寨未来的可持续发展，重新规划新村，并实施一期（71户）新村建设，现已基本完成。指挥部根据易地扶贫搬迁的政策，协调旅投资金，实施"以房换房"政策。

环保方面：第一，村中广场水塘水坑被填平，栽植黄杨球，设计栽植合欢、大丽、菊花、美人蕉、月季等常规花卉，并重点抓好村庄周边的封山育林绿化工作。第二，村委大力实施"三清""四改""五化"工程，整治村庄卫生环境，优化提升生态环境。围绕建设生态、环保、美丽乡村的目标，村两委倡议村民义务植树，兴建绿色休闲广场、小游园，种植成年银杏树、桉树、国外松、三角梅、绿化地皮等，提升了村寨人居环境，进一步彰显了生态优势。此外，政府还协同林业部门，组织各村积极开展绿化工作。针对各村实际情况，通过补种、新植等方式，完成全乡森林覆盖率预定指数。投入22万元，建好了1500平方米的村垃圾填埋场，购置了50个大型景区专用垃圾桶，12台垃圾清运车，发放960个家用垃圾桶到各户。

第二，旅游辅助设施方面。勾蓝瑶寨以创建3A级旅游景区为突破口，整合项目资金495万元，全面启动并完成了游客服务中心、停车场与道路、古城楼、寨门、休闲广场、综合球场和旅游厕所等项目的建设。目前，村寨已建设停车场

2 个，共计 270 个车位；旅游厕所有 3 座，共计 45 个厕位。此外，按照 3A 景区建设标准，还配置了基本的指路牌、警示牌、指示牌、解说牌等旅游标识标牌。为便于游客了解勾蓝文化，旅游讲解牌上还专门贴有二维码，游客扫描即可了解建筑物的古往今来。

第三，旅游服务设施方面。首先，在住宿方面。村寨为提升旅游接待能力，村旅游公司筹建经营了 3 家客栈，农民自主经营客栈 11 家，共计 14 家客栈（见表 5-2），但村中大多数自营客栈基本没有独立卫生间，部分客栈房间内未配有电视、空调、网络、热水壶、吹风机、网络插口等设施。为提高村寨住宿设施规模及品质，村旅游公司与深圳一公司联合开发了"桃花情人谷小木屋"项目，规划建设 135 套高端小木屋，共计 490 个床位，可容纳 540 人住宿。其次，在餐饮方面，勾蓝瑶寨现已拥有农家乐 9 家（包括具备餐饮接待功能的客栈），最多可容纳 1500 人就餐，但总体上餐厅环境一般，设施设备有待完善。另外，村寨还有几家村民经营的手搓凉粉及梭子粑粑等特色小吃店铺，但经营规模不大，且环境卫生条件不佳。

表 5-2 勾蓝瑶寨客栈统计

民宿名称	房间数（个）	床位数（张）	类型	建造方式	经营方式
幸福院	10	14	住宿	租赁民居	公司经营
家园 1 号	5	10	住宿	租赁民居	公司经营
偶像之家	6	9	住宿	租赁民居	公司经营
美妃家客栈	4	8	住宿	自家民居	农户经营
乐乐和家	4	5	住宿 + 餐饮	自家民居	农户经营
勾蓝客栈	5	10	住宿 + 餐饮	自家民居	农户经营
兴荣客栈	3	6	住宿 + 餐饮	自家民居	农户经营
黄家客栈	4	4	住宿 + 餐饮	自家民居	农户经营
三门街农家乐	3	3	住宿 + 餐饮	自家民居	农户经营
龙眼客栈	3	5	住宿 + 餐饮	自家民居	农户经营
瑶溪客栈	3	4	住宿	自家民居	农户经营
桥头山庄	3	5	住宿	自家民居	农户经营
春风瑶家农家乐	4	7	住宿 + 餐饮	自家民居	农户经营
亭舍	4	8	住宿	自家民居	农户经营

资料来源：本书课题组根据田野调查资料统计汇总。

（2）旅游项目开发情况。

经过十几年的发展，勾蓝瑶寨逐步开发并推出了特色鲜明的旅游项目。其中，最具影响力的是根据勾蓝瑶寨传统节日"洗泥节"改编而成的民俗舞台表演——"洗泥宴"。2016年，"洗泥宴"节目表演合作社成立，由60余名演员组成，所有演员均为勾蓝瑶寨村民。节目聘请了江永县教育局专家老师指导编排，将勾蓝瑶寨传统歌舞、武术、婚俗、节庆等优秀的民族文化融合其中（见图5-3），最终共编排了14个节目（见表5-3），每个节目都有不同的寓意和内涵。"洗泥宴"不收取门票，每周六及重要节日固定上演，游客可提前预订厅内席位，围坐在舞台四周，一边品尝佳肴，一边欣赏"洗泥"表演。总之，"洗泥宴"高度还原了"洗泥节"场景，充分地体现了勾蓝瑶寨浓郁的历史文化风情及勾蓝瑶胞能歌善舞、多才多艺的特征，深受游客的喜爱。经过多年发展，"洗泥宴"成了勾蓝瑶寨最为核心的旅游产品，也成为勾蓝瑶寨最重要的旅游收入来源。

图5-3 民俗表演"洗泥宴"

资料来源：本书课题组成员实地拍摄。

表5-3 洗泥宴节目清单

序号	节目名称	节目特色及寓意
1	龙腾瑶寨	舞龙表演，喜迎八方来客，祈求风调雨顺
2	拦门酒	敬酒，瑶族姑娘以瑶族米酒喜迎远客，为其接风洗尘
3	踏鼓舞	重现祭祀盘王、过年打糍粑的场景，呈现瑶汉交融的文化形态
4	勾蓝谣	2019年新编节目，意在展现勾蓝瑶人青年男女的恋爱过程。该节目在2019年湖南省庆祝建国七十周年文艺汇演中获得金奖

续表

序号	节目名称	节目特色及寓意
5	瑶家武术	展现女子拳棍、男子拳棍、长短刀等精湛的瑶家武术
6	起宝塔、开莲花	展示古代勾蓝瑶人过庙会、上香拜神的热闹场景，展现勾蓝瑶人坚韧、团结向上的品质
7	庆丰年	展现瑶族人民勤劳与团结，用汗水与智慧创造丰收年
8	拜门楼	展现勾蓝瑶寨女儿出嫁拜别家人的场景
9	四个鸡蛋定终身	以抢板凳游戏开始，赢了的观众（仅限男性）需要上花轿、娶媳妇儿，展示四个鸡蛋定终身的婚俗
10	人间仙境勾蓝瑶	欧阳奶奶（节目主持人之一）独唱，以其瑶语歌唱勾蓝瑶寨的人文风情
11	洗泥巴	洗泥宴的主打节目，以震撼的场面、原生淳朴的艺术元素展现了一场"母亲的戏"。曾获2016年湖南省"欢乐潇湘"艺术节金奖
12	竹竿舞	跳竹竿的游戏，也是少数民族地区的健身运动，活跃观众、调动氛围的环节
13	敲梆	利用竹竿敲打的声音再现瑶人守山时驱赶野兽的场景，展示瑶人抵御侵害、守护家园的坚毅品格，该节目曾获奖颇多
14	女书－八角花里君子女	展示江永女书文化和女性形象。女书是江永特有的一种性别文字，会写女书的人称为"君子女"，而其图腾是"八角花"

资料来源：本书课题组根据访谈资料整理汇总。

（3）旅游市场营销情况。

第一，节庆活动营销。近年来，勾蓝瑶寨通过举办各类民俗节庆、摄影采风及运动赛事等活动，对瑶寨进行了较大规模的宣传，如举办深度广、品位高、影响大的传统春节庙会和农历五月十三"洗泥节"活动，推销当地农副产品，拉动旅游消费。此外，村寨抓住"湖南省摄影家协会基地"契机，组织永州市摄影家协会、零陵光影网开展各类摄影采风活动，还举办"中国山地户外健身休闲大会"等体育赛事及美食大赛等活动。

第二，网络营销。为了提升知名度，勾蓝瑶寨吸引湖南卫视、中央电视台等主流媒体前来拍摄《偶像来了》《千里瑶乡行》等节目，借助节目热点对勾蓝瑶寨进行宣传推广。为给游客更好的体验，勾蓝瑶寨建设了"江永勾蓝瑶寨"微信公众号、村务管理系统。游客用手机扫描二维码即可听取语音讲解，也可在公众号及村级网站上浏览勾蓝瑶寨历史文化，预定旅游线路及旅游产品等，解决贫困户进入市场能力不足、农副产品难销等问题。此外，村旅游公司还培训村民自办了 6 家淘宝店，向全国各地销售旅游产品。

（4）旅游转移就业情况。

勾蓝瑶寨共有居民 518 户，总人口 2113 人，2019 年从事旅游业的有 40 户，占全村寨户数的 7.72%，从事人员达 100 人，占总人口的 4.73%。勾蓝瑶寨的旅游就业项目主要包括：餐馆、住宿、商店、小吃等自主经营项目；加入旅游公司的民俗表演队；到旅游公司从事清洁工、临时工等；村民去餐馆、宾馆打工；村民自发组织去游客较多的地方进行单独表演。

（5）居民权益保障情况。

随着旅游在开发过程中的日益规范，村民逐渐懂得利用法律维护自身合法权利。到目前为止，勾蓝瑶寨与旅游开发商和村委会共签订两份合同。2015 年签订了第一个合同，即《古名居流转协议》，时间为 2016 年 1 月 1 日至 2046 年 12 月 30 日，托管年限 30 年；第二个合同为《土地流转协议》，村民自愿将土地承包经营权转让给位于旅游开发的核心景区的黄家村村民委员会。村委会未使用该块土地时，按每年每亩 500 元的租金标准付给村民；村委会使用该块土地时，按每亩 30000 元的标准将转让金付给村民。

二、旅游扶贫现状

（一）贫困状况

1. 贫困户数

勾蓝瑶寨于 2014 年列入贫困村。全村共有贫困户 152 户 647 人，低保户 126 户 188 人，五保户 11 户 13 人，兜底保障 8 户 21 人。此外，有优抚对象 5 人（参与抗美援朝 1 人、对越参战 3 人、带病回乡 1 人），各项补助政策落实到位。2017 年，建档立卡贫困户共 147 户 628 人，贫困发生率 28.2%（见表 5 - 4）。

表 5 - 4　　　　勾蓝瑶寨旅游扶贫情况调查表（截至 2018 年 7 月）

旅游扶贫点	总户数（户）	总人口（人）	建档立卡户（户）	贫困人口（人）
勾蓝瑶寨	518	2113	147	628

资料来源：勾蓝瑶寨村委会提供。

2. 致贫原因

（1）资源环境承载力不足。

资源环境承载力是一个包含了资源、环境要素的综合承载力概念，用来衡量区域资源环境系统所能承受人类各种社会经济活动的能力，主要指标有水资源、土地资源等自然资源变量，交通、通信等社会条件变量，水、气、土壤的自净能力等环境资源变量。目前，勾蓝瑶寨的资源环境承载力较低。在交通方面，村外仅开通了二级公路，公路级别低，未修建高速公路，每天只有两趟班车，可进入性不强。在环境方面，作为"湖南省农村清洁工程示范村"，清洁生产、清洁生活、清洁庭院的要求尚不到位。村里的河水是村民洗衣服、洗漱、做饭等日常用水的重要源头，而其自净能力较低，造成严重的水污染，给村民的身体健康和生活质量带来影响。

（2）经济社会整体发展水平低下，经济组织化程度低。

勾蓝瑶寨经济发展较为缓慢，主要有四点原因：一是产业结构单一，目前村寨主要以第一产业为主，亟待加快发展第二、第三产业；二是村里土地流转后，土地较集中，没有能人引导，产业发展抗风险能力差，村内集体经济、集体收入无保障，村民得不到实惠，分红更没有着落；三是村管理模式不适应当前的发展，村领导对管理及发展有分歧，事业开展和基础设施建设难度大；四是村里传统文化保护投入不足，对古建筑、传统民俗表演节目保护抢救力度不够，外出务工人员逐年增多，而青少年对民俗文化缺乏兴趣，导致民俗文化保护传承面临断代失传危机。

（3）贫困户自我发展能力不足。

勾蓝瑶寨村民普遍文化程度偏低，掌握的实用技术少，缺少资金，自我发展能力不强，收入不稳定。在劳动力方面，青壮年劳动力大部分外出务工，留守在家的基本是老、弱、病、残。在医疗方面，由于村寨医疗设施与水平有限，村民得不到医疗保障，患病导致劳动力数量下降。在受教育方面，村民完整接受过高等教育的人数较少，而多数主要从事农业种植和外出务工，对新技术、新产品接受度较低。在以上因素中，因病因残致贫是致贫最主要原因。根据2017年勾蓝瑶寨建档立卡帮扶工作台账获悉，在147户建档立卡的贫困户中，26户因缺资金致贫，11户缺技术致贫，9户无劳动能力或缺失劳动力致贫，但因病因残致贫的有101户，比例高达70%。同时，部分村民只满足于当前生活现状，过分依赖扶贫资金，缺少发展意识。此外，部分村民对贫困户评选及扶贫资助政策不理解，非贫困户对贫困户的评选也不满意，这就导致精准扶贫的第一步精准识别工作非常难开展，影响扶贫效果，甚至容易造成返贫。

(二) 旅游扶贫政策

1. 政府层面

永州市层面。为了做好旅游扶贫工作，永州市政府及其各部门也出台了诸多政策措施和规划文件，包括《永州市实施精准扶贫五年规划（2014－2018）》《永州市旅游发展总体规划（2015－2025）》《永州市农业产业扶贫工作方案》等一系列规划方案均提及发展旅游带动脱贫。2017 年，永州市人民政府印发《永州市"旅游升温战役"实施方案》中提出拨款 5 亿元开展江永全域旅游景区提质改造工程，对包括勾蓝瑶寨在内的景区实行村落维护、防洪排洪设施、绿化及亮化建设等。

江永县层面。近年来，江永县大力实施"旅游活县"战略，把丰富的资源优势转化为强劲的经济发展优势，以乡村旅游助推扶贫攻坚。江永县委、县政府高度重视旅游扶贫工作，把旅游扶贫工作作为重点、亮点来打造，组织编制了《江永县旅游产业精准扶贫五年规划》《江永县发展乡村旅游指导意见》《江永县乡村旅游精准扶贫工作计划》《江永县创建省级旅游扶贫示范县工作方案》等，明确了各职能部门的具体目标、任务和要求。在出台的《江永县旅游产业发展扶持奖励办法》中，县财政部门安排旅游发展专项资金 500 万元，对参与乡村旅游产业开发项目的农户每户给予 2000 元的奖励，对开办农家乐、民宿的经营户给予1 万~3 万元奖励，对发展四星级、五星级乡村旅游点的农户分别给予 2 万元、4 万元奖励。此外，政府还开展了对乡村旅游经营户、乡村旅游带头人、能工巧匠传承人、乡村旅游创客 4 类人才和乡村旅游导游、乡土文化讲解等各类实用人才的培训工作，提高从业人员整体素质，实现旅游扶贫重点村从业人员培训的全覆盖。

兰溪乡层面。兰溪乡也积极响应落实国家各级政府关于旅游扶贫、脱贫攻坚的各项政策措施，始终致力于低保救助、计生特殊家庭扶助、异地扶贫搬迁、产业扶贫、社会环境整治等工作。2017 年，兰溪乡政府与全国知名餐饮企业"许家班"签订 1000 余万元订单合同，采购该乡绿色有机蔬果、豆类作为产品原料进行深加工，直接带动 200 余名村民实现年增收 2600 余元。

在各级政府关于旅游扶贫的各项政策措施和规划方案实施推动下，2013 年以来，县财政部门瞄准勾蓝瑶寨独具特色的旅游资源优势，整合 244 万元资金投入该村，全面加强少数民族特色旅游基础设施建设，大力支持发展夏橙、葡萄等优质水果种植，实现了勾蓝瑶寨景区建设的提档升级。2015 年，勾蓝瑶寨共争取资金 1200 余万元，实施了七大工程（旅游配套工程、旅游基础设施建设工程、休闲观光农业扶持工程、新农村安居工程、基础设施改建工程、瑶寨古建筑修缮工程、通乡公路提质改造工程），完成 12 个基础建设项目（游客服务中心、停车场、古寨门及古城墙、旅游公厕、生态果园观光游道等旅游配套），并于当年完成国家 3A 旅游景区创建目标。2017 年，江永县文化旅游广电体育局投入 100 万元用于勾蓝瑶寨民族特色村寨建设。2018 年，勾蓝瑶寨完成了 4A 旅游景区创建目标。

2. 村委层面

创新旅游扶贫模式。勾蓝瑶寨村委自始至终都坚守在旅游扶贫、脱贫攻坚工作的第一线，村支两委自发组织成立旅游发展有限公司，其中集体占股 80%，村民占股 20%。集体股分红用于村旅游公司可持续发展和贫困户兜底保障。以"保底＋效益提成＋劳务合作"的形式，将景区规划范围内分散到户的 1200 亩土地实现整体流转经营，120 户贫困户从土地流转中每亩人均可获收益 1810 元。古民居以"保底＋效益提成＋提供岗位"的形式委托给村旅游公司统一运营。目前，20 个贫困户将 20 栋古民居托管给公司经营，每户年均获收益 6200 元。

制订旅游规划方案。在当地政府的指导下，村旅游公司制定了《勾蓝瑶寨旅游发展规划》《勾蓝瑶寨历史文化名村保护规划》《勾蓝瑶寨旅游开发总体规划》《勾蓝瑶寨五个部分规划建筑设计方案》《勾蓝瑶寨黄家村旅游发展规划（2012－2020）》《勾蓝瑶寨特色村寨"十三五"规划》《兰溪瑶寨古建筑群（第一期）修缮工程勘察设计方案》《勾蓝瑶寨历史文化名村房屋修缮改造管理办法》及"小木屋建设"等相关规划，为大力发展特色产业和少数民族特色村寨旅游做出突出的贡献。

3. 村民层面

一方面，强调村民主体性，提升村民旅游参与积极性。为有效地发挥村民主体作用，提高工程质量，降低建设成本，勾蓝瑶寨旅游配套设施均实行"四自两会三公开"的自主建设模式，坚持项目选择公开、工程理事会公开、工程建成后财务公开。这一模式改革了政府"包揽代建、建管分离"的固有模式，极大地调动了村民参与旅游发展的热情。此外，村委还采取"自主创业""能人带动"及"抱团发展"等方式，精准施策，让闲置的"绿水青山"变为致富乡亲的"金山银山"，如引导成立农业种植、民俗文化表演等 4 个合作社，与湘菜知名品牌"许家故事"合作来提升农业附加值，实现村民增收。

另一方面，强调自治管理，营造文明和谐村寨环境。为加强村民自治，营造整洁、文明、有序的发展环境，促进全村旅游经济持续健康发展，经全体村民通过，制定并执行《勾蓝瑶寨村规民约十三条》。招募成立义务巡逻队，及时制止并公示违反村规民约的行为。采取"以奖代补",对保护景区、促进发展的村民予以表彰奖励,对破坏景区环境和设施等不文明行为,一律视情节严重程度扣发或不发分红。积极开展"十星级文明户"评比活动,对积极参与保护和发展景区的村民予以表彰奖励,促使村民形成"勾蓝瑶寨是我家,景区发展靠大家"的责任意识。此外,村旅游公司还积极打造智慧旅游系统,自建了"勾蓝瑶寨"旅游网站,积极推广微信公众号等。村民利用互联网宣传销售旅游产品,提高收入。

(三)旅游扶贫机制

一是鼓励自力更生。结合实际,制定了《星级农家乐准入和管理办法》,鼓励有能力的贫困户开办农家乐,对达标的农家乐实行以奖代补。开设旅游培训班,专门培育讲解员、销售员、手工艺等人才。2016 年,邀请省、市农业科学院专家 8 次到勾蓝瑶寨传授旅游产品开发、特色种养殖等技术,培训人员达 500余人次,为勾蓝瑶寨农产品种植与销售提供了指导和建议,提升了贫困户自我发展能力。其中,贫困户欧阳易友充分利用山地资源,种植夏橙 10 亩;欧阳锡义种植夏橙 12 亩,村民自我发展意识和能力得到提升。目前,该村已发展农家乐14 家、自行车出租店 2 家、帐篷出租店 2 家,培养农民讲解员 9 名。

二是能人带动。致富能人何某英开办的勾蓝瑶寨农家乐,向贫困户订购土鸡、土鸭、优质大米、有机蔬菜等原材料及劳务用工,带动了黄某树、何某美、欧阳某杰等贫困户脱贫。

三是兜底保障。村旅游公司每年从集体股分红中提取 20% 作为兜底扶贫金,专用于帮扶无劳动力的贫困对象。兜底帮扶为每年每人不低于 500 元,并逐年增加。2019 年,旅游公司对 83 名特困农户兜底保障,平均每人扶持 820 元/年。

四是抱团发展。按照"统一生产、统一包装、统一销售、共建品牌"的抱团发展模式,村民自发组织成立农业生产、建筑、农副特产、民俗表演、农家乐等各类专业合作社,引导贫困户抱团发展。其中,重点组建了 60 余人的村民俗文化表演队——"洗泥宴"篝火晚会,参与表演的大多来自贫困户,每人每场平均可获得 40 元收入。

五是培植集体经济。通过旅游公司经营、种植农产品、举办节会等方式壮大集体经济。公司收益集体占股 80%,所得收益用于滚动发展,确保全村经济可持续发展。村民占股 20%,每年年底分红到户。村寨内农民土地由公司特色农副产品生产部集约经营,用工优先聘请贫困户,每人平均收益 1600 元。

(四)旅游扶贫成效

2017 年,江永县人民政府印发《江永县创建省级旅游扶贫示范县工作方案》

中指出要巩固"勾蓝瑶模式"，不断探索旅游扶贫新机制，旨在将勾蓝瑶寨旅游扶贫模式推广到其他乡镇。随着旅游开发的不断深入及各级政府脱贫攻坚举措的不断推进，截至 2018 年底，勾蓝瑶寨已实现脱贫摘帽。其旅游扶贫成效主要表现为以下几方面。

1. 基础设施逐步完善，旅游发展环境不断优化

第一，旅游基础设施方面。为了支持村寨全面发展旅游，从 2010 年起，村里抓住市委宣传部联系该村建整扶贫工作的机遇，争取市、县项目资金 300 万元，启动了水泥路、排灌渠等基础建设；完成狮形水库至培元桥的水系整理和水系景观建设；完成村内污水处理的规划设计及客栈、农家乐、厕所、浣洗池的污水排放净化工程及给排水改造工程。投入 22 万元，建好了 1500 平方米的村垃圾填埋场，购置了 50 个大型景区专用垃圾桶，12 台垃圾清运车，发放 960 个家用垃圾桶到各户，建设有垃圾池和垃圾填埋场，全村垃圾集中收集处理比例达到 98%；架设路灯，并在主干道安装地射灯，实现全部亮化及相公庙及民居亮化工程；此外，室内和室外消防栓、灭火器、消防水池等消防设施逐渐完善。

第二，旅游辅助设施方面。勾蓝瑶寨以创建 3A 级旅游景区为突破口，整合项目资金 495 万元，全面启动并完成了游客服务中心、停车场、停车场道路、古城楼、寨门、休闲广场、综合球场和旅游厕所等项目的建设。目前，村寨已建设停车场 2 个，共计 270 个车位（目前正在修建第三个停车场，共计 300 个车位，可停放 12 辆大巴车）；建有旅游厕所有 3 座，共计 45 个厕位（目前计划再修建 4 个旅游厕所）；设置商铺 3~5 家，以满足游客购物消费需求。此外，按照 3A 景区建设标准，还配置了基本的指路牌、警示牌、指示牌、解说牌等旅游标识标牌。为方便游客了解勾蓝文化，在旅游讲解牌上还专门贴有二维码，游客扫描即可了解勾蓝瑶寨历史文化、旅游景点等。2016 年，全村均接通了移动网络和无线网；建成全村互联网微信公众号及网点营销系统；建成了村级金融服务站。此外，村寨娱乐文体设施也逐步健全，建有标准的村级活动中心、篮球场、读书室，配备了乒乓球桌、电脑、图书等设施，极大地丰富了村民和游客的精神文化生活。

第三，旅游服务设施方面。首先，住宿方面。村寨为提升接待能力，村旅游公司筹建经营了 3 家客栈，农民自主经营客栈 11 家。其次，餐饮方面。勾蓝瑶寨现已拥有农家乐 9 家（包括具备餐饮接待功能的客栈）。据统计，农民自主经营的客栈年均收入可达 10 万元以上，极大地促进了村民增收。

第四，其他有助于旅游发展的规划建设方面。为改善村容村貌与农民人居环境，加强对勾蓝瑶古建筑、古民居的保护与利用，实现旅游产业精准扶贫，勾蓝瑶寨实行异地搬迁扶贫政策。在出台的《勾蓝瑶寨五个部分规划建设设计方案》中指出,新村住房布局参照老村每个姓氏设门楼,结合时代变迁,采用院落式布局,保持与古村落的协调,为勾蓝瑶文化保护与旅游发展留出一片空间。

2. 文化资源开发稳步推进,文旅融合产业方兴未艾

首先,在古建修复方面。勾蓝瑶寨在创建 3A 级旅游景区期间,由县委、县政府组织成立"勾蓝瑶寨景区指挥部",指挥部多方面筹措资金,加大了对勾蓝瑶寨文化的保护力度,投入 50 多万元,修缮了一批古城墙、门楼、凉亭、祠堂、守夜屋等。其中,包括欧阳门楼、杨氏门楼、欧阳祠堂、蒋家祠堂、永兴祠堂、黄氏祠堂、石鼓登亭等古建筑。在创建 4A 级国家旅游景区期间,又组织重修了旗山庙戏台、蒋氏门楼、黑凉亭、三门街祠堂等古建筑。此外,还完成了国家重点文物保护单位"湘贺古驿道"江永兰溪段的修复工程。在保持道路的历史格局和空间尺度的基础上,对破损的青石板路面与台阶采用旧青石板材原样修复,改造古村内所有水泥路面,重新铺设石板。对古商业街进行恢复,鼓励扶持本地部分居民制作传统手工艺品,并将其民居改造为可供游人参观和参与手工艺品制作的手工作坊。通过以上措施,极大地丰富了勾蓝瑶寨建筑景观。除修复外,勾蓝瑶寨还开发古建筑功能,实现活态化运用,将古民居打造成为民宿、农家乐、书屋、手工艺坊等,如将位于黄家村的相公庙进行重修改建成民俗文化表演厅,成为村寨举办民俗活动的表演场地和村寨重要的文化传承中心,利用自身资源优势发展旅游,实现增收。

其次,旅游项目方面。2012 年,勾蓝瑶寨景区指挥部投资 6 万元,制作了大刀、祖粑等十几种道具和 120 套瑶族服饰,并成立了 60 余人的勾蓝瑶寨民族文化表演队,挖掘并恢复了民族节目 20 个。此时的民族表演尚未形成一套完整的表演体系,好似"七拼八凑",没有章法。2016 年,勾蓝瑶寨成立民俗表演专业合作社,并邀请江永县教育局文化专家包装编排出了一台彰显勾蓝瑶寨传统文化特色的民族表演节目——"洗泥宴",将村寨传统文化搬上舞台。"洗泥宴"在每周六及节假日会定期演出,工作日也会不定期包场演出。"洗泥宴"采取歌舞伴宴形式,游客可以在享受瑶族特色晚宴的同时,观看民族表演。其价格为 4 桌以内可以 4000 元包场,如果 4 桌以上每桌为 880 元。"洗泥宴"中有 14 个节目。除了最基本的节目表演外,"洗泥宴"中的"宴"也是别具一格,8 人成一桌,以戏台为中心分布在三面,供应瑶族特色美食,如油茶、苦瓜酿等,最多可接待 30 桌客人。整个相公庙分两层,楼下为舞台表演和晚宴场所,楼上摆放了一些桌椅,可供一些没有晚宴需求的游客观赏节目。通过这台表演,每位村民可从一场表演中获得 40～50 元不等的酬劳。2016 年,晚宴全年共举办 60 余次，接待游客 4000 余人次，创收近 40 万元，为农村增收贡献了不可或缺的力量。

最后，旅游产品方面。在农产品方面。勾蓝瑶寨主抓烤烟、水果等传统产业，已发展夏橙等特色水果 1200 亩，每年举办农事体验培训 50 场，接待观光采摘游客近 5 万余人。2017 年，全乡种植烤烟 4600 亩，种植柑橘 6550 亩，带动 227 户 892 人实现人均增收 1850 元；培育扶持特色种养殖 14 户，每户年均增收 6000 元。此外，勾蓝瑶寨借助"国家级电子商务进农村综合示范县"的契机，按照"乡村旅游＋特色农产品＋电子商务"的发展思路，加大政策扶持力度，全力推进电子商务发展，积极注册"勾蓝瑶寨"商标，逐步实现勾蓝瑶寨特色农产品"统一采购、统一包装、统一销售"，实现勾蓝瑶寨民俗文化旅游产品"统一品质、统一定制"。2015 年，勾蓝瑶寨发展"农村淘宝""乡村驿站"等销售网点 16 家，勾蓝瑶寨盛产的夏橙、香柚等优质水果，芥菜、莴笋等特色蔬菜，桐禾香米、土猪腊肉等名优产品，连心粿子、珍珠彩椒、民俗饰品等旅游产品销往全国各地。据统计，2015 年以来，勾蓝瑶寨电子商务实现年均销售额 900 万元，促进瑶胞年均增收 200 多万元。在民族服饰方面。目前，村寨仅开设了两间民族服装租赁店铺，其中一间是村寨的旅游示范点，由村寨扶贫工作队牵头从江华瑶族自治县的服装工厂内购买一批瑶族民族服饰，提供给村内一贫困户负责出租，服饰出租的价格为一小时 20 元，所获得的租金为村民个人所有。在传统美食方面，主要包括村民自主售卖的手搓凉粉、梭子粑粑、野竹笋干、七彩椒、腊肉等。在传统手工艺方面，勾蓝瑶寨目前开设了一家手工艺作坊（五色染坊），主要制作各种纯手工织带售卖给游客。尽管勾蓝瑶寨旅游商品并不多，但旅游开发也为农民提供了全新的就业方式和增收模式。

3. 旅游营销宣传持续发力，村寨旅游形象大幅提升

一方面，节庆活动营销。近年来，勾蓝瑶寨通过举办各类民俗节庆、摄影采风及运动赛事等活动，如举办深度广、品位高、影响大的传统春节庙会和农历五月十三"洗泥节"活动，借此机会推销当地农副产品，拉动旅游消费。抓住村寨被列为"湖南省摄影家协会基地"的契机，组织永州市摄影家协会、零陵光影网开展各类摄影采风活动，吸引摄像师前来拍摄，宣传村寨。举办中国山地户外健身休闲大会等体育赛事。另外，还举办美食大赛，展示勾蓝瑶寨的饮食文化等，提高勾蓝瑶寨的知名度和影响力。

另一方面，网络营销。为了提升知名度，勾蓝瑶寨吸引主流媒体前来拍摄节目，借助节目热点对勾蓝瑶寨进行宣传报道。为给游客更好的体验，勾蓝瑶寨建设了"江永勾蓝瑶寨"微信公众号与村务管理系统。游客用手机扫描二维码即可听取语音讲解，也可在公众号及村级网站上预定旅游产品，解决贫困户进入市场能力不足，农副产品难销的问题。此外，村旅游公司还培训村民自办淘宝店6家，向全国各地销售旅游产品，以此提升村民的文化自觉与文化自信，也提升了勾蓝瑶寨的旅游形象。

近几年，勾蓝瑶寨第三产业占经济发展比重越来越大，人均收入逐步提高。以勾蓝瑶寨核心景区黄家村为例，如表5-5所示，2012年，黄家村第三产业增加值占GDP的比重为5.5%，特色产业对村镇的经济贡献率为3.5%。经过四年的发展，2016年，分别提高到12%、7%，居民纯收入由2012年的4510元提高到2016年的8600元。由此表明，旅游开发及特色产业发展对提高勾蓝瑶寨经济效益效果显著。

表5-5 　　　　　　　　　　　黄家村产业发展情况

类别	保护发展目标分类指标	2012年	2016年
经济发展	第三产业增加值占GDP比重（%）	5.5	12
	特色产业对村镇经济的贡献率（%）	3.5	7
人民生活	农村居民人均纯收入（元）	4510	8600

资料来源：勾蓝瑶寨村委会提供。

旅游开发以后，产业结构调整为依托旅游、水果种植为主，烤烟及劳务等输出为辅。2014年，全村人均纯收入仅为2298元，2016年达到4560元，村集体实现经济收入54万元。年接待量和年旅游收入不断提高。2015年，勾蓝瑶寨接待游客5万余人次，全村实现旅游收入67.2万元，村集体增收34万元，村民人均收入比上年度增加1350元。2016年，勾蓝瑶寨共接待游客18万人，旅游综合收入220万元，村集体增收55万元，村民人均增收1660元。2017年全村旅游人数突破60万人次，但旅游综合收入仅为200万元，村民人均收入3600元。2018年，全村旅游接待人数达到80万人次，旅游综合收入350万元，村民人均收入突破6000元。2019年，全村旅游接待人数达到90万人次，旅游综合收入500万元，村民人均收入突破8000元。据村旅游公司统计，2016年以来，通过乡村旅游发展，勾蓝瑶寨已带动570户贫困户参与旅游开发，解决劳动就业1000多人，共帮助近3000贫困人口成功脱贫。旅游就业贡献度达到27.7%，旅游脱贫人数占全县总脱贫人口数的32.2%。总体来说，村寨的经济发展水平一般，但旅游业已成为当地收入的重要组成部分。

第三节　勾蓝瑶寨旅游扶贫效果评估指标体系宏观实证分析

一、指标评价数据来源

（一）旅游经济发展

旅游经济发展包括旅游接待人数、村民人均收入、旅游收入、旅游从业家庭占比、旅游产品体系、旅游基础设施等 6 个指标。本书课题组通过实地调查，主要从江永县兰溪乡政府办公室获得上述指标数据（见表 5－6）。旅游基础设施评价则根据专家意见咨询，从而为评价勾蓝瑶寨旅游经济发展奠定基础。

表 5－6　　　　　　　　勾蓝瑶寨旅游经济发展指标数据统计

指标	2017 年	2018 年	2019 年	备注
旅游接待人数（万人次）	60	80	90	门票、吃、住、购总收入
旅游总收入（万元）	200	350	500	
村民人均收入（元）	3600	6000	8000	
全村户数（户）	512	512	512	
从事旅游业的家庭户数（户）	68	80	100	

资料来源：湖南省江永县兰溪乡政府办公室。

1. 旅游接待人数

基于江永县兰溪乡政府提供的统计数据，勾蓝瑶寨 2017～2019 年旅游接待人数分别为 60 万人次、80 万人次和 90 万人次，平均为 76.7 万人次。根据《旅游区（点）质量等级的划分与评定 GB/T 17775—2003》，村寨近三年平均旅游接待人次属于 60 万~80 万人次范围，接待海内外旅游者超过 60 万人次，因此，该项指标的评分情况很好，达到 5 分的评价标准，村寨在该方面需根据环境承载力制定相关方案策略提高村寨的旅游接待能力。

2. 旅游收入

根据《乡村旅游扶贫工程行动方案》，2017～2019年勾蓝瑶寨旅游收入主要涵盖景区门票、吃住购等方面，平均为350万元（由表5-6数据计算）。该指标大于100万元，故达到5分的评价标准。

3. 村民人均收入

从表5-6看，勾蓝瑶寨村民近3年平均人均年收入达到5866.67元，呈现良好的增长。根据《中国农村扶贫开发纲要（2011-2020年)》，该指标已超过4000元的标准，故评分为5分。

4. 旅游从业家庭占比

旅游从业家庭占比为从事旅游业的家庭户数（户）与全村户数（户）的比值。根据表5-6可知，2017～2019年，勾蓝瑶寨旅游从业家庭占比分别为13.28%、15.63%及19.53%。借鉴《四川省旅游扶贫示范村达标标准》，勾蓝瑶寨近三年旅游从业家庭占比均不足20%，故该指标只得到1分，说明勾蓝瑶寨从事旅游业的家庭还相对较少。

5. 旅游产品体系

根据实地调查，勾蓝瑶寨旅游产品以民族文化旅游产品为主，涉及特色饮食产品、手工艺产品、民族节庆产品（以洗泥宴为典型代表）等。此外，以农产品为代表的旅游产品也已初具规模。根据全国乡村旅游重点村遴选标准，勾蓝瑶寨旅游产品大于8种，故达到5的评分标准。

6. 旅游基础设施

近年来，为逐步打造3A旅游景区，升级4A旅游景区，勾蓝瑶寨多次进行整体旅游设施提升，包括新建游客服务中心、停车场、旅游厕所等。虽然勾蓝瑶寨的旅游基础设施已符合国家4A级旅游景区建设标准，但也仍存在很多不足。根据专家意见咨询及评价结果，勾蓝瑶寨旅游基础设施综合得分为3.44，即44.44%的专家认为勾蓝瑶寨旅游基础设施表现一般。这符合实际情况。

（二）村寨治理能力

村寨治理能力包括旅游扶贫责任制、村寨事务管理能力、乡风文明程度、村寨宜居性、村容村貌、民族民俗文化保护等6个指标。上述指标得分主要根据专家意见咨询及评价得到，评价结果见表5-7。

表 5 – 7　　　　　　　　　　　村寨治理能力评价专家评分结果

二级指标	三级指标	评价结果
村寨治理能力评价	旅游扶贫责任制	3.89
	村寨事务管理能力	3.78
	乡风文明程度	4.11
	村寨宜居性	4.33
	村容村貌	3.78
	民族文化保护	3.67

1. 旅游扶贫责任制

湖南省、永州市和江永县各级政府都出台了一系列旅游扶贫相关政策，也专门成立对口扶贫工作队，勾蓝瑶寨村支两委也自发组织成立旅游公司，形成了"公司＋农户"的旅游扶贫模式。根据表 5 – 7，借鉴《脱贫攻坚责任制实施办法》，课题组及专家对勾蓝瑶寨旅游扶贫责任制的评分为 3.89，符合一般的等级标准。

2. 村寨事务管理能力

在实地调研过程中，勾蓝瑶寨旅游经营活动较为有秩序，如民族节庆活动安排议程、每周表演活动安排事项等形成一定的规范。课题组成员及专家对勾蓝瑶寨事务管理能力的综合评分为 3.78，即 77.78% 的评分人员认为勾蓝瑶寨事务管理能力较强。

3. 乡风文明程度

乡风文明是乡村振兴的重要目标之一，也是美丽乡村建设的重要内容。勾蓝瑶寨村民教育水平整体虽然不高，但是旅游从业人员个人素质良好，服务热情，也积极参加旅游服务培训等。2014 年，村寨荣获"全国文明村镇"称号，反映了勾蓝瑶寨良好的精神文明建设情况。故课题组成员及专家对勾蓝瑶寨乡风文明程度的综合评分为 4.11，即认为村寨乡风较好。

4. 村寨宜居性

根据《旅游区（点）质量等级的划分与评定》（GB/T 17775—2003），无论是村寨可进入性，还是整体生活环境，勾蓝瑶寨都表现较为良好。课题组成员及专家对该村寨宜居性的评分达到 4.33，处于较好水平。

5. 村容村貌

近年来，勾蓝瑶寨获得不少殊荣，如"乡村旅游重点村""全国生态文化村""第八批全国重点文物保护单位"及"中国少数民族特色村寨"等，这都是对勾蓝瑶寨村容村貌的肯定。课题组参考《美丽乡村建设指南》（GB/T 32000—2015）对勾蓝瑶寨的村容村貌进行评分，平均分为 3.78。

6. 民族文化保护

勾蓝瑶寨传统建筑、民族节庆、民族歌舞、特色饮食等旅游资源丰富多彩。根据《民族民俗文化旅游示范区认定》（GB/T 26363—2010）标准，课题组成员及专家根据物质文化传承、非物质文化传承、民族文化典型性、文化符号系统等具体条目对民族文化保护指标进行综合评分，最终平均分为 3.67，说明对勾蓝瑶寨民族文化保护方面的表现得到了认可。

（三）村民感知评价

村民思想观念包括参与旅游开发的意愿、参与旅游培训的意愿、村民和谐相处程度、村民对旅游扶贫的认可度、村民对保护生态环境的重视度等主观性指标。该指标评分主要根据细化指标加权得到，勾蓝瑶寨村民旅游扶贫相关感知评价指标权重计算结果如表 5-8 所示。将问卷上每个细化指标得分的均值与其权重相乘求和后，得到村民感知评价各三级指标的评分结果，如表 5-9 所示。

表 5-8　　　　勾蓝瑶寨村民感知评价下设细化指标的权重计算结果

三级指标	细化指标	指标权重
对旅游扶贫经济和社会文化正效应的感知	旅游促进了村寨经济的发展	0.098504
	旅游带动了村寨相关产业的发展	0.091418
	旅游增加了村民的就业机会	0.098786
	旅游增加了村寨女性居民的就业机会	0.098465
	旅游增加了村民个人收入	0.100301
	旅游促进了文化遗产的保护	0.093325
	旅游促进村寨文化活动的多样性	0.085774
	旅游提高了本地知名度	0.083532
	旅游促进了村寨与外界的各方面交流	0.082188
	旅游促进了民族团结	0.083192
	旅游增加了村寨凝聚力	0.084515

续表

三级指标	细化指标	指标权重
对旅游扶贫环境和人口素质正效应的感知	旅游改善了村寨基础设施	0.157021
	旅游提高了本地的生活质量	0.193053
	旅游改善了村寨的治安环境	0.172838
	旅游改善了本地的自然环境	0.166127
	旅游提高了村民的能力与素质	0.143942
	旅游提高了村民的环保意识	0.167019
对旅游扶贫负效应的感知	旅游提高了物价和生活成本	0.166685
	旅游加剧了村民贫富分化	0.165582
	旅游导致或加剧了村民之间因经济利益而产生的冲突	0.152102
	旅游干扰了村民日常生活	0.164496
	旅游导致了本地的交通拥挤	0.174354
	旅游破坏了本地风俗文化	0.176780
旅游精准扶贫政策绩效评价	政府的旅游扶贫政策能适应村民需求	0.196180
	旅游扶贫主要依靠政府的规划帮扶和管理	0.217538
	扶贫对象的识别是否精准科学合理	0.203176
	扶贫项目或措施是否到村到户	0.195199
	扶贫队伍是否到村到户	0.187908
参与态度与意向	我愿意为了旅游发展保护自然资源和环境	0.126202
	我愿意参与旅游政策制定和决策过程	0.140075
	我愿意参与旅游开发与规划	0.145389
	我愿意为了旅游发展而出让土地林场山场等资源	0.155158
	我愿意自主经营一些旅游接待项目	0.148941
	我愿意接受景区或旅游企业聘用成为其工作人员	0.147437
	我愿意参与旅游教育和培训	0.136797

表 5 – 9   村民感知评价三级指标评分结果

二级指标	三级指标	评价结果
村民感知评价	对旅游扶贫经济和社会文化正效应的感知	3.727
	对旅游扶贫环境和人口素质正效应的感知	3.850
	对旅游扶贫负效应的感知	3.212
	旅游精准扶贫政策绩效评价	3.362
	参与态度与意向	3.918

1. 对旅游扶贫经济和社会文化正效应的感知

旅游扶贫的经济和社会文化影响深远。根据表 5 – 8，"旅游增加了村民个人收入"是村民感知旅游扶贫经济和社会文化正效应最为重要的指标，权重为 0.100301；其次，旅游增加了村民的就业机会，权重为 0.098786。可见，旅游发展对民族村寨经济发展有促进作用。从表 5 – 9 可知，村民对旅游扶贫经济和社会文化具有积极作用的评价较好，得分为 3.727。

2. 对旅游扶贫环境和人口素质正效应的感知

根据表 5 – 8，"村民对旅游扶贫在生活质量提升作用的感知"是旅游扶贫环境和人口素质正效应方面最为重要的指标，指标权重为 0.193053。从表 5 – 9 可知，村民对旅游扶贫环境和人口素质改善较为认可，得分为 3.850。这符合《生态环境部定点扶贫三年行动方案（2018 – 2020 年)》等的"较好"标准。

3. 对旅游扶贫负效应的感知

根据表 5 – 8，"旅游破坏了本地风俗文化"是最为严重的负面影响，这一指标权重为 0.17678，紧接着的是"旅游导致了本地的交通拥挤"，指标权重为 0.174354。可见，在接下来旅游扶贫过程中，还需加强勾蓝瑶寨的交通基础设施建设，平衡协调当地村民与游客之间的和谐关系。根据表 5 – 9，村民对"旅游扶贫负效应的感知"一般，得分为 3.212。

4. 旅游精准扶贫政策绩效评价

如表 5 – 8 可知，"旅游扶贫主要依靠政府的规划帮扶和管理"这一指标权重为 0.217538。根据《贫困县退出专项评估检查实施办法》，从表 5 – 9 可知，勾蓝瑶寨村民对旅游精准扶贫政策效果的感知一般，这一项得分为 3.362，可见勾蓝瑶寨旅游扶贫政策成效一般。

5. 参与态度与意向

根据表 5 – 8 可知，"愿意为旅游发展而出让土地林场山场等资源"最能反映勾蓝瑶寨村民的旅游扶贫参与态度和意愿，这一指标权重为 0.155158。从表 5 – 9 可得，在村民旅游扶贫参与态度和意愿方面，得分为 3.918，表明勾蓝瑶寨村民对参与旅游扶贫的意愿较高。

二、评价结果与分析

采用加权函数法进行勾蓝瑶寨旅游扶贫效果宏观评价，计算公式如下：

$$T = \sum_{i=1}^{n} (W_i \times P_i) \qquad (5-1)$$

式（5 – 1）中，T 为总目标最终得分，W_i 为指标在总目标下的权重，P_i 为指标的评分值，n 为指标数量。

根据前文 17 个指标的权重：$W_1 = 0.074$，$W_2 = 0.102$，$W_3 = 0.098$，$W_4 = 0.047$，$W_5 = 0.066$，$W_6 = 0.058$，$W_7 = 0.076$，$W_8 = 0.076$，$W_9 = 0.052$，$W_{10} = 0.037$，$W_{11} = 0.032$，$W_{12} = 0.063$，$W_{13} = 0.047$，$W_{14} = 0.035$，$W_{15} = 0.037$，$W_{16} = 0.037$，$W_{17} = 0.063$。基于上述的评价数据来源和指标权重，经计算可得最终的得分值为 3.886，介于一般和较好等级之间。

在 3 个准则层中，旅游经济收入的权重为 0.445，村寨治理能力的权重为 0.336，村民感知评价的权重为 0.219。以各指标在总目标下的权重去除以各子系统在总目标下的权重，可以得到各指标相对于子系统下的权重，分别是：$Z_1 = 0.166$，$Z_2 = 0.229$，$Z_3 = 0.220$，$Z_4 = 0.106$，$Z_5 = 0.148$，$Z_6 = 0.130$，$Z_7 = 0.226$，$Z_8 = 0.226$，$Z_9 = 0.155$，$Z_{10} = 0.110$，$Z_{11} = 0.095$，$Z_{12} = 0.188$，$Z_{13} = 0.215$，$Z_{14} = 0.160$，$Z_{15} = 0.169$，$Z_{16} = 0.169$，$Z_{17} = 0.288$。将其再次代入公式，得到旅游经济收入综合得分 4.368，村寨治理能力得分为 3.896，村民感知评价综合得分为 3.657。3 个准则层的得分排序为"旅游经济收入 > 村寨治理能力 > 村民感知评价"。从评价结果来看，旅游经济收入、村寨治理能力、村民感知评价 3 个准则层得分也均处于一般到较好等级之间，相互区别不大。这说明勾蓝瑶寨旅游扶贫宏观效果各指标表现较为稳定，但整体还需要进一步细化提升。

第四节　勾蓝瑶寨旅游扶贫效果居民感知问卷分析

通过运用 SPSS 17.0 统计软件对收集到的问卷进行描述性统计分析、多重响应分析、因子分析等。

一、村民家庭状况分析

（一）人口统计学特征分析

对被调查村民进行人口统计学特征分析，问卷（Q3、Q4）的分析结果如表 5-10 所示。被调查者中女性村民的比例要高于男性。其中，男性（80 人）占样本总量 40.6%，女性（117 人）占 59.4%；在年龄构成上，以中青年为主。其中，41~60 岁（96 人）人数最多，占样本总量 47.2%，26~40 岁（58 人）的人数占 29.4%，这两类群体亦是发展勾蓝瑶寨旅游业的主体；在受教育程度方面，被调查者大多为小学学历（67 人）和初中学历（57 人），分别占 34.0% 和 28.9%，说明勾蓝瑶寨村民受教育程度偏低；在村民家庭人口结构上，4 口人及以上占绝大多数。其中，5 口人（62 人）占比最多，为 31.5%，其次是 6 口人（38 人）与 7 口及以上（37 人）分别占比 19.3% 和 18.8%；在村民所属区域上，黄家村村民（152 人）人数最多，占样本总量 77.2%。目前，勾蓝瑶寨旅游开发的主体项目及游客主要集中在黄家村，所以被调查者中其人数占比最高。另外，课题组也对大兴村和上村村民进行了调查。

表 5-10　　　　　　　　人口统计学特征

项目	描述	频数	百分比（%）
性别	男	80	40.6
	女	117	59.4
年龄	18 岁以下	2	1.0
	18~25 岁	6	3.1
	26~40 岁	58	29.4
	41~60 岁	96	47.2
	60 岁以上	38	19.3

续表

项目	描述	频数	百分比（%）
受教育程度	未接受过教育	40	20.3
	小学	67	34.0
	初中	57	28.9
	高中	20	10.2
	中职中专	6	3.0
	高职高专	2	1.0
	大学及以上	5	2.5
人口数	3 口以下	12	6.1
	3 口	14	7.1
	4 口	34	17.3
	5 口	62	31.5
	6 口	38	19.3
	7 口及以上	37	18.8
所属区域	黄家村	152	77.2
	大兴	22	11.1
	上村	23	11.7

（二）贫困户情况及致贫原因分析

不同村民对旅游扶贫的效果感知不同，因此在调研过程中被调查者也包括不是贫困户的村民，更加客观地看待旅游扶贫的效果，也可以侧面看出贫困户选举的公平性；在调查中将贫困户作为重点调查对象，他们对旅游扶贫有更深刻的认知。问卷（Q1）分析结果如表 5 - 11 所示，在研究样本中，普通村民人数要多于贫困户村民人数，非建档立卡户 119 人，占研究样本的 60.4%，说明村寨不是贫困户的村民占多数，而贫困户中又分为三个不同的贫困等级，其中一般贫困户村民（49 人）比例最高，占研究样本的 24.9%，低保户 9 人，占研究样本的4.6%；属于扶贫低保户的村民 20 人，占 10.1%。

表 5 –11　　　　　　　　　　　　贫困户信息

类型	频数	百分比（%）	有效百分比（%）	累积百分比（%）
非建档立卡户	119	60.4	60.4	60.4
一般贫困户	49	24.9	24.9	85.3
低保户	9	4.6	4.6	89.9
扶贫低保户	20	10.1	10.1	100.0
合计	197	100.0	100.0	100.0

为了更深入地了解勾蓝瑶寨村民的致贫原因，本书对导致其贫困原因（问卷Q2）进行调查，村民给出了影响自身发展的原因。根据表 5 – 12 显示，在所给选择中，因疾病导致的贫困人数最多（45 人），占研究样本的 29.4%；其次是缺乏劳动力（36 人），占比 23.5%；在发展旅游时，缺少资金（17 人）和缺少相关技术（17 人）也是制约村民增加收入的原因，各占研究样本的 11.1%。相对于这些外部条件，自身发展因素不足也影响了村民增加收入，家庭成员患有残疾（11 人）和缺少土地（12 人）成为重要阻碍，分别占比 7.2% 和 7.8%。不可否认，受教育程度的高低（5 人）和村寨与外部交通条件的落后（5 人）也在一定程度上制约了村民发展，各占研究样本中所给选项的 3.3%，其他致贫因素共占 3.3%。

表 5 –12　　　　　　　　　　　　家庭贫困原因分析

项目		响应		个案百分比（%）
		频数	百分比（%）	
致贫原因分类	因病	45	29.4	53.6
	因残	11	7.2	13.1
	因学	5	3.3	6.0
致贫原因分类	因祸	1	0.7	1.2
	缺土地	12	7.8	14.3
	缺技术	17	11.1	20.2
	缺劳力	36	23.5	42.9
	缺资金	17	11.1	20.2
	交通条件落后	5	3.3	6.0
	自身发展动力不足	4	2.6	4.8
总计		153	100.0	182.1

二、村寨旅游开发前后变化分析

(一)村民工作及收入变化分析

旅游开发前,村民根据自身情况选择从事不同的工作。根据问卷 Q5、Q6 数据分析显示(见表 5 – 13),52.8%(104 人)的村民从事的是在家务农的工作,32.5%(64 人)的村民选择外出务工,还有一些村民选择在家务工和其他工作。在家庭人均收入方面,56.9%(112 人)的村民收入范围 3000 元以下,占比最高;其次是 3001 ~ 6000 元(52 人)范围内的村民,占比 26.4%;6001 ~ 9000 元(9 人),占比最小,为 4.6%;9001 ~ 12000 元(14 人)和 12000 元以上(10人)人数较少,分别占比 7.1% 和 5.1%。调查结果表明,村民中超过一半选择在家务农,外出务工村民限于教育水平较低,主要在工厂从事流水线工作,还有部分村民在村寨或周边打零工为生。在年人均收入方面,超过一半以上的被调查者收入在 3000 元以下,6000 元收入以上的人群占比较低,村寨整体收入水平较低。

表 5 – 13 旅游开发前村民工作及收入情况

项目	描述	频数	百分比(%)
从事工作	在家务农	104	52.8
	本地务工	9	4.6
	外出务工	64	32.5
	其他	20	10.2
年人均收入	3000 元以下	112	56.9
	3001 ~ 6000 元	52	26.4
	6001 ~ 9000 元	9	4.6
	9001 ~ 12000 元	14	7.1
	12000 元以上	10	5.1

数据分析结果显示(见表 5 – 14),旅游开发后(问卷 Q7)村民开始参与到旅游活动中来,参与务农的村民占研究样本的 33.7%,低于旅游开发前所占比重,而且对于开发后参与务农的村民,其中一部分与旅游挂钩。参与到乡村旅游

发展中的村民，研究样本中参与到歌舞表演的人数最多，占比12.2%；其次是参与经营家庭旅馆、农家乐、民宿的经营户，占研究样本的6.1%，相当一部分村民利用自家传统民居开办农家乐增加收入。在研究样本中，景区工作人员和小商品销售人数相同，占比4.4%，说明在旅游开发中，旅游公司雇用当地村民在景区内工作，还有的通过房屋、特色小吃和在景区内摆摊进行商品售卖，增加自身收入。

表5-14 旅游开发后家庭成员从事职业

项目		响应		个案百分比（%）
		频数	百分比（%）	
从事职业类型	经营家庭旅馆/农家乐/民宿	18	6.1	9.4
	乡村旅游经营户雇员	8	2.7	4.2
	景区工作人员	13	4.4	6.8
	小商品销售	13	4.4	6.8
	经营小作坊	1	0.3	0.5
	歌舞表演	36	12.2	18.8
从事职业类型	当地导游	8	2.7	4.2
	背背篓、抬轿子	1	0.3	0.5
	务农	99	33.7	51.6
	其他	97	33.0	50.5
总计		294	100.0	153.1

由表5-15可知，旅游开发后（问卷Q8），游客的进入为村民创造了很多新的就业机会，村民自身收入得到提高。其中，3001～6000元收入群体人数（82人）最多，占样本总量41.6%；其次是3000元以下（64人）的收入人群，占比32.5%。这表明在旅游开发之后，3000元以下收入群体人数下降，其他范围内的人数都得到了提升；占比最高收入范围也从3000元以下提高到了3001～6000元，整体得到了提升。此外，6001～9000元（22人）收入群体占比为11.2%，9001～12000元（17人）及12000元以上（12人）的村民占比分别为8.6%、6.1%，多于旅游发展之前的人数，总体收入水平得到提升。

表 5 - 15 旅游开发后村民收入情况

项目	描述	频数	百分比（%）
年人均收入	3000 元以下	64	32.5
	3001~6000 元	82	41.6
	6001~9000 元	22	11.2
	9001~12000 元	17	8.6
	12000 元以上	12	6.1

（二）政府及村民采取的措施

在调查过程中发现村民对参与旅游具有强烈的意愿，他们是最了解当地旅游发展情况的，村民自身会有一些切合实际的建议来解决这些问题。根据问卷 Q9、Q10 数据分析显示（见表 5 - 16），村民们参与旅游时最想提高的能力或素质是旅游专业知识与经营技能，占比 36.2%，这也是目前村民最欠缺、亟待解决的问题之一。其次就是想要传承传统手工艺和学习民族歌舞，占比 25.3%。另外想要开阔视野、增长知识的占比为 14.0%。提高语言沟通能力和网络应用能力的分别占比 6.8%、9.6%，这两项与游客密切相关。

表 5 - 16 提高乡村旅游盈利能力

项目		响应		个案百分比（%）
		频数	百分比（%）	
村民能力提高方面	旅游专业知识与经营技能	106	36.2	62.0
	语言沟通能力	20	6.8	11.7
	网络应用能力	28	9.6	16.4
	传统手工技艺或歌舞表演	74	25.3	43.3
	开阔视野增长知识	41	14.0	24.0
	其他	24	8.2	14.0
总计		293	100.0	171.3

项目		响应		个案百分比（%）
		频数	百分比（%）	
政府措施方面	保护村寨自然生态环境	37	8.4	19.1
	保护村寨淳朴自然的人文氛围	24	5.5	12.4
	加大投入，完善村寨基础设施和旅游服务设施，提高村寨旅游吸引力	93	21.2	47.9
	对村民加强旅游从业及技能培训	51	11.6	26.3
	扶持生产，发展特色种养殖和农产品加工	99	22.6	51.0
	加大对贫困户的金融、税收、医疗、低保等政策保障	52	11.8	26.8
	建立歌舞表演、特色农产品、旅游等专业合作社，发挥"传帮带"作用	29	6.6	14.9
	加大对学生接受旅游管理相关专业教育资助	3	0.7	1.5
	实施移民搬迁	15	3.4	7.7
	其他	36	8.2	18.6
总计		439	100.0	226.3

除了村民自身需要提高能力之外，发展村寨旅游离不开政府的支持和引导。22.6%的村民认为政府需要扶持生产，发展特色种养殖和农产品加工，将旅游与农业相结合。21.2%的村民认为亟须完善村寨基础设施的旅游服务设施建设，满足游客基本需求。11.6%的村民认为要对村民进行旅游相关培训。11.8%的村民认为需要加大政策保障，不断提高村民旅游从业技能，解决村民的后顾之忧。关于保护好村寨的自然环境和人文氛围的占比分别为8.4%、5.5%。认为政府要做好歌舞表演、农产品及旅游等专业合作社的占比为6.6%。最后，3.4%的村民认为景区内的村民应实施有序的移民搬迁工作，做好各项保障措施。

三、村民旅游扶贫效果与参与意愿分析

（一）村寨村民扶贫效果感知分析

1. 信度检验

为确保调查数据的可靠性和一致性，对测量村民感知的 31 项指标以及测量旅游参与意愿的 7 项指标进行信效度检验。采用 SPSS 17.0 运算后得到样本数据克朗巴哈系数（Cronbach's Alpha）为 0.870（见表 5 - 17），明显高于纳诺利（Nunnlly）推荐的 0.70 的指标系数，因此可以认定这个问卷的信度较高，具有可靠性。

表 5 - 17　　　　　　　　　　　　　　　信度检验

Cronbach's Alpha	项数
0.870	38

2. 指标的描述性统计分析

村民旅游扶贫效果感知采用李克特 5 级量表标准。总体等级评分均值在 [1.00, 2.50) 内表示反对，在 [2.50, 3.50) 内持中立态度，在 [3.50, 5.00) 内表示赞同。其中指标均值达 3.50 以上，即表示同意，其中有 2 个均值 4.00 以上；有 11 个指标的均值在 [2.50, 3.50) 内，即表示一般；有 3 个指标的均值在 2.50 以下，即表示不同意。

从村民扶贫感知调查结果（见表 5 - 18）发现，共涉及 31 项指标，包括经济、文化、社会等几个方面。效果感知主要是针对村民对政府旅游扶贫效果评价；经济影响包括正负两个方面，正面的经济影响主要涉及就业、产业发展等方面，负面影响主要是收入变化引起的冲突等方面的影响；文化方面主要涉及旅游发展对文化和村寨知名度等影响；环境影响主要是指村民保护意识和旅游发展对环境的影响；社会影响中正面的题项主要包含增加村寨凝聚力和生活状况，负面则包括对村民日常生活带来的不利影响，如交通拥挤等。

测量村民正面感知的指标有 25 个（Q11 ~ Q27、Q34 ~ Q41），其中 17 个指标均值分布在 3.50 ~ 4.30，同意率在 50% 以上，标准差相对较小，说明大部分村民对大多数正面感知指标持统一意见，突出表现在村民同意旅游"提高了本地知名度"和"改善了本地的自然环境"。进一步研究发现村民在部分指标上持中

立态度,如 Q15 均值在 [2.50,3.50) 内,即表示中立,不同意率为 14.2%。尤其是 Q24 和 Q26,均值在 3.0 左右,其反对率分别为 33.0% 和 44.2%,说明大部分村民不同意"政府的旅游扶贫政策能适应村民需求"和"扶贫对象的识别精确、科学合理"。纵观这些指标可以发现,村民持不确定态度的比率较高,因此可以发现村民对这些指标的同意率并没有很高,但是很明显村民对这些正面指标的不同意率较低。

测量村民负面感知的指标有 6 个(Q28 ~ Q33),其中有 3 个指标均值分布在 2.90 ~ 3.10,同意率在 43% 以下,说明大部分对发展旅游带来的负面影响反应不是很强烈。进一步研究发现,居民大都对其持中立态度,Q21 ~ Q23 均值在 2.50 以下,即表示不同意,反对率最高为 61.4%,说明大部分村民反对旅游带来的负面影响。

勾蓝瑶寨村民对旅游扶贫正面影响的正面感知大于负面感知,大部分村民对旅游扶贫带来的正面影响给予了肯定,尤其是社会经济影响正面效应,如"改善了村寨基础设施",但同时也有部分村民认识到旅游带来的负面影响,同样是负面的环境影响,如"破坏了本地风俗文化"等。

表 5 - 18　　　　　　　　　　指标的描述性分析

调查项目（N = 31）	均值	众数	标准差	同意率（%）	不同意率（%）
Q11 旅游促进了村寨经济的发展	3.70	4	0.950	63.0	10.7
Q12 旅游带动了村寨相关产业的发展	3.63	4	0.827	58.4	8.1
Q13 旅游增加了村民的就业机会	3.62	4	0.926	57.4	12.2
Q14 旅游增加了村寨女性居民的就业机会	3.68	4	0.929	56.3	9.6
Q15 旅游增加了村民个人收入	3.48	4	0.935	50.2	14.2
Q16 旅游促进了文化遗产的保护	3.67	4	0.862	58.8	6.6
Q17 旅游促进村寨文化活动的多样性	3.82	4	0.761	63.5	1.5
Q18 旅游提高了本地知名度	4.14	4	0.754	78.6	0.5
Q19 旅游促进了村寨与外界的各方面交流	3.90	4	0.714	71.1	1.0
Q20 旅游促进了民族团结	3.76	4	0.743	65.0	3.0
Q21 旅游增加了村寨凝聚力	3.72	4	0.755	63.5	4.1
Q22 旅游改善了村寨基础设施	4.04	4	0.765	82.2	4.1

调查项目（N＝31）	均值	众数	标准差	同意率（％）	不同意率（％）
Q23 旅游提高了本地的生活质量	3.72	4	1.04	68.5	12.7
Q24 旅游改善了村寨的治安环境	3.85	4	0.800	68.5	4.6
Q25 旅游改善了本地的自然环境	3.88	4	0.840	76.7	6.1
Q26 旅游提高了村民的能力与素质	3.76	4	0.706	64.0	1.0
Q27 旅游提高了村民的环保意识	3.87	4	0.808	73.6	5.1
Q28 旅游提高了物价和生活成本	2.95	3	1.173	35.0	32.0
Q29 旅游加剧了村民贫富分化	3.08	4	1.143	42.1	28.9
Q30 旅游导致或加剧了村民之间因经济利益而产生的冲突	2.91	4	1.186	37.1	33.5
Q31 旅游干扰了村民日常生活	2.39	2	1.080	14.3	55.8
Q32 旅游导致了本地的交通拥挤	2.33	2	1.063	14.7	57.4
Q33 旅游破坏了本地风俗文化（黄赌毒等）	2.22	2	1.000	10.1	61.4
Q34 政府的旅游扶贫政策能适应村民需求	3.09	3	1.110	38.6	33.0
Q35 旅游扶贫主要依靠政府的规划、帮扶和管理	3.43	4	1.050	54.3	23.4
Q36 扶贫对象的识别精准、科学合理	2.88	2	1.235	33.0	44.2
Q37 扶贫项目或措施到村到户	3.26	4	1.074	44.2	27.4
Q38 扶贫队伍帮扶到村到户	3.44	4	1.080	51.3	25.9
Q39 我认为村寨发展乡村旅游总体利大于弊	3.88	4	1.021	68.0	8.6
Q40 我对村寨的旅游扶贫效果感到满意	3.22	4	1.121	43.1	27.4
Q41 我对自己目前的生活状况总体满意	3.22	4	1.101	43.2	27.4

注：同意率为非常同意和同意所占比例之和，不同意率为非常不同意和不同意之和。

（二）因子分析

1. 因子检验

如表5－19所示，通过运用 SPSS 17.0 软件计算出 KMO 值为 0.848，高于临界值 0.5（KMO 值必须大于 0.5 才适合做因子分析），同时 Bartlett 球度近似卡方值为 3422. 926，即数值很大，相应的显著率概率（Sig）< 0. 001，为高度显著。因此，KMO 值和 Bartlett 球度近似卡方值均通过了检验，反映出原有变量的相关系数矩阵与单位矩阵有显著差异，这也意味着样本数据具有有效性，适合做因子分析。

表 5 - 19　　　　　　　　　　　　KMO 和 Bartlett 的检验

取样足够度的 Kaiser - Meyer - Olkin 度量		0. 848
Bartlett 的球形度检验	近似卡方	3422. 926
	df	465
	Sig.	0. 000

2. 公因子提取

公因子提取采用主成分分析法，特征值选取 SPSS 默认的大于 1，特征值大于 1 表明该项有意义，可以保留。首先，用方差最大正交旋转法对因子载荷矩阵进行正交旋转（见表 5 - 20、表 5 - 21），以突出各个因子的实际含义。其次，通过因子载荷进行因子萃取，一般认为因子载荷大于等于 0. 5 的变量可被萃取。最后，经过最大方差正交旋转和因子萃取从 31 个指标中提取到 7 个特征值大于 1 的公因子，累计方差贡献率为 66. 192%，即解释了总体变异的 66. 162%，能够解释大部分变量（见表 5 - 22）。

表 5 - 20　　　　　　　　　　　　　　成分矩阵

项目	成分						
	1	2	3	4	5	6	7
Q19	0. 723						
Q13	0. 689						
Q18	0. 684						
Q17	0. 676						
Q14	0. 659						
Q20	0. 656						
Q38	0. 656	0. 516					
Q15	0. 648						

续表

项目	成分						
	1	2	3	4	5	6	7
Q11	0.646						
Q22	0.643						
Q39	0.631						
Q26	0.621						
Q16	0.602						
Q12	0.589						
Q21	0.580						0.516
Q40	0.549	0.531					
Q25	0.503						
Q41							
Q32							
Q33							
Q36		0.733					
Q37	0.548	0.667					
Q34		0.624					
Q35							
Q29			0.583				
Q28			0.562				
Q30			0.521				
Q31							
Q24	0.556			0.557			
Q27				0.553			
Q23						0.550	

表 5 – 21　　　　　　　　　　　　　旋转成分矩阵

项目	成分						
	1	2	3	4	5	6	7
Q37	0.875						
Q38	0.796						
Q34	0.778						
Q36	0.745						
Q35	0.683						
Q40	0.619						
Q13		0.847					
Q14		0.829					
Q15		0.641					
Q12		0.632					
Q11		0.604					
Q17			0.689				
Q18			0.676				
Q19			0.664				
Q16			0.652				
Q24				0.789			
Q27				0.731			
Q25				0.681			
Q26				0.631			
Q22							
Q29					0.821		
Q30					0.704		
Q28					0.697		
Q39							
Q32						0.723	
Q31						0.714	
Q33						0.674	

续表

项目	成分						
	1	2	3	4	5	6	7
Q23							0.614
Q21			0.570				0.607
Q20							0.540
Q41							0.539

表5－22　　　　　　　　　　　　　解释的总方差

成分	初始特征值			提取平方和载入			旋转平方和载入		
	合计	方差(%)	累积(%)	合计	方差(%)	累积(%)	合计	方差(%)	累积(%)
1	9.568	30.864	30.864	9.568	30.864	30.864	4.032	13.005	13.005
2	3.282	10.588	41.452	3.282	10.588	41.452	3.609	11.644	24.649
3	2.345	7.565	49.018	2.345	7.565	49.018	3.308	10.671	35.319
4	1.503	4.850	53.867	1.503	4.850	53.867	3.020	9.743	45.062
5	1.467	4.733	58.600	1.467	4.733	58.600	2.350	7.580	52.643
6	1.207	3.893	62.494	1.207	3.893	62.494	2.134	6.884	59.526
7	1.146	3.698	66.192	1.146	3.698	66.192	2.066	6.666	66.192
8	0.932	3.008	69.200						
9	0.890	2.869	72.069						
10	0.788	2.541	74.610						
11	0.697	2.247	76.858						
12	0.672	2.169	79.027						
13	0.612	1.975	81.002						
14	0.579	1.868	82.869						
15	0.564	1.820	84.689						
16	0.525	1.693	86.382						
17	0.486	1.567	87.948						
18	0.427	1.377	89.326						
19	0.416	1.342	90.668						

成分	初始特征值			提取平方和载入			旋转平方和载入		
	合计	方差 （%）	累积 （%）	合计	方差 （%）	累积 （%）	合计	方差 （%）	累积 （%）
20	0.371	1.198	91.865						
21	0.348	1.122	92.987						
22	0.335	1.079	94.067						
23	0.317	1.023	95.090						
24	0.287	0.925	96.015						
25	0.250	0.806	96.821						
26	0.236	0.763	97.583						
27	0.204	0.658	98.241						
28	0.179	0.578	98.819						
29	0.151	0.486	99.305						
30	0.122	0.394	99.699						
31	0.093	0.301	100.000						

3. 公因子命名

根据因子分析结果（见表 5 - 23），各指标对每个公因子的载荷量不同。

表 5 - 23 因子分析结果

公因子	因子命名及 方差贡献率	指标	因子 载荷	均值
第一类	效果感知 （13.005%）	Q34 政府的旅游扶贫政策能适应村民需求	0.778	3.09
		Q35 旅游扶贫主要依靠政府的规划、帮扶和管理	0.683	3.43
		Q36 扶贫对象的识别精准、科学合理	0.745	2.88
		Q37 扶贫项目或措施到村到户	0.875	3.26
		Q38 扶贫队伍（脱贫致富责任人）帮扶到村到户	0.796	3.44
		Q40 我对自己目前的生活状况总体满意	0.619	3.22

续表

公因子	因子命名及方差贡献率	指标	因子载荷	均值
第二类	正面经济影响（11.644%）	Q11 旅游促进了村寨经济的发展	0.604	3.70
		Q12 旅游带动了村寨相关产业的发展	0.632	3.63
		Q13 旅游增加了村民的就业机会	0.847	3.62
		Q14 旅游增加了村寨女性居民的就业机会	0.829	3.68
		Q15 旅游增加了村民个人收入	0.641	3.48
第三类	文化影响（10.671%）	Q16 旅游促进了文化遗产的保护	0.652	3.67
		Q17 旅游促进了村寨文化活动的多样性	0.689	3.82
		Q18 旅游提高了本地知名度	0.676	4.14
		Q19 旅游促进了村寨与外界的各方面交流	0.664	3.90
第四类	环境影响（9.743%）	Q24 旅游改善了村寨的治安环境	0.789	3.85
		Q25 旅游改善了本地的自然环境	0.681	3.88
		Q26 旅游提高了村民的能力与素质	0.631	3.76
		Q27 旅游提高了村民的环保意识	0.731	3.87
第五类	负面经济影响（7.580%）	Q28 旅游提高了村民的物价和生活成本	0.697	2.95
		Q29 旅游加剧了村民贫富分化	0.821	3.08
		Q30 旅游导致或加剧了村民之间因经济利益而产生的冲突	0.704	2.91
第六类	负面社会影响（6.884%）	Q31 旅游干扰了村民日常生活	0.714	2.39
		Q32 旅游导致了本地的交通拥挤	0.723	2.33
		Q33 旅游破坏了本地风俗文化（黄赌毒等）	0.674	2.22
第七类	正面社会影响（6.666%）	Q20 旅游促进了民族团结	0.540	3.76
		Q21 旅游增加了村寨凝聚力	0.607	3.72
		Q23 旅游提高了本地的生活质量（住房、看病等）	0.614	3.72
		Q41 我对自己目前的生活状况总体满意	0.539	3.22

第一类公因子显示出高载荷的指标有 6 个："Q34 政府的旅游扶贫政策能适应村民需求""Q35 旅游扶贫主要依靠政府帮扶和管理""Q36 扶贫对象的识别精准、科学合理""Q37 扶贫项目或措施到村到户""Q38 扶贫队伍（或

脱贫致富责任人）帮扶到村到户""Q40 我对自己目前的生活状况总体满意"，其中 4 个属于政府扶贫的效果，2 个属于村民对扶贫效果的感知。第一类公因子主要解释村民对旅游扶贫的效果感知，将其命名为"效果感知"，方差贡献率达 13.005%。

　　第二类公因子显示出高载荷的指标有 5 个："Q11 旅游促进了村寨经济的发展""Q12 旅游带动了村寨相关产业的发展""Q13 旅游增加了村民的就业机会""Q14 旅游增加了村寨女性居民的就业机会""Q15 旅游增加了村民个人收入"，这 5 个都属于正面的经济影响指标。第二类公因子主要解释民族村寨旅游的经济影响，将其命名为"正面经济影响"，方差贡献率达 11.644%。

　　第三类公因子显示出高载荷的指标有 4 个："Q16 旅游促进了文化遗产的保护""Q17 旅游促进了村寨文化活动的多样性""Q18 旅游提高了本地知名度""Q19 旅游促进了村寨与外界的各方面交流"，4 个都属于正面的社会影响指标。第三类公因子主要解释民族村寨旅游的文化影响，将其命名为"文化影响"，方差贡献率为 10.671%。

　　第四类公因子显示出高载荷的指标有 4 个："Q24 旅游改善了村寨的治安环境""Q25 旅游改善了本地的自然环境""Q26 旅游提高了村民的能力与素质""Q27 旅游提高了村民的环保意识"，这 4 个都属于正面的环境影响指标。第四类公因子主要解释民族村寨旅游的正面环境影响，将其命名为"环境影响"，方差贡献率为 9.743%。

　　第五类公因子显示出高载荷的指标有 3 个："Q28 旅游提高了村民的物价和生活成本""Q29 旅游加剧了村民贫富分化""Q30 旅游导致或加剧了村民之间因经济利益而产生的冲突"，均属于负面的经济影响指标。第五类公因子主要解释民族村寨旅游的经济影响，将其命名为"负面经济影响"，方差贡献率为 7.580%。

　　第六类公因子显示出高载荷的指标有 3 个："Q31 旅游干扰了村民日常生活""Q32 旅游导致了本地的交通拥挤""Q33 旅游破坏了本地风俗文化（黄赌毒等）"，3 个都属于负面的社会指标。第六类公因子主要解释民族村寨旅游的社会影响，将其命名为"负面社会影响"，方差贡献率为 6.884%。

　　第七类公因子显示出高载荷的指标有 4 个："Q20 旅游促进了民族团结""Q21 旅游增加了村寨凝聚力""Q23 旅游提高了本地的生活质量（住房、看病等）""Q41 我对自己目前的生活状况总体满意"，4 个都属于正面的社会影响指标，将其命名为"正面社会影响"，方差贡献率为 6.666%。

（三）旅游扶贫效果感知分析

由表 5 - 24 可知，测量村民扶贫效果感知的指标有 6 个（Q34 ~ Q38、Q40）均值均在 3.0 以上，50% 以上的村民认为旅游扶贫主要靠政府的规划、管理及扶贫队伍的帮扶，而只有 30% 以上的村民对扶贫政策的适应性和扶贫对象识别的精确度感到满意，对于扶贫措施和目前生活状态的满意程度则保持在 40% 左右。总体上，村民对旅游扶贫效果感知的满意度较低，尤其是对于扶贫对象识别合理、科学管理的同意率较低，不同意率很高，从而使旅游扶贫效果感知较差。

表 5 - 24　　　　　　　　村民的旅游扶贫效果感知

指标	均值	标准差	同意率（%）	不同意率（%）
Q34 政府的旅游扶贫政策能适应村民需求	3.09	1.110	38.6	33.0
Q35 旅游扶贫主要依靠政府的规划、帮扶和管理	3.43	1.050	54.3	23.4
Q36 扶贫对象的识别精准、科学合理	2.88	1.235	33.0	44.2
Q37 扶贫项目或措施到村到户	3.26	1.074	44.2	27.4
Q38 扶贫队伍（或脱贫致富责任人）帮扶到村到户	3.44	1.080	51.3	25.9
Q40 我对自己目前的生活状况总体满意	3.22	1.101	43.2	27.4

注：同意率为非常同意和同意所占比例之和，不同意率为非常不同意和不同意之和。

1. 经济影响

由表 5 - 25 可知，测量村民经济影响感知的指标有 5 个正面经济影响指标（Q11 ~ Q15）均值在 3.4 以上，50% 以上的村民肯定了村寨旅游正面经济影响，具体表现在"促进村寨经济发展""增加就业""增加收入"等方面。负面经济影响指标（Q28 ~ Q30）均值在 2.90 ~ 3.10 之间，35% 左右的居民认为村寨旅游的发展一定程度上引起了"物价和生活成本提高""村民贫富分化""加剧村民之间的冲突"等。因此，村寨旅游的快速发展在为当地经济发展做出重大贡献的同时，也不可避免地带来了诸多负面影响。总体上，村民对村寨旅游经济影响正面感知强于负面感知，大部分村民高度赞成村寨旅游发展带来的显著的经济效益，但有部分村民认为村寨旅游不仅未能增加当地居民个人收入，反而引起物价上涨和生活成本提高，他们的主要收入来源仍是务农和外出打工，仅有小部分村民参与村寨旅游开发活动而获得经济收益，从而加剧了村民间的贫富差距。

表 5-25 村民的经济影响感知

	指标	均值	标准差	同意率（%）	不同意率（%）
正面	Q11 旅游促进了村寨经济的发展	3.70	0.950	63.0	10.7
	Q12 旅游带动了村寨相关产业的发展	3.63	0.827	58.4	8.1
	Q13 旅游增加了村民的就业机会	3.62	0.926	57.4	12.2
	Q14 旅游增加了村寨女性居民的就业机会	3.68	0.929	56.3	9.6
	Q15 旅游增加了村民个人收入	3.48	0.935	50.2	14.2
负面	Q28 旅游提高了村民的物价和生活成本	2.95	1.173	35.0	32.0
	Q29 旅游加剧了村民贫富分化	3.08	1.143	42.1	28.9
	Q30 旅游导致或加剧了村民之间因经济利益而产生的冲突	2.91	1.186	37.1	33.5

注：同意率为非常同意和同意所占比例之和，不同意率为非常不同意和不同意之和。

2. 文化影响

由表 5-26 可知，测量居民文化影响感知的指标有 4 个（Q16~Q19），70%以上的村民认为旅游提高了"本地知名度"和"促进与外界的交流"；58.8%的村民认为旅游促进了"文化遗产的保护"；63.5%的村民认为旅游促进"村寨文化活动的多样性"。总体上，村民对村寨旅游文化影响的感知同意率较高，大部分村民认为村寨旅游发展促进当地与外界的交流，但有部分居民认为村寨旅游大开发与发展没有很大程度上促进文化遗产的保护。

表 5-26 村民的文化影响感知

指标	均值	标准差	同意率（%）	不同意率（%）
Q16 旅游促进了文化遗产的保护	3.67	0.862	58.8	6.6
Q17 旅游促进村寨文化活动的多样性	3.82	0.761	63.5	1.5
Q18 旅游提高了本地知名度	4.14	0.754	78.6	0.5
Q19 旅游促进了村寨与外界的各方面交流	3.90	0.714	71.1	1.0

注：同意率为非常同意和同意所占比例之和，不同意率为非常不同意和不同意之和。

3. 环境影响

由表 5-27 可知，测量居民环境影响感知的指标有 4 个（Q24~Q27），均值为

3.8 左右，村民对"治安环境"和"提高环保能力和素质"同意率在 65% 左右；76.7% 的村民认为村寨旅游发展改善了本地的自然环境；73.6% 的村民认为提高了环保意识。总体上，村民居民对村寨旅游环境影响感知同意率较高，大部分居民认为村寨旅游开发经营改善了当地的自然环境，游客的进入使村民环保意识提高。

表 5-27　　　　　　　　　　村民的环境影响感知

指标	均值	标准差	同意率（%）	不同意率（%）
Q24 旅游改善了村寨的治安环境	3.85	0.800	68.5	4.6
Q25 旅游改善了本地的自然环境	3.88	0.840	76.7	6.1
Q26 旅游提高了村民的能力与素质	3.76	0.706	64.0	1.0
Q27 旅游提高了村民的环保意识	3.87	0.808	73.6	5.1

注：同意率为非常同意和同意所占比例之和，不同意率为非常不同意和不同意之和。

4. 社会影响

由表 5-28 可知，测量居民社会影响感知的指标有 7 个。正面社会影响指标 Q20、Q21、Q23、Q41 均值分别为 3.76、3.72、3.72、3.22。68.5% 的村民认为旅游发展提高了本地的生活质量，对"促进民族团结"和"村寨凝聚力"满意率在 60% 左右。负面社会影响指标 Q31、Q32、Q33 均值分别为 2.39、2.33 和 2.22。14.3% 的村民认为旅游发展干扰了其日常生活和导致本地交通拥挤，10.1% 的村民认为旅游发展破坏了本地风俗文化。总体上，村民对村寨旅游社会影响感知不强烈，大部分村民认为旅游发展促进了村寨社会发展，仅有部分村民认为旅游发展干扰了其日常生活，造成交通拥挤等。

表 5-28　　　　　　　　　　村民的社会影响感知

	指标	均值	标准差	同意率（%）	不同意率（%）
正面	Q20 旅游促进了民族团结	3.76	0.743	65.0	3.0
	Q21 旅游增加了村寨凝聚力	3.72	0.755	63.5	4.1
	Q23 旅游提高了本地的生活质量（住房、看病等）	3.72	1.040	68.5	12.7
	Q41 我对自己目前的生活状况总体满意	3.22	1.101	43.2	27.4

续表

	指标	均值	标准差	同意率（%）	不同意率（%）
负面	Q31 旅游干扰了村民日常生活	2.39	1.080	14.3	55.8
	Q32 旅游导致了本地的交通拥挤	2.33	1.063	14.7	57.4
	Q33 旅游破坏了本地风俗文化（黄赌毒等）	2.22	1.000	10.1	61.4

注：同意率为非常同意和统一所占比例之和，不同意率为非常不同意和不同意之和。

（四）旅游参与意愿分析

进一步测量村民旅游参与意愿的指标有 7 个（问卷 Q42～Q48），如表 5 - 29 所示，指标均值都分布在 3.50～4.20，愿意率在 60% 以上，标准差也相对较小，突出表现在村民普遍愿意为了旅游发展"保护自然资源和环境"。进一步可以发现，村民普遍对我愿意为了旅游发展"而出让土地、林场、山场等资源"这项指标的不同意率较高，达 16.2%，说明村民对自身所保有土地、林场、山场等资源的重视。

表 5 - 29　　　　　　　　　　指标的描述性分析

调查项目	均值	众数	标准差	愿意率（%）	不愿意率（%）
Q42 我愿意为了旅游发展保护自然资源和环境	4.15	4	0.747	82.7	2.0
Q43 我愿意参与旅游政策制定和决策过程	3.96	4	0.847	72.6	5.1
Q44 我愿意参与旅游开发与规划	3.84	4	0.909	66.5	7.6
Q45 我愿意为了旅游发展而出让土地、林场、山场等资源	3.64	4	1.018	62.9	16.2
Q46 我愿意自主经营一些旅游接待项目	3.90	4	0.979	71.5	10.2
Q47 我愿意接受景区或旅游企业聘用成为其工作人员	3.93	4	0.966	72.1	9.6
Q48 我愿意参与旅游教育和培训	4.05	4	0.867	77.7	5.6

注：愿意率为非常愿意和愿意所占比例之和，不愿意率为非常不愿意和不愿意之和。

通过对勾蓝瑶寨村民问卷调查分析，勾蓝瑶寨村民对旅游扶贫正面影响感知明显强于负面影响的感知，表明勾蓝瑶寨村民对旅游开发持积极的态度，也显示出勾蓝瑶寨村民旅游发展意识逐渐增强。在旅游扶贫与旅游经济发展的过程中，政府与村委齐力协作，通过大力挖掘和利用旅游资源，推动了勾蓝瑶寨相关产业发展，完善了基础设施，解决了当地村民就业问题，提升了村寨生活环境和自然环境，促进了民俗文化的保护和传承，提高了村民的文化自觉和文化自信。但目前在旅游扶贫发展中还存在贫富分化较大和贫困对象识别不精准等问题。在调研过程中可以了解到，贫困对象识别正在经历由模糊到精准的一个过程转变。因此，在未来的发展中，应把重点放在贫富差距等问题上，实现勾蓝瑶寨乡村振兴。

南岭走廊民族特色村寨旅游扶贫效果评估实证研究——平岩村

第一节 田野调查说明

一、田野点选择依据

平岩村位于广西柳州市三江侗族自治县林溪乡，南岭走廊五大山系越城岭西南侧，属于程阳八寨景区的核心区域。平岩村传统建筑历史悠久，布局集中，规模较大，以清代老鼓楼为中心，再配上保存完好的吊脚楼、寨门、戏台、井亭、凉亭、寺庙、城墙、水渠、池塘、古树、古石板巷道等古建筑及自然景观，构成了一幅具有侗族文化风韵和风情浓郁的原生态侗族古村落群。平岩村的非物质文化遗产资源丰富，侗族大歌、侗族木构建筑营造技艺和侗戏等均具有很高的文化艺术保护价值。2014 年，平岩村的马安寨、平寨、岩寨三个村屯被列入国家申报世界文化遗产预备名录，2016 年平岩村被评为"中国十大最美乡村"，2019 年荣获首批"中国最美乡村·示范村"荣誉称号。因此，平岩村具有较高的研究价值，作为本书的案例地具有较强的代表性。

二、调查过程说明

平岩村田野调查进程如表 6 - 1 所示，在 2018 年 6 月 10 ~ 12 日的预调查过程中，本书课题组成员通过对村委干部、旅游公司负责人及相关工作人员等进行深度访谈，了解了平岩村的村寨历史沿革、社会经济发展状况、旅游发展历史及现状、贫困情况等。

表 6 - 1 平岩村田野调查进程

调查时间	调查天数	调查成员人数	调查方法	调查对象	调查内容
2018 年 6 月 10 ~ 12 日	3	3	深度访谈法	重点访谈村委干部、旅游公司负责人及相关工作人员等	村寨历史沿革、社会经济发展状况、旅游发展历史及现状、贫困情况等
2018 年 7 月 15 ~ 19 日	5	4	观察法、深度访谈法	重点访谈非遗传承人、参与旅游村民	村寨旅游发展现状、民族文化保护与传承情况、旅游发展成效等
			问卷调查法	村民	发放问卷 120 份，实际回收问卷 120 份，有效问卷 106 份
2019 年 1 月 9 ~ 13 日	5	5	观察法、深度访谈法	重点访谈贫困户、参与旅游村民	贫困户实际情况、旅游扶贫参与情况、对旅游扶贫感知、旅游发展成效等
			问卷调查法	村民	发放问卷 100 份，实际回收问卷 95 份，有效问卷 91 份
2019 年 11 月 5 ~ 6 日	2	3	深度访谈法	重点访谈乡镇干部、村委干部、旅游公司负责人及相关工作人员等	旅游扶贫工作进展情况、旅游接待相关数据、发展困境与建议等

2018 年 7 月 15 ~ 19 日和 2019 年 1 月 9 ~ 13 日，本书课题组成员两次前往平岩村进行共 10 天的正式调查，对平岩村的岩寨、平寨、马安寨、平坦寨 4 个村屯的非遗传承人、参与旅游的村民进行深度访谈，对村民进行详细的问卷调查。2018 年 7 月 15 ~ 19 日，重点访谈非遗传承人、参与旅游村民，获得村寨旅游发展现状、民族文化保护与传承情况、旅游发展成效等资料；发放问卷 120 份，实际回收问卷 120 份，有效问卷 106 份。2019 年 1 月 9 ~ 13 日，重点访谈贫困户、参与旅游村民，获取贫困户实际情况、旅游扶贫参与情况、对旅游扶贫感知、旅游发展成效等资料；发放问卷 100 份，实际回收问卷 95 份，有效问卷 91 份。两次调研共获取有效问卷 197 份。

　　2019 年 11 月 5 ~ 6 日，本书课题组成员前往平岩村进行补充调研，重点访谈乡镇干部、村委干部、旅游公司负责人及相关工作人员等，了解旅游扶贫工作进展情况、旅游接待相关数据、发展困境与建议等。

第二节　平岩村旅游发展基础与扶贫现状

一、旅游发展基础

（一）自然地理概况

　　广西柳州市三江县林溪乡平岩村，位于三江东北部的林溪河畔的国家 4A 级景区程阳景区之中，毗邻美俗村、程阳村，下辖平寨、岩寨、马安寨、平坦寨 4 个自然屯，是中国少数民族特色村寨、中国首批景观村落、中国侗族文化深度体验区。平岩村距离县城 20 公里，631 县道从其东南侧经过，三江—柳州—北海高速公路和贵广高铁均已建成通车。截至目前，全村共 950 户 4276 人，其中 90% 以上的人口是侗族。

　　平岩村背靠青山，面临林溪河，聚落选址上属于典型的麓山河畔型、平坝田园型村落。雨热同季，寒暑分明，全年降雨量丰富，春夏两季降雨多，年平均气温为 17℃ ~ 19℃。村寨周围水田成片，松林、杉林、竹林环绕，顺应自然，孕育了富于生态之美的村落景观。全村耕地面积 2261 亩，其中水田面积 1522 亩，旱地面积 709 亩，山林面积 1.2 万亩，油茶林 6200 亩，用材林 6600 亩，拥有茶叶、油茶、竹木和水产畜牧等农产业。

（二）社会经济情况

1. 人口构成

　　平岩村是一个行政村，经过时代的变迁，现由马安寨、平坦寨、平寨、岩寨 4 个自然屯组成，全村共 950 户 4276 人，其中 90% 的人口是侗族，属于溶江支系。全村义务教育适龄儿童 442 人，其中小学 297 人，初中 145 人，外出务工 200 多人，残疾 26 人。同时，全村设一个党总支部，4 个分支部，共有党员 100 名，其中女党员 11 名，大专以上文化 6 人，高中、中专文化 20 人。村民以初中学历为主，但近年来每年都有考上大学的，整体文化水平具有一定提高。

2. 收入来源

旅游开发前，村民的收入来源主要为建筑劳务输出和水稻种植。旅游开发后，以餐饮、住宿、旅游为主的第三产业服务业开始逐渐发展壮大，务工和种植比例减小。目前，全村收入来源主要有三块：一是劳务输出。全村有200多人外出务工，家庭预脱贫户全部劳动力外出务工有81户，务工者以男性为主，获得稳定家庭年均收入为10076.21元，主要打工地点为较近的林溪镇、古宜镇和广东广州。二是经营农家乐、旅馆。全村共有56家农家旅馆、餐馆，能够容纳2000多人吃住。三是经营农作坊、商铺。全村共30余家作坊，以茶坊为主，少部分酒坊、手工艺店、特色小吃店和特产店。

3. 产业状况

近年来，平岩村致力于发展特色优势产业。首先，平岩村聚焦"两茶一木"不断推进茶叶、油茶等特色产业发展。其次，平岩村推广特色高山蔬菜成效显著。借助文化林溪韭菜节和红薯节，推广高山红薯、韭菜、生姜、辣椒等特色蔬菜，打造出林溪品牌。再次，大力发展特色水产畜牧业，以示范点带动畜牧业的发展，扶持规模养殖场，以种稻养鱼为特色优势主导产业，促进鱼稻共生。最后，平岩村重点发展旅游业，包括餐饮业、住宿业等第三产业，打造生态民宿带。

4. 基础设施状况

2018年，三江县整合2.33亿元重点推进全县98个贫困村共计202个项目建设，完善贫困村村屯级道路、产业道路、安全饮水、安全用电、公共基础服务设施等。

绿化：平岩村积极建设绿化示范村屯，加大资金投入。整个三江县完成种植银杏、洋紫荆2.2万株，苗木22.1万株（其中果树18.2万株，银杏3.9万株，核桃2.2万株），折算绿化面积3200亩，提升村屯绿化美化水平。

道路：通过整合交通、扶贫、库区移民、住建等相关部门的项目资金，加快推进道路硬化专项活动，改善农村居民出行条件，提高农村客车通达率，建立健全城乡客运管理体制。

水系：结合村寨消防人饮工程，大量投资农村饮水安全项目；建立农村饮水安全工程水质检测中心，完善农村饮水安全水质检测体系；整改村屯周边水体，严控养殖污染，改善农村水环境卫生条件，争取早日解决农村居民用水安全问题。

电力：2018年计划实施项目约78个，总投约5100万；第一批10千伏工程已全部进场施工，累计完成50%；35千伏程阳变电站主控楼现已完成基础开挖、浇筑阶段，累计完成40%。

住房：规范村民建房行为和居民住房保护，保护侗族民居特色，大力推进危房改造实施。为鼓励村民保护纯木结构老宅，程阳八寨景区核心区内（马安寨、岩寨、平寨）实行每年一次奖励制，按住房占地面积实施补贴。

环保：一是对以前整治过的垃圾点重新排查整治，同时为村屯增加建设村级垃圾焚烧炉，农户垃圾分类桶。二是完善村寨清洁理事会、村规民约、清洁卫生费收取规定等规章制度。三是探索农村生活垃圾源头减量收运处理的新路子，培养试点村民生活垃圾分类习惯。四是组建道路、水面机动保洁队。五是制订评比、以奖代补方案。

文娱设施：实现广播电视全覆盖，争取做到广播和电视综合人口覆盖率100%，大力组织文艺演出、电影放映活动。

信息化建设：三江县与"中国电信"签订了合作协议网络运营商，全部开通网络专线，全县网络开通率98.7%，实施电信宽带、移动宽带、联通宽带覆盖。平岩村与三江县情况基本保持一致。

5. 基础公共服务及保障

教育助学服务：一是围绕产业抓好实用技术培训，创新培训方式，提高培训的针对性和实效性。二是围绕转移就业抓好短期技能培训，实行以奖代补。三是围绕自治区人民政府为民办实事项目，抓好建档立卡贫困农户子女普通高校本科（一本、二本）学历教育和职业教育学历扶贫资助工作。

雨露计划：一是从全县教育报名系统提取2017年在三江报名参加中考、高考学生名单，筛查属于建档立卡学生1115人，并入户发放告知书。二是完成审计署反馈"雨露计划"应补未补贫困生整改。三是完成职业学历学生补助。四是开展"两广"学校对口帮扶，培训农民实用技术。目前，全村义务教育适龄儿童442人，其中小学297人，初中145人，雨露计划享受22人。

养老保障：全力推进医疗保障工作，发挥帮扶联系人入户走访动员力量，每周通报参保进度。

安全保障：一是规范旅游执法，旅游质量监督执法大队配备执法服装，编制执法人员编号。二是制订季度旅游安全生产方案和旅游安全专项整治工作方案，开展安全生产大检查，签订旅游安全生产目标责任书，层层落实安全责任。三是开展节前专项检查。平岩村较为配合检查工作。

（三）旅游资源状况

1. 自然旅游资源

平岩村全村土地面积多属丘陵地貌类型，气候属亚热带季风性湿润气候区。

雨热同季,寒暑分明,晨昏多雾,四季宜耕;春多寒潮阴雨,夏有暴雨高温,伏秋易旱,冬有寒雪。年平均温度 18.4℃,极端最高温度 36℃,最低温度 -1℃。全年风向以东北偏北风为多,其次是北风和东北风。这造就了平岩村拥有丰富的土地、植被、水等自然资源,为旅游产业发展奠定了良好的基础,物种资源丰富,森林覆盖率高(见图 6-1)。

图 6-1 村寨自然风光

资料来源:本书课题组成员实地拍摄。

　　林溪河河道曲迂回萦折处的左岸是马安寨,因常年受河水冲击,导致泥沙沉积,长年累月便成了一个山间坝子。马安寨就建在东面靠山,从山脚下伸出一片形如"马鞍"的平坦之地的坝子上。全寨农业以水稻为主,种植有杉木、油茶树等。

　　平寨位于林溪河北岸,与大寨被另一座耸立的小山丘分隔开,村寨南端有一道天然的屏障——伸向林溪河的山岭。两山之间的平川呈哑铃状,平寨的民居主要位于从东西向汇入林溪河的小溪以北,多居住在二者的交汇处。寨子村民住宅旁的溪流、水塘和泉水,构成了平寨的用水系统。村寨经济有两种方式构成,主要是糯稻的种植,其次是林木的种植,主要有禾木、樟树、油茶、杉木、枫树、茶叶等。

　　岩寨三面环山,东南面为林溪河,地势北高南低。林溪河边建有老鼓楼,鼓楼建在硬石块垒砌的陡坎上,为三间悬山顶两端带披檐的殿堂式,中间加重檐歇山顶形成三檐模样。鼓楼沿河南下,不远处的河边码头旁有青石砌成的"萨坛",

坛外还有数棵古老的风水树。寨子背面的山峰名为"衔萨",即萨坛峰之意,被认为是村寨的"风水山"。

2. 人文旅游资源

平岩村具有丰富的人文资源,传统手工艺有吊脚楼、鼓楼和风雨桥等侗族建筑技艺,侗族服饰的刺绣技艺,侗族银饰艺术品的制作技艺,侗族打油茶,传统风味酸肉、酸鸭、酸鱼、酸菜等腌制办法以及藤编、竹编、草编等日常用品的加工技术等。传统民族节日众多,丰富多样的传统非物质技艺得到良好的传承。

(1)民族建筑类。

程阳永济桥:程阳永济桥是典型的侗族建筑。这座横跨林溪河的木石结构大桥,建于1912年,河中有五个石砌大墩,桥面架杉木,铺木板。桥长64.4米,宽3.4米,高10.6米。程阳永济桥不仅作为交通供居民出行,又包含宗教方面的含义。人们称之风雨桥、回龙桥、赐福桥、永济桥,是飞龙绕寨的象征,为保证吉祥幸福,风调雨顺,五谷丰登。程阳永济桥是侗族建筑艺术的杰出代表,是中国唯一被列为全国重点文物保护单位的侗族风雨桥。其桥亭桥廊的建筑采用穿斗木结构,其建筑色彩是古代百越族杆栏式,工艺成分为汉族宫殿式。木结构廊桥这种桥梁形式在其他地区已逐步消失,该桥仍保留完好,应值得高度重视和保护。

据有关资料记载,该桥是世界四座历史名桥之一,与中国的石拱赵州桥、铁索泸定桥和杜撰的"罗马的钢梁诺娃上的沃桥"齐名。程阳桥由于它别具一格的建筑技艺和雄伟风姿而闻名于世。郭沫若先生曾题诗曰:艳说林溪风雨桥,桥长廿丈四寻高。重瓴联阁怡神巧,列砥横流入望遥。竹木一身坚胜铁,茶林万载茁新苗。何时得上三江道,学把犁锄事体劳。

侗寨民居建筑群:平岩村侗族传统民居选址主要集中于山谷两边的绿树竹林丛中,山谷中央是水田。侗族民居一般为一户一栋,每逢过年过节之际,人们欢聚于此设宴待客,体现出侗族民居独特的风貌,正所谓"侗屋高高上云头,走遍全寨不下楼"。侗寨民居至今仍保留着古代越人的"干栏"式木楼结构,一般分为三层,楼下用作饲养禽畜,堆放石碓、农具、柴草等杂物;二楼前半部为宽敞明亮的外廊,是从事手工劳动或全家休息的场所,后半部是设有火塘的内屋,既是全家取暖、做饭炒菜之地,又是"祖宗"安坐之位;火塘两侧或三楼是卧室。每座楼房,除却屋面盖瓦,均由杉木建造,长短不一的柱子纵横交错,以不同尺寸的木枋斜穿直套。木楼四周设有形成"吊脚楼"的"吊脚柱"。楼房两端搭有偏厦,以方便木楼瓦顶四面流水。楼房四壁及各层楼板,均以木板开槽密镶。

平寨鼓楼:鼓楼在侗寨中属高层建筑,模仿杉树形状建造而成,因楼上置鼓得名。每当侗族人民遇到重大事件时，便击鼓，随后将众人聚集在会堂，商讨事务。每当节日聚会或者开展社交和娱乐活动时，村民也常聚集于此。鼓楼是侗族文化的载体和核心，侗族文化与鼓楼密不可分，每当有重大的活动时，常集中于鼓楼，因此，侗族文化又称为鼓楼文化。

平寨鼓楼修建年代最早，建于清道光元年（公元 1821 年），于 1987 年被评为县级文物保护单位。它整体高度为 6.5 米，是一座环柱型平面穿斗抬梁混合式结构的阁式鼓楼，双重檐悬山顶，面阔 3 间，内设火塘与座椅。这是侗族鼓楼建造的最初形态，是目前境内保存较为古老的鼓楼之一，现成为当地女性长者休息与堆放杂物的场所。老鼓楼被迁移至距原区位的东南角 10 米处，原有位置被 2014 年新建的平寨新鼓楼所替代。它 17 层檐整体高度为 26 米，是一座面阔三间、中心柱型穿斗式结构的塔式鼓楼。平岩村村落中的孤例为该鼓楼中心柱型平面形式，墨师由省级非物质文化传承人杨求诗师傅担任。他设计的一个落地的中心柱，同时内四柱不落地，给鼓楼内部留了较大的使用空间，是采用了古代独柱鼓楼的结构特点（见图 6 - 2）。

图 6 - 2 村寨民族建筑

资料来源：本书课题组成员实地拍摄。

合龙桥：虽然合龙桥不如赵州桥那样举世闻名，但它是侗寨建造年代最早的风雨桥，始建于清代嘉庆十九年（1814 年），是连接平寨、岩寨与马安首要的交通桥梁。两地贯通正是由于桥梁的架设，其神韵犹如双龙交汇，因此被称为"合龙桥"。"合龙"是由桥体中部的屋脊上以一金一银双龙装饰作为回应。合龙桥共有两座桥基，十七间桥廊，三座三重檐歇山顶的桥亭，近二百年来曾三次被洪水冲毁，1941 年重新修复，桥长 42.8 米，宽 3.78 米，水底至桥廊檐高 9 米，为县级文物保护单位。桥廊用 36 根木柱支撑，每边 13 根，两侧木制板作桥栏。桥脚为 23 根圆木按两个八字形组合而成，其中 14 根木柱嵌进两岸石坎中，上铺桥板。桥上有桥廊可供行人避雨小憩和村民乘凉聚谈。现今合龙桥内部已成为当地居民兜售传统装饰纪念品的场所。

（2）特色饮食类。

侗族三酸：侗族最大的饮食特色是"侗不离酸"，酸鱼、酸鸭、酸肉是侗族酸菜系列中的精品，被誉为侗家"三宝"。侗族居民用糯米酒糟煮熟后与冷糯饭和好，将鱼、鸭、猪肉剖开洗净搓盐，用和好的糟细抹，坛腌可保存十年左右，桶腌保存二三十年。2008 年，侗家"三宝"入选桂林市非物质文化遗产名录。

侗族打油茶：油茶清香甘甜，被称为"东方的咖啡"，有提神醒脑、祛除湿热、防治感冒腹泻等功效。因其比做正餐来得快，且饮后解渴充饥，提神醒脑，几乎成为侗族人民日常生活的必需品，对于许多侗族人来说，一日两次打油茶是少不了的。客至，好客的侗家人必用油茶招待，解来客路途的疲劳。现今，油茶走出大山进入都市，受到人们热捧，形成油茶产业，也成为民族地区经济发展的亮点。2014 年，侗族打油茶被列为第五批自治区级非物质文化遗产名录项目。

重阳酒：又称贵宾酒，亦称"吉祥酒"，重阳酒是苗族人和农家最喜欢的传统饮料，是孝敬长辈、招待贵宾的上等饮品，故称"贵宾酒"。重阳酒的制作方法与汉、壮族地区的甜酒制法相似，封密窖藏一段时间后才开坛饮用。

糯米：侗族饮食均以大米为主粮，人们犹喜糯食。南部地区山坡多，田地远，糯米饭便于携带，且不易馊，故多以糯米为主粮。糯米分红糯、黑糯、白糯、长须糯、秃壳糯、旱地糯、香禾糯等类，同类又分不同品种。其中"香禾糯"是糯中之王，有"一家蒸饭全寨香"的赞誉。以糯米作各种菜肴的配料，是食俗一大特色。

打糍粑：原料有糯米、高粱、栗子做的糍粑，也有糯米和杂粮混合做的糍粑。春节过后，将糍粑放入大水缸清水浸泡，吃完为止，也是节日的礼品之一。

（3）民族手工艺类。

木构建筑营造技艺：2006 年，"侗族木构建筑营造技艺"列入首批国家级非物质文化遗产名录。国家级非物质文化遗产——侗族木构建筑营造技艺代表性传承人、中国工艺美术大师杨似玉和自治区木构建筑营造技艺代表性传承人杨求诗都是平岩村人。市侗族非物质文化遗产展示中心，就坐落在国家级非物质文化遗产传承人杨似玉的家中。通过访谈了解到，木构建筑营造技艺学习的人较之前有增加，学徒年龄大多在三四十岁，年轻学徒较少，而且由于没有建筑师证，技艺的传承人无法直接建造工程，只能承接其他公司的工程。

　　侗布纺织：由于侗布的制造工艺极为复杂，要经过采棉、扎花、弹花、纺线、打线、拖线、落线、经线等大小72道工序。目前精通侗布制造的传承人非常少，一个寨子会织布的不超过十户，且都是老人能够熟练掌握，部分中年妇女只是略懂，年轻一辈根本不愿意学，基本已经断层。

　　竹编：主要分为汉族竹编和侗族竹编（据说经苗族相传）。精通竹编的大部分是上了岁数的老人，中年人会做但不精通，做的不精致，年轻人会的很少。店铺内售卖的竹筐，部分是个人编织放到店铺售卖的，其他的来源有待确定。平岩村的店铺中大部分有出售竹编或用竹编作为装饰等（见图6-3）。

图6-3　竹编

资料来源：本书课题组成员实地拍摄。

　　侗族银饰：侗族盛装的一个重要组成部分是银饰，反映了侗族民族文化的传承和发展。村民辈辈相传的民族工艺技术之一是银饰加工工艺，从事这种工艺的人被称之为银匠。侗族银饰的加工，要经过由家庭作坊内的男工匠手工操作完成的五道工序，分别是吹烧、锻打、镶嵌、擦洗和抛光等。根据需要，银匠先把熔炼过的白银制成银条、银丝或薄片，再利用压、寥、刻、搂等传统工艺，制出样式精美的纹样，最后经编织或焊接成型。苗族银匠在锤砧劳作上和造型设计上均是行家，灵感多来源于妇女的蜡染纹样及刺绣，对细节或局部的创新也是基于本系的传统习惯和审美情趣。

（4）民族节庆类。

平岩侗寨传统民族节日众多，有韭菜节、尝新节、四月八、五月五、七月十四、中秋节、牛节、太阳节等。民间活动主要有斗牛、赛芦笙、抢花炮、坐夜、月也、唱侗戏、多耶、对侗歌等。

斗牛节："斗牛节"是在每年农历的二月或八月里逢"亥"的日子里举行。节前，各自约好对手，做好斗牛的准备。节日这天清晨，铁炮三响，"牛王"在锣鼓和芦笙的乐器声中进入斗牛场。一支支队伍手持金瓜、月斧，举着各种旗帜，前呼后拥，绕场三周，算是"入场式"，也叫"踩场"，接着，各队牵着自己的"牛王"，高举火把，严阵以待。铁炮一响，他们抛出火把，参斗的两头牛便从两端四蹄腾空，直冲上去，斗作一团，难解难分。场外人群呐喊助威，气氛紧张，十分壮观。

花炮节：花炮节是侗族人民盛大的传统节日。花炮分为头炮、二炮和三炮，每炮都系上一个小铁圈。花炮在空中爆炸时，铁圈也被高高抛起。当铁圈落地时，人们便按传统比赛规则奔跑冲撞，争抢铁圈，场面异常火爆刺激，被称为"东方的橄榄球"。比赛不限时，将铁圈交到指定地点即获胜，三炮两赢的一方获得最后胜利。头炮为丁炮，寓意人丁兴旺；二炮为财炮，寓意财源广进；三炮为贵炮，寓意加官晋爵。

新禾节：农历六月初八，是侗族非常隆重的节日，仅次于春节。此日，侗家人杀猪宰羊，烫鸡烫鸭，准备丰富的菜肴。亲戚朋友，娘亲舅爷，互来走往，共庆本年粮食丰收储满仓，五谷丰登畜兴旺。人人互助互爱，家家幸福安康。

冬节：农历十一月初一在 1984 年被广西壮族自治区人民政府确定为侗族吃冬节，又称为侗年，是为了祭祀农耕，缅怀祖先。据传最初以打猎为主的侗族祖先远道而来，后来将田地开荒，从事农耕经济，获得大丰收，秋后举族欢庆，从此世代相传为侗年。过侗年以吃冻鱼为主，所以又叫"吃冻"。节日前一天，各家备鱼虾、豆腐，晚上用酸水或盐菜煮熟，待汤汁半干时，连汤一起盛于碗中，经一夜冷却即成味道鲜美的"冻鱼"（侗语叫罢冻，即鱼冻，倒装语），节日当天便以"冻鱼"祭祀祖先。

百家宴：侗族待客的最高礼仪是"百家宴"。每逢有非常尊贵的客人拜访或者村寨互访时，全村每家每户自备菜饭和酒，客人可从鼓楼坪呈"一"字型的长桌的第一桌吃到最后一桌，甚是热闹。据说在当地流传一种"吃百家饭，联百家心，驱百种邪，成百样事"的说法。在三江侗族地区已流传数百年的"百家宴"是侗族团结友爱、热情好客、和谐大同的文化象征，随着时间的流逝，现今成为重要宾客拜访或重要节庆日必不可少的款待方式。2008 年，三江"侗族百家宴"

被列入广西壮族自治区级非物质文化遗产保护项目，2009年成为广西申报第三批国家非物质文化遗产项目之一。

多耶节：多耶，是侗族最古老的文艺形式和集体歌舞形式，边唱边舞，集歌、舞、乐于一体，是侗族音乐、诗歌和舞蹈的来源。"多耶"为侗语音译，"多"为含有"唱""舞"等意义的多义词，"耶"为侗族民歌中集体边唱边舞的歌种，"多耶"即"唱耶歌"。侗族多耶舞是作为耶歌的附属形式的一种集体歌舞，对表演的人数没有限制，男性中，前者肩膀由后者用手攀，旋转成圈，两腿叉成30°角，左右脚轮换着地，随音乐节拍摇，不断晃动身子，晃动着头，摆动着脚，一个个往前行；女性中，相互手拉着手围成一个圆圈，每人都面朝圈内，一边唱一边摆动着身体，脚步向右移动。人们在祭祀祖先、举行庆典活动、逢年过节或村与村之间进行文化交流时，总要表演这种歌舞。侗族多耶在2015年成为第五批市级非物质文化遗产代表性项目。

3. 旅游资源评价

（1）自然景观环境优美，侗屋材质别具一格。

平岩村位于三江县林溪乡四面环山的河谷内，是程阳八寨景区的核心区域。由马鞍、平坦、平寨、岩寨四个自然屯组成，形成一个自然群体村寨景观。这个村落拥有丰富的侗族原生态自然环境：美丽的梯田群、水车灌溉、石板巷道，巷道周围古木参天，林荫翳翳，鸟语花香。村外有松林、杉林、竹林环绕，环境优美，具有丰富的自然资源（见图6-4）。

程阳八寨地区的湿度较大，由气候条件所致。该地区雨热同季，热量丰富，发展林业十分适宜。这里的侗族人因地制宜，选用杉树作为当地建造房屋的主材料。房屋的主要色彩是杉树的树干原色，建筑的外观和室内的整体色调都偏暖色。其中，黄褐色的占比最大，青灰色、黑色和红色为点缀色，使得整个空间色彩沉稳大气。侗族人的房屋没有一块木头是相同的，是得益于时间和天气的影响，杉木的光泽、颜色和质量都呈现不同的质感与色泽，赋予了建筑独一无二的特质。房屋的颜色虽然大体相同，但又存在着细微差别（见图6-5）。此外，该地区特有的土壤和石材也是房屋建造的上好材料。民居的房屋采用坡式屋顶并用青瓦覆盖是为了解决房屋排水问题，其外在色彩呈青黑色的重要原因是由于空气较为潮湿，青色的瓦片遇水汽所致。

图 6 - 4　村寨环境

资料来源：本书课题组成员实地拍摄。

图 6 - 5　屋瓦

资料来源：本书课题组成员实地拍摄。

（2）民族建筑历史悠久，古迹遗址保存完好。

平岩村民居建筑布局合理，错落有致，寨子里的吊脚楼、风雨桥、鼓楼、戏台、凉亭、石板古道、古石刻、古井、古墓群等人文自然景观和传统要素保护较为完整（如表6-2所示）。据统计，平岩村的村内有鼓楼4座，风雨桥7座，包括国家重点文物保护单位——程阳永济风雨桥，以及具有200多年历史的县级文物保护单位——平寨鼓楼。

表6-2　　　　　　　　　　平岩村历史环境要素统计一览表

名称	数量	建设年代
碑刻	1块	光绪年间
萨坛	3个	清代以来都有
井亭	13座	清代以来都有
鼓楼坪	1块	清代
石板路	3条	清代
古墓群	10个	清代以来都有
风水树	2颗	20世纪80年代
水渠	1条	20世纪80年代
池塘	3处	20世纪80年代

资料来源：平岩村传统村落保护发展规划。

侗族居民靠水而居，在水边居住不可避免要架桥，因此，代代流传的智慧造就了他们不用一铁一钉就能架桥的精湛工艺。侗族的桥虽建在不同的河上，却有相同的名字——风雨桥。这是种用木头的榫卯结构架起的桥，上面有瓦顶，能避风雨所以称风雨桥。有侗寨就有风雨桥。程阳风雨桥位于平岩村的马安寨内，1982年被列入全国重点文物保护单位。整座桥横跨林溪河，为石墩木结构楼阁式建筑，是最大的风雨桥。墩台上5座塔式桥亭和19间桥廊，结构严谨，至今保存较为完好。风雨桥构造奇特，远观雄伟壮观，近看修建精细，雕花刻画，无不令人赞叹。桥内设有长凳，游客疲累时还可以在此休憩，观赏远景（见图6-6）。

图 6 - 6　建筑结构

资料来源：本书课题组成员实地拍摄。

平岩侗寨最富有特色的民族建筑之一是鼓楼。当侗族村寨举行活动、商讨事务、举行庆典和歌舞娱乐、迎接贵宾之际，鼓楼便是活动中心。鼓楼通体为木质结构，不使用一铁一钉，采用杠杆原理，以杉木凿榫衔接，顶梁柱拔地凌空，排枋纵横交错，上下吻合，层层支撑而上。由于结构坚固严密，以致数百年未出现朽斜现象，充分展现侗族能工巧匠们建筑技艺的高超。以平寨鼓楼为例，建于清道光元年（公元 1821 年），鼓楼面阔三间，是中间重檐的悬山顶形式，这是侗族鼓楼建造的最初形态。平寨鼓楼是目前三江境内保存较为古老的鼓楼之一，为县级重点文物保护单位。2014 年 9 月，平寨动工兴建新的鼓楼，占地 169 平方米，高约 25 米，共 17 层檐，总造价约 150 万元人民币，是一座独柱鼓楼，比 2006 年建成的岩寨鼓楼还高 2 层，是景区里目前檐层数最多的鼓楼。

（3）非物质文化遗产丰富，侗族文化特色鲜明。

平岩村具有深厚的传统文化、浓郁的侗族风情，是侗族文化旅游目的地，不仅山水风光旖旎迷人，而且村民淳朴好客，侗族风情盛行。据统计，平岩村目前有 2 个寨门、3 座戏台、4 个古墓群、5 座鼓楼、5 个凉亭、7 座风雨桥、11 个古井亭等。这些宝贵的物质文化遗产是当地侗族百姓几百年来的生活记录和智慧结晶。

2006 年，首批国家级非物质文化遗产名录中"侗族木构建筑营造技艺"也被列入在内。2015 年 7 月 23 日，在平岩村马安寨鼓楼前，身穿民族服装的侗族妇女现场向游客展示纺纱、织布等技艺，吸引众多游客观赏。除此之外，三江侗族织锦、三江侗族酸食制作技艺和三江糯食文化均在 2018 年获第六批市级非物质文化遗产代表性项目。

（4）旅游资源类型单一，品牌打造亟待加强。

平岩村的旅游资源多为人文旅游资源，主要集中在民族文化、民族建筑、非物质文化遗产等方面，资源类型较为单一。虽然平岩村物种资源丰富，森林覆盖率高，拥有丰富的土地、植被、水等自然资源，但是其吸引力相对较小，且平岩村的旅游产品开发仍然停留在观光层面上，旅游产品单一，文化内涵缺乏，参与性和体验性项目不足，尚未形成特色品牌。

（四）旅游发展现状

1. 旅游开发历程

（1）起步阶段（1997 年以前）。

平岩村的旅游业起步较早，1982 年，程阳永济桥被国务院公布为国家级重点文物保护单位，背包客也逐渐多了起来，是中国侗族地区开发最早的一个景区。这是因为包括平岩村在内的程阳八寨开始重视旅游开发，政府逐步有意识地加以管理和投入少量的资金。

1992 年由县私人公司承包，收取 5 元门票；1997 年已经形成景点，并收取 20 元门票；此后，城市旅游投资有限公司接管，并收取 30 元门票。

（2）缓慢发展阶段（1997～2012 年）。

在 2003 年乡村旅游提出以后，大量的游客被程阳八寨独特的人文民俗魅力吸引，来到了这里。2003 年三江县划归柳州市，城阳八寨的可进入性开始变强，柳州—三江—龙胜—桂林四地之间的交通道路系统的改善有了明显的成效。国智景元公司接受广西柳州市旅游局及柳州下辖的三江侗族自治县委托，开始对城阳风雨桥所在地——三江县程阳侗寨区域（通称程阳八寨）进行总体旅游策划。

2007 年平岩村被评为首批"中国景观村落"；2008 年景区成为 4A 级旅游景区后，收取 60 元门票，其中抽取门票总收入的 15% 为村民分红，平岩村占45%，程阳八寨 35%；2012 年，由县政府接管，成立管委会；马安寨、岩寨、平寨被列入国家申报世界文化遗产预备名录。

（3）快速发展阶段（2013 年至今）。

2013 年，自治区把程阳八寨景区列入创建国家 5A 级旅游景区三年行动计划。三江县随即成立领导小组办公室，召开全县旅游产业发展暨程阳八寨创建国家 5A 级旅游景区启动大会，制定《程阳八寨景区创建国家 5A 级旅游景区工作方案》，提交《〈柳州市三江县程阳八寨村庄建设规划〉工作计划》，完成《程阳八寨创建 5A 景区提升规划》和《程阳八寨修建性详细性规划》招投标工作。

2014 年是较大转折，成立多耶旅游公司（国营企业）。2014～2016 年各创建工作有条不紊地进行，通过申请国家旅游发展资金项目和与广西旅游发展集团签署投资协议等方式，为程阳八寨创建 5A 筹集资金，进行景区建设，2015 年 4 月，由旅发集团下设三江通达公司经营。2017 年 10 月 15 日～2018 年 5 月 20 日，景区进行闭园建设，主要是停车场修建、道路改造、排污处理、外立面包装等。2018 年，全镇大力支持生态旅游发展建设，进一步加强"一桥八寨一宴一线"旅游格局，顺利通过"创特"复核检查，依托通达公司，加强景区管理，景区基础设施建设及服务水平不断提升，程阳八寨创 5A 工作稳步推进。2020 年 1 月 3 日，平岩村岩寨奶更餐饮发展有限服务公司正式成立。

2. 旅游开发相关规划

（1）《三江侗族自治县县城总体规划（2009－2030 年)》。

该规划作为上层次的县域总体规划，对本规划的指引主要为以下几点：林溪乡为三江县北部经济区中的重要乡镇，要求北部经济区以八江乡为中心城镇，加强城镇建设和城乡协作，重点放在农副产品加工、旅游等方面的协作，实现城乡经济共同发展。在县域城镇体系等级结构规划中，林溪乡属于三江县的一般乡集镇。在县域城镇职能结构规划中，林溪乡规划定位为旅游商贸型乡镇。在县域城镇空间结构规划中，林溪乡处在三江县"三轴"结构要素中的二级发展轴（南北向依托 632 县道县城—八江—林溪二级发展轴）。林溪乡平岩村是属于程阳桥侗族文化风情旅游区的一个重要组成部分。

（2）《三江侗族自治县林溪乡总体规划（2011－2030 年)》。

该规划作为上层次的乡域总体规划，对本规划的指引主要表现为：平岩村是林溪乡传统侗寨空间格局保存良好的传统村落，应注重予以保护。在乡域第三产业发展空间布局中，规划打造成为以程阳桥景区为龙头，以程阳八寨、冠洞"百家宴"接待点为中心节点，以向北延伸至平岩、高秀侗寨风光旅游，向西延伸至大培山回龙寺，对接八江马胖旅游景区的精品旅游线路，使整个旅游线路贯穿林溪全乡境内。

（3）《广西三江侗族自治县旅游发展总体规划（修编）（2013－2020 年)》。

该规划作为上层次的县域旅游发展总体规划，对本规划的指引主要表现为：三江县的旅游资源丰富，全县目前已有三个国家 4A 级景区和一个国家 3A 级景区，林溪乡内的程阳侗族八寨景区便是三江县三大国家 4A 级景区之一，平岩村为该区的重要组成部分；以"一寨一品一功能"的开发理念为基础，整合程阳八寨的侗族文化旅游资源；平岩村四个村屯的旅游定位分别为风雨桥建筑文化观赏体验综合区（马鞍）、侗族饮食文化体验区（平寨）、侗族民居体验区（岩寨）、侗款文化体验区（平坦）。

（4）《程阳八寨保护与发展建设规划》。

该规划作为整个程阳八寨的保护发展建设规划，应结合实际情况加强与完善保护规划与旅游规划内容。本规划在平岩村村屯定位、产业发展规划、建设规模、公共服务设施安排和市政设施建设上与其他规划相协调。在新增住户的选址、道路交通组织等方面进行适当优化调整。

3. 村寨旅游发展状况

平岩村乡村旅游发展状况主要从旅游基础服务设施、旅游产品类型、旅游宣传情况、旅游开发模式、乡村旅游转移就业情况、旅游开发效益、旅游长期规划等方面进行分析。

（1）旅游开发模式。

程阳八寨旅游开发模式主要采取"政府主导＋专业商业公司开发与运营"的管理模式。主要参与治理的政府机构是三江县旅游局，目前的开发商为旅发集团下设的三江通达有限公司，主要负责程阳八寨景区的5A提升工作。

（2）旅游基础服务设施现状。

村内主干道全面硬化工作、游客石板路步道铺设已经完成。路上设有指路牌、各类警示牌、指示牌。到2018年8月，程阳八寨已经基本完成了村屯绿化、饮水净化、道路硬化，完成程阳桥维修及河道疏浚，马鞍寨和岩寨鼓楼亮化及维修工程，岩寨厕所改造等工程，增强了农村社会事业和公共服务等基础设施建设，成立村级公共服务活动中心，完善其服务功能，实现建制村基本公共服务全覆盖，促进城乡基本公共服务均等化，不断提升农村公共服务和社会事业管理水平，而正在进行的程阳八寨5A提升工程中，即将建成的程阳八寨南北大门服务区、八寨休闲露营地、程阳风雨酒店、舞乐程阳国际大酒店等设施，将大大改善景区的服务设施现状。

（3）旅游宣传情况。

早在1972年就有剧组来到平岩村进行取景和拍摄，2009年之后，陆续有《金画眉》《梦回三江》《夜莺》《刘三姐》《童年的稻田》《绝地逃亡》等剧组来到程阳八寨进行影视创作。这些电影的上映为程阳八寨进行了广泛的宣传。除此之外，三江县将"千年侗寨，梦萦三江"作为旅游品牌大力宣传，吸引游客来到民族特色鲜明的程阳八寨。目前，平岩村以国内一日游客源市场为主，百家宴是旅行社线路的主要环节，仅涉及较少旅游经营户。

（4）旅游产品类型。

平岩村形成了集旅游、住宿、餐饮、娱乐于一体的旅游项目，主要是由三江通达旅游投资发展有限公司全面统筹经营。

旅游套餐：程阳八寨现主要有3种旅游套餐。其中的一个旅游套餐是参加旅游团进行城阳八寨一日或两日游，其中包含景区门票和体验侗族百家宴，可以在寨子里欣赏侗族民俗表演等。

餐饮产品：平岩村现有农家乐约25家，提供侗族特色美食，最多能容纳1000人就餐，其中8家较为突出，部分农家乐餐馆位置较偏远。总体上看，餐厅就餐环境一般，但基础设施设备较为完善。此外，村中还有多个摊位由村民经营手搓凉粉及梭子粑粑等特色小吃，规模不大且环境卫生条件不佳。

住宿产品：目前平岩村民宿基本设置独立卫生间，住宿房间内基本配备电视、空调，可以连接互联网，并且配备热水壶、吹风机等。

演艺项目：演出节目由歌舞专家根据程阳八寨的民族文化改编而来，表演队由30余位能歌善舞的侗族青年组成。其日常民俗表演节目单包括11个节目，分别为《芦笙踩堂》《侗笛演奏》《银饰舞》《侗族大歌》《辨新娘》《多耶团圆》《酒歌》《芦笙演奏》《服饰展》《斗牛》《芦笙合奏》，极具侗族特色。

特色产品：平岩村的特产主要有茶叶、民族服饰、侗族牛角梳、手工艺品、重阳酒以及一些农产品等（见图6-7）。

图6-7 特色产品

资料来源：本书课题组成员实地拍摄。

（5）乡村旅游转移就业情况。

平岩村共有居民 950 户，总人口 4276 人，从事旅游者约占 30%。旅游就业项目主要为餐馆、住宿、商店、小吃的自主经营；加入旅游公司的民俗表演队；到旅游公司从事清洁工、临时工等，大型建设项目、茶叶采摘等也会为村民提供就业机会；节假日村民会去餐馆、宾馆兼职打零工。

（6）旅游开发效益。

经过多年发展，平岩村旅游基础设施、旅游服务设施等得到提高，村寨民俗文化得到有效保护。2016～2017 年，三江程阳八寨景区接待游客均约 17 万人次，营业收入 648 万元；2018 年国庆期间，程阳八寨景区共接待游客 19404 人次，同比增长 26.18%，旅游收入 853595 元，同比增长 22.8%。

（7）旅游长期规划。

从程阳八寨景区的长期规划来看，通过建设多种旅游发展项目，改善基础设施，建设特色村寨，整村推进扶贫开发，发展民族教育等各方面工作，促使 2018 年完成 5A 旅游景区创建目标，将程阳八寨建设成为侗族风情、绿色生态，集旅游、农业、加工一体化产业链的民族旅游景点。

二、村寨扶贫现状

（一）贫困状况

1. 贫困户数

平岩村以往一直以"哪家有孩子读高中、大学的，有老人的，就列入贫困户"的标准评选贫困户，2014 年全国开展精准识别，平岩村也于 2015 年正式开展建档立卡贫困户识别工作。据平岩村脱贫攻坚数据显示，全村已实现脱贫 43 户 187 人，其中 2015 年之前已脱贫退出 7 户 30 人，2016 年已脱贫 22 户 102 人，2017 年已脱贫 14 户 55 人。同时，2017 年林溪镇政府派专人入户调查进行贫困户名单动态调整，应纳尽纳 22 户 102 人，退出户返贫 0 户 0 人，2017 年错评剔除户 2 户 7 人，2018 年错评剔除户 1 户 5 人。截止到 2018 年 7 月，全村共有建档立卡贫困户 210 户 917 人，如表 6–3 所示。

表 6 - 3　　　　　　　　　　平岩村旅游扶贫情况调查

旅游扶贫点	总户数（户）	总人口（人）	建档立卡户（户）	贫困人口（人）
马安寨	176	745	47	215
平坦屯	253	1038	64	273
岩寨屯	256	1130	47	197
平寨屯	244	1054	52	232

2. 贫困程度

三江县农民人均纯收入从 2011 年的 3552 元，增加到 2014 年的 6125 元，再到 2017 年的 8845 元，年均增长 13% 左右，2017 年贫困发生率为 21.44%。自 2017 年以来，平岩村按照三江县精准扶贫的指示，着力发展百家宴、农家饭店和宾馆。经过近两年的发展，平岩村各项旅游功能不断完善，景区功能得到提高，居民生产生活条件不断改善。根据平岩村贫困户建档立户与非建档立卡农户村级资料显示，平岩村现总户数 950 户，总人口 4276 人，截至 2018 年 12 月，全村未脱贫或返贫共计 382 人。2019 年起，平岩村将返贫率不超过 3% 作为日后扶贫工作的目标导向。

3. 致贫原因

（1）村寨环境承载力较低。

平岩村的资源环境承载力较低，主要体现在以下两个方面：一是旅游基础设施较差。随着"两高一快"大交通时代的到来，平岩村基础服务设施无法满足井喷式出游的游客需要。农家乐、餐馆、旅馆档次低，价格浮动也过大，节假日很多游客找不到住房。公共场所设施设备陈旧，大部分电脑、打印机老化损坏，难以开展各种业务。二是景区交通承载力不足。村内虽有班车，但内外道路狭窄，大型机动车辆经过易造成严重的堵车，可进入性不强，导致旅游服务业这一新兴的居民脱贫增收渠道难以发挥应有的效益。

（2）扶持资金严重缺乏。

平岩村扶贫扶持资金不足，主要体现在四方面：一是宣传推介经费紧缺。平岩村尚未设立旅游发展资金，"聚集人气，引客入三江"的激励机制缺乏支撑。二是旅游公司缺乏启动和运营资金。一方面，旅游公司无法正常运行来达到整合全县旅游资源，盘活全县旅游产业的目的；另一方面，公司的员工工资等各项开支很大，难以为继。三是设备配备资金不足。例如绝大部分村屯都还没有显示屏、打印机和电脑，要把各种设备配齐，还需要大笔资金，而上级下发的资金只是配套人员、网络等运营经费，设备的购置经费各级政府筹措不到位。四是村庄建设资金缺乏。农村污水处理、木结构吊脚楼外立面包装等工程投资大、施工难度也较大，政府由于资金缺乏不得已施工到一半就终止项目。

（3）居民发展内生动力不足。

平岩村村民扶贫参与力度较小，主观能动性不足。一方面，部分领导干部扶贫思想认知存在偏差。一些职能部门扶贫思想上存在误区，寄希望于争点项目、包点工程、得点实惠，对下属和村民指导存在"四不"问题，不主动、不专业、不具体、不经常。政府对居民扶贫参与感知了解不够，缺乏激励措施引导，致使居民参与缺乏自身动力。另一方面，村民自身旅游扶贫参与意识不足。旅游扶贫是村民脱贫致富的绝佳方式，但部分村民存在"等、靠、要"的思想，对增收手段不关注，对扶贫政策不关心，对产品宣传推广不积极，旅游扶贫参与主动程度低。

（4）产业扶贫项目实施受制。

平岩村产业扶贫项目实施基础条件较差，已开展项目进度又十分滞后，主要表现在四个方面：一是农业生产项目效益不高，收益较低，未形成规模化、标准化、产业化，如茶产业与旅游服务业等融合度较低，产业链有待完善。二是受山区自然条件、农业产业化程度低等因素的制约，平岩村集体经济项目发展较为困难。三是新型经营主体在扶贫产业发展中带动作用薄弱，以强带弱的带头示范作用较难发挥。四是"产业富民"活动项目实施部门未能形成合力。例如，旅游产业扶贫与富民等专项活动未得到相关部门和企业的足够重视，拖延实施，游客中心项目实施便长期未完成。

4. 扶贫资金投入与成效

（1）扶贫资金投入。

三江县扶贫资金主要用于扶贫项目库建设、基础设施配备、项目实施、旅游业发展、住房保障等。为保障资金投放效力，县扶贫办引入有资质的第三方管理机构全面参与扶贫资金监管，半年来协助纠正设计不科学的项目8个，节约资金300多万元；帮助协调解决项目推进中的纠纷11起，召开项目经理约谈会5次，为推进项目的建设发挥了重要作用。同时，为了对所在的扶贫资金进行全面审核以确保资金使用公平高效，县扶贫办引入了有资质的会计师事务所。

根据三江县脱贫攻坚工作文件，截至2018年6月30日，各级财政专项扶贫资金投入31029.09万元。一是初步建成县、乡、村三级扶贫基础设施项目库。县扶贫办建成2018～2020年扶贫项目库，入库项目达5410个，涉及资金62亿元。二是稳步推进2018年基础设施项目建设。2018年全县98个贫困村计划实施项目215个，计划总投资2.33亿元。交通局、发改委、民宗局、水利局、住建部、卫计委、文体新广等部门负责实施的项目投资也在有序推进。三是住房保障资金投入。一方面，17 个易地扶贫搬迁项目已全部开工，项目开工率 100%，完成建房 840 套，完成投资 39353 万元；另一方面，农村危改 2018 年任务 1400 户，已开工 580 多户，户均补助 2.65 万元/户。

（2）异地搬迁扶贫。

三江县政府认真落实县处级领导"八包"责任制，稳步推进易地扶贫搬迁各项工作有序开展，2018 年共开展 17 个安置项目，安置 2446 户 9723 人。一是安置住房建设按计划推进。二是通过开展"搬迁入住周"行动，提高搬迁入住率。三是后续扶持工作初见成效。围绕"易地扶贫搬迁一户一人就业"要求，通过微田园、微市场、微车间建设，引进广西味之坊食品科技有限公司用于开展螺蛳粉豆角原料生产加工；依托粤桂扶贫协作平台，引进广州花都锦昊鞋料加工厂等10 余家企业，保障搬迁户就业问题，以就业促搬迁。

为进一步调动搬迁农户拆除旧房的积极性，根据自治区易地扶贫搬迁拆除旧房有关规定，按照拆除旧房后每户不低于 2 万元、最高不超过 5 万元的标准奖励。根据 2016~2018 年近三年的《三江县易地扶贫搬迁安置房花名册》，平岩村共有 22 户贫困户享有异地扶贫搬迁资格，安置项目为南站二、三、四期和风雨九寨，不过其中 10 户放弃搬迁。

（3）特色产业扶贫。

平岩村主要采用以奖代补措施，村寨特色产业包括茶叶、油茶、优质稻，补助标准为茶叶 500 元/亩，油茶 100 元/亩，优质稻 200 元/亩。平岩村聚焦"两茶一木"不断推进茶叶、油茶等特色产业发展；大力推广特色高山蔬菜种植，打造林溪品牌；着重以示范点带动畜牧业的发展，扶持规模养殖场，以种稻养鱼为特色优势主导产业，促进鱼稻共生。根据建档立卡贫困户 2018 年度生产奖补和劳务补助签领表，有 203 户贫困户获得奖补共 307637.4 元。

（4）金融扶贫。

根据调查，截至 2017 年 10 月 31 日，政府为建档立卡贫困户人口以及"十三五"期间脱贫不满两年的脱贫人口购买人身意外伤害和疾病住院补助保障保险138.47 万元，购买家庭财产损失保障保险 10.85 万元。安排财政专项资金 2100万元作为风险补偿资金，累计已贴息 552.83 万元。2017 年发放扶贫小额贷款2626 户 13003 万元，占年度预脱贫户数比例 89.7%。2017 年 6 月底前已支付2016 年 12 月 30 日前贫困户实际委托经营总额的 8% 分红金额，共支付贫困户761 户 151.86 万元。收回贷款 12 户 44.5 万元。

（5）扶贫总体成效。

近年来，平岩村根据国家及县级领导的工作指示，其脱贫攻坚也取得一定成效。根据《2018 年度平岩村（屯）扶贫成效明白卡》显示，平岩村 2018 年产业奖补 32 户 30600 元，农资奖补 202 户 307893.4 元；新农合返还 14664 元，基础养老金 769440 元；慢性病住院报销 141765.96 元，门诊报销 11755.53 元；鱼坑 111 个 90600 元（贫困户）；退耕还林 430 户 43298.75 元；五保户 18000 元；残疾人 26 人 15600 元；综合农补 191126.88 元；危房改造 44.75 万元。

（二）旅游扶贫政策

1. 乡镇村级层面

对乡、镇、村级的旅游扶贫导向及措施主要有四点：一是继续推动做好定点扶贫工作，做好一轮驻村帮扶。结合中央、区、市、县四级力量，实现多形式、多实效、全方位的社会扶贫工作新格局，安排扶贫工作人员到每个贫困村，按照每个贫困村、贫困户的实际情况，制定相应的帮扶措施。抓住"10·17"国家扶贫日契机，进一步动员全社会关注、参与扶贫。二是积极组织参加第八届中国侗族多耶节。以程阳桥 4A 级景区为平台，推出以"百人纺纱""百人捶糍粑"等活动为主体的侗族民俗文化，使乡镇在推进文化建设的同时初步发挥其潜在的经济拉动力。三是以程阳景区为平台，以冠洞百家宴为跳台，借助"美丽乡村"品牌名气，逐步拉长旅游线路，形成"一桥八寨一宴一线"（程阳桥、程阳八寨、百家宴、高友高秀休闲旅游线）的旅游格局。四是注重旅游开发项目土地编制和旅游规划工作，解决招商用地等难题。林溪镇脱贫攻坚作战图如图 6-8 所示。

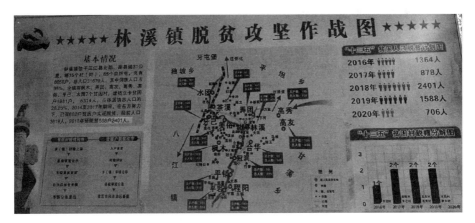

图 6-8　林溪镇脱贫攻坚作战图

资料来源：本书课题组成员实地拍摄。

2. 企业层面

对企业的旅游扶贫工作导向为：鼓励、引导民营企业（商会）开展好"村企共建"活动，广泛动员企业参与扶贫开发攻坚，进一步加大工业反哺农业、城市支持农村的力度，推动农民思想观念转变、支付能力提升，着力为农村办一批实事好事，提高村级集体经济收入，促进农民增收致富开辟新的路径，努力实现富村强企、村企共赢。计划或已采取主要措施如下：一是股份合作，开展合股联营，确保集体经济稳定增长。二是深入开展"三资"清查，盘活闲置资产。三是提供服务，支持项目进村，拓宽集体经济收入渠道。四是统销统购，依托主导产业，构建购销一体服务线。

3. 开发商层面

对开发商（通达公司）的旅游扶贫导向及措施主要为：对程阳八寨景区核心区内平岩村符合条件的已建好的木质结构房屋、外立面已经改造好的砖木结构房屋和砖混结构房屋进行保护性奖励。奖励资金由景区经营公司和县人民政府共同承担。目前，弄团村旅游发展项目规划和林溪街道立面装修改造初步成形，为林溪乡的旅游业向纵深发展打好坚实的基础，成为范例，但平岩村建筑外立面改造资金不足，还在建设中，成为县级政府下一步跟进的重点对象。

4. 村民层面

对村民的旅游扶贫工作导向及措施主要为：通过电子商务平台搭建农产品的销售渠道，用好贫困村科技特派员，培养一批懂市场、会销售、能管理的农村科技骨干，壮大覆盖各贫困村的本土销售队伍，打造服务平台，探索可视农业、定制农业等新模式，扶持和培育农民合作社等新型经营主体，使每个预脱贫村有1个以上合作社等新型经营主体。

5. 景区规划层面

自2012年，中国三江大侗寨成功创建国家4A级旅游景区，2013年三江县就根据《自治区富民兴旅三年行动计划》及三江侗族自治县旅游发展"十二五"规划，制定并下发了《三江侗族自治县富民兴旅三年行动计划》。之后，为完成《程阳八寨创建5A景区提升规划》和《程阳八寨修建详细性规划》招投标工作，设立了以"全县创标、景区创A、宾馆创星、服务创优、管理创新、产业创效"为目标的旅游"六创"的工作方针，确立了以"树立品牌，完善设施，扩大影响"为核心的工作思路，并已经完成了招投标工作。

截至目前，景区大部分旅游基础设施建设和修缮项目已完成，积极开展旅游宣传，扩大三江旅游的影响力。程阳八寨景区中的马安寨、平寨、岩寨以及高友、高秀、高定等六个侗族村寨被列入世界文化遗产中国预备名单。

（三）旅游扶贫主要举措

为了促进贫困户增收致富，程阳桥景区通达公司整合程阳八个村寨的旅游资源，带动八个寨的贫困户发展农家饭店、宾馆和百家宴。平岩村所辖四个村屯，采取"景区＋企业＋贫困户"的模式，通过程阳桥景区示范带动贫困户参与旅游增收，实现脱贫致富。

1. 改善旅游环境及基础设施

为了改善旅游环境及基础设施，树立"一切资源皆是旅游资源"的观念，推进"特色旅游＋生态农业＋特色城建"的融合式发展格局，充分利用"养殖＋沼气池＋种植"的循环模式，有效实现了人均增收，走低碳环保、生态文明之路，同时，完善村屯级交通、产业交通、公共基础服务设施、安全用水、安全用电、道路建设，此外，大力投资旅游交通建设。

2. 提高农民旅游扶贫参与

结合平岩村实际情况，制定村寨经济和社会发展规划，明确目标和措施，使规划家喻户晓，引导居民主动谋求发展，提高积极性；引导农民建立合作社，增强自我发展能力建设；将其重点放在养殖类、种植类、茶叶类合作社、专业协会组织的建立上，为快速提高农民组织化程度，积极创建生产、技术、销售及农资服务载体。

3. 加强农村基层组织建设

为推进民主进程，平岩村加强以党组织为核心的村级组织建设，大力引导村寨党员干部加强理论学习、政策学习、技能学习，学习先进事迹，争当政治素养过硬、敢于带头致富和增强带领群众共同致富能力的党员，极力打造优秀的领导班子、先进的党员干部队伍，逐步建立健全村级管理新机制，切实保障农民在扶贫过程中的民主权利，提高扶贫绩效，加强村寨居民旅游扶贫认知。

4. 大力扶持生态特色产业

平岩村坚持把产业扶贫作为脱贫攻坚的核心举措和主要途径来抓，围绕"5＋2""3＋1"产业格局来制定政策，分配资金，落实配套，提供服务，通过产业扶贫形成"两茶一木、种稻养鱼"的主导特色优势稳定产业，提高主导产业覆盖率，提升产业脱贫贡献率。奖补项目主要有茶叶、钩藤、百香果、林下养禽、猪养殖、牛养殖和竹鼠养殖等项目。

5. 开展民俗表演和文化节庆活动

为带动农户创业增收，平岩村把侗族文化元素融入特色新型城镇化建设，采取因地制宜的方法，积极发展乡村农家乐、农业观光旅游等，不断推进程阳歌舞表演和民俗文化节庆活动。传统节日外，每个月推出至少一个节庆主题，全年节日一百多个，达到"天天都在过节"的效果。推出各种项目，拦路迎宾、侗族琵琶、侗笛演奏、徒手抓鱼、锤糍粑、侗族大歌等，充分继承和发扬侗族非物质文化遗产。目前程阳景区通过举办民俗表演、百家宴，贫困户月收入达到3000多元。

（四）旅游扶贫成效

近年来，平岩村采取"景区＋公司＋旅行社＋贫困户"模式，通过景区示范带动贫困户参与旅游增收致富。平岩村重点开展乡村生态旅游、民俗旅游，进行民俗表演、侗族技艺制作等。

百家宴是平岩村主要的旅游产品（见图6－9）。在百家宴方面，2017年，吴爱仙组织寨子里的一些妇女搞百家宴接待游客。一开始，一个月只有两场百家宴，每场下来一个人仅分到30元钱。2018年，随着三江旅游条件不断改善，游客越来越多，一场百家宴每人能挣几百元。目前，吴爱仙成立了公司，平岩村已形成了3个百家宴基地（平寨、岩寨、马安寨），每个基地参与农户约100户，三个基地约有300户人家参与，10多户贫困户的妇女加入。旅行社带团则

图6－9　平岩村百家宴

资料来源：本书课题组成员实地拍摄。

由通达公司统一接管分配到各寨子中，每位游客收取 50 元，散客摆宴则每位收取 70 元，一桌 8~9 个菜、5 个荤菜、3 个素菜。表演队共有 21 人，通达公司派 20 人兼职，宴席会伴有侗族大歌、芦笙舞等表演，工资每月 2000 元。据反馈，2019 年百家宴接待游客 3 万多人次，人均收入 2 万多元。

平岩村与旅游公司还开展了广泛的合作，通过村民合作社与县文旅公司签约协议，其中有包含 2017 年 17 个预脱贫村在内的 33 个贫困村村民合作社转账 50 万元（每个贫困村 50 万元项目财政扶持资金）到县文旅公司账户，已实现村民合作社取得 21000 元分红收益。同时，平岩村通过积极与金融部门合作，与三江信用联社签订了授信协议，实施了扶贫龙头企业信贷款贴息、贫困农户贷款贴息、扶贫小额信贷风险奖补和贫困村互助金试点工作，为发展旅游扶贫开发创造了新的资金来源。

此外，三江县积极对程阳八寨景区的乡村旅游企业和乡村旅游经营户开展有针对性的培训，提升经营管理人员和服务人员的综合素质，2018 年上半年，组织农家乐业主、饭店服务员开展专项培训 1 期，参训人数 80 多人次，开展美食评比活动和宾馆、饭店、农家乐烹饪技能大赛，进一步提高旅游经营者和从业者参与旅游的积极性。根据程阳八寨景区游客购票统计，仅 2015 年至 2018 年上半年，程阳八寨景区旅游总人数就达到 586935 人次，其中团队 395887 人次，散客 191048 人次，见表 6 - 4。

表 6 - 4　　　　　　　　2015~2018 年购票接待人数统计　　　　　　　单位：人次

年份	团队游客量	散客游客量
2015	88111	26430
2016	147133	51148
2017	145234	105350
2018	15409	8120

资料来源：三江县林溪镇镇政府办公室。

在旅游返乡创业方面，大部分返乡的村民从事农家乐、餐饮经营。例如，平寨陈云登放弃在外务工多年的工种，回乡经营"爱仙农家乐"，年收入达到 15 万元以上；西南大学毕业本科生杨新陶，见到村里民俗旅游发展趋势良好，回村开办了茶坊"三叔的茶"，年收入也达到 5 万元以上。

目前，平岩村年接待中外游客 300 多万人次（2018 年上半年因景区闭园建设，游客量有所影响，仅接待旅客 5 万多人次）。全村乡村旅游民宿旅馆、餐饮店约 56 家，可接纳 2200 多人吃住。本地旅游从业者有 300 人左右，有 6 支侗族民俗风情表演队。每天有两场民族风情表演。旅游产业初具规模，为带动全村经济的发展夯实了良好的基础，但是总体来说，全村参与旅游经营的贫困户仍然较少，且他们大多从事旅游服务等低收入工作。

据调查数据显示，截至 2018 年 7 月，平岩村共有贫困户 210 户 917 人，已实现脱贫 43 户 187 人，其中 2015 年之前已脱贫退出 7 户 30 人，2016 年已脱贫22 户 102 人，2017 年已脱贫 14 户 55 人，从事旅游的脱贫户占脱贫户总数的比例约 5%。平岩村 2018 年预计脱贫 80 户，将增大对旅游扶贫的支持力度，更好地发挥旅游产业的乘数效应。

第三节 平岩村旅游扶贫效果评估指标体系宏观实证分析

一、指标评价数据来源

（一）旅游经济发展

旅游经济发展包括旅游接待人数、村民人均收入、旅游收入、旅游从业家庭占比、旅游产品体系、旅游基础设施等 6 个指标。本书课题组通过实地调查，主要从三江县林溪镇政府办公室获得上述指标相关数据（见表 6 - 5），旅游基础设施评价则根据专家意见咨询，从而为评价平岩村旅游经济发展奠定基础。

表 6 - 5　　　　　　　　平岩村旅游经济发展指标数据统计

指标	年份			备注
	2017	2018	2019	
旅游接待人数（万人次）	23	28	25	门票、吃、住、购总收入
旅游总收入（万元）	2000	3200	2500	
村民人均收入（元）	5000	6000	6600	
全村户数（户）	906	923	965	
从事旅游业的家庭户数（户）	120	140	165	

资料来源：三江县林溪镇政府办公室。

1. 旅游接待人数

基于三江县政府提供的统计数据，平岩村 2017～2019 年旅游接待人数分别为 23 万人次、28 万人次和 25 万人次，平均为 25.3 万人次。根据《旅游区（点）质量等级的划分与评定 GB/T 17775—2003》，村寨近三年平均旅游接待人次属于 10 万～30 万人次范围。这一指标只达到 2 分的评分标准，表现较差，因此，村寨该方面亟待提高。

2. 旅游收入

根据《乡村旅游扶贫工程行动方案》，2017～2019 年平岩村旅游收入主要涵盖景区门票、吃住购等方面，平均为 2566.67 万元（由表 6–5 数据计算）。该指标大于 100 万元，故达到 5 分的评价标准。

3. 村民人均收入

从表 6–5 看，平岩村村民近 3 年平均人均年收入达到 5866.67 元，呈现良好的增长。根据《中国农村扶贫开发纲要（2011–2020 年)》，该指标已超过 4000 元的标准，故评分为 5 分。

4. 旅游从业家庭占比

旅游从业家庭占比为从事旅游业的家庭户数（户）与全村户数（户）的比值。根据表 6–5，2017～2019 年平岩村旅游从业家庭占比分别为 13.25%、15.17% 和 17.10%。借鉴四川省旅游扶贫示范村达标标准，平岩村近三年旅游从业家庭占比均不足 20%，该指标只得到 1 分。这说明村寨从事旅游业的家庭还较少。

5. 旅游产品体系

根据实地调查，平岩村旅游产品以民族文化旅游产品为主，涉及特色饮食产品（百家宴为典型代表）、手工艺产品、民族节庆产品等。此外，生态茶产品也形成了较大的规模。根据全国乡村旅游重点村遴选标准，平岩村旅游产品大于 8 种，故达到 5 的评分标准。

6. 旅游基础设施

2018～2019 年，平岩村多次闭园进行整体旅游设施提升，包括新建游客服务中心、停车场、观景长廊等。根据专家意见咨询及评价结果，平岩村旅游基础设施综合得分为 3.29，即 73.43% 的专家认为平岩村旅游基础设施表现一般。这符合实际情况。

（二）村寨治理能力

村寨治理能力包括旅游扶贫责任制、村寨事务管理能力、乡风文明程度、村寨宜居性、村容村貌、民族民俗文化保护等6个指标。上述指标得分主要根据专家意见咨询及评价得到，评价结果见表6-6。

表6-6　　　　　　　　　村寨治理能力评价专家评分结果

二级指标	三级指标	评价结果
村寨治理能力评价	旅游扶贫责任制	3.29
	村寨事务管理能力	3.57
	乡风文明程度	3.86
	村寨宜居性	3.86
	村容村貌	3.71
	民族文化保护	4

1. 旅游扶贫责任制

平岩村从各级政府、旅游企业、开发商、旅游规划等层面都已出台了一些旅游扶贫政策，三江县政府也建立了相关旅游扶贫责任制度，并将其不断完善。根据表6-6，借鉴《脱贫攻坚责任制实施办法》，平岩村旅游扶贫责任制的评分为3.29，符合一般的等级标准。

2. 村寨事务管理能力

在实地调研过程中，平岩村旅游经营活动较为有秩序，如民族节庆活动安排议程、每周表演活动安排事项等形成一定的规范。平岩村事务管理能力的综合评分为3.57，即24.86%的评分人员认为平岩村事务管理能力较强。

3. 乡风文明程度

乡风文明是乡村振兴的重要目标之一，也是美丽乡村建设的重要内容。平岩村的村民教育水平整体虽然不高，但是旅游从业人员个人素质良好，服务热情，保持了淳朴的民风，也积极参加旅游服务培训。这在一定程度上反映了平岩村的精神文明建设情况，因此，平岩村乡风文明程度的综合评分为3.86。

4. 村寨宜居性

根据《旅游区（点）质量等级的划分与评定》（GB/T 17775—2003），无论是村寨可进入性，还是整体生活环境，平岩村都表现较为良好。平岩村村寨宜居性的评分达到3.86，处于较好水平。

5. 村容村貌

近年来，平岩村在60个"中国美丽乡村"中脱颖而出，荣获"2019中国最美乡村·示范村"荣誉称号，成为全国首批 10 个"中国最美乡村·示范村"。同时，参考《美丽乡村建设指南》（GB/T 32000—2015）对平岩村的村容村貌进行评分，得到了 3.71 的平均分。

6. 民族文化保护

前文对平岩村的民族文化资源等进行了详细的描述。平岩村具有丰富多样的民族旅游资源，尤其是民族节庆、民族歌舞、特色饮食等物质和非物质文化遗产众多。根据《民族民俗文化旅游示范区认定（GB/T 26363—2010）》标准，本书课题组成员及专家根据物质文化传承、非物质文化传承、民族文化典型性、文化符号系统等具体的条目对民族文化保护指标进行综合评分。7 位评分人员的平均分为 4 分，说明他们对平岩村民族文化保护方面的表现较为认可。

（三）村民感知评价

村民思想观念包括参与旅游开发的意愿、参与旅游培训的意愿、村民和谐相处程度、村民对旅游扶贫的认可度、村民对保护生态环境的重视度等主观性指标。该指标评分主要根据细化指标加权得到，平岩村村民旅游扶贫相关感知评价指标权重计算结果如表 6 - 7 所示。将问卷上每个细化指标得分的均值与其权重相乘求和后，得到村民感知评价各三级指标的评分结果，如表 6 - 8 所示。

表 6 - 7　　　　　　平岩村村民感知评价下设细化指标的权重计算结果

三级指标	细化指标	指标权重
对旅游扶贫经济和社会文化正效应的感知	旅游促进了村寨经济的发展	0.094859
	旅游带动了村寨相关产业的发展	0.089716
	旅游增加了村民的就业机会	0.089604
	旅游增加了村寨女性居民的就业机会	0.094590
	旅游增加了村民个人收入	0.077375
	旅游促进了文化遗产的保护	0.101679
	旅游促进村寨文化活动的多样性	0.098036
	旅游提高了本地知名度	0.090170
	旅游促进了村寨与外界的各方面交流	0.082346
	旅游促进了民族团结	0.090611
	旅游增加了村寨凝聚力	0.091013

续表

三级指标	细化指标	指标权重
对旅游扶贫环境和人口素质正效应的感知	旅游改善了村寨基础设施	0.171460
	旅游提高了本地的生活质量	0.173826
	旅游改善了村寨的治安环境	0.164541
	旅游改善了本地的自然环境	0.166362
	旅游提高了村民的能力与素质	0.166054
	旅游提高了村民的环保意识	0.157757
对旅游扶贫负效应的感知	旅游提高了物价和生活成本	0.186097
	旅游加剧了村民贫富分化	0.184544
	旅游导致或加剧了村民之间因经济利益而产生的冲突	0.188942
	旅游干扰了村民日常生活	0.094336
	旅游导致了本地的交通拥挤	0.168017
	旅游破坏了本地风俗文化	0.178064
旅游精准扶贫政策绩效评价	政府的旅游扶贫政策能适应村民需求	0.201366
	旅游扶贫主要依靠政府的规划帮扶和管理	0.202957
	扶贫对象的识别是否精准科学合理	0.201365
	扶贫项目或措施是否到村到户	0.191759
	扶贫队伍是否到村到户	0.202553
参与态度与意向	我愿意为了旅游发展保护自然资源和环境	0.155192
	我愿意参与旅游政策制定和决策过程	0.121493
	我愿意参与旅游开发与规划	0.131363
	我愿意为了旅游发展而出让土地林场山场等资源	0.154483
	我愿意自主经营一些旅游接待项目	0.135046
	我愿意接受景区或旅游企业聘用成为其工作人员	0.166290
	我愿意参与旅游教育和培训	0.136133

表 6 - 8   村民感知评价三级指标评分结果

二级指标	三级指标	评价结果
村民感知评价	对旅游扶贫经济和社会文化正效应的感知	3.760
	对旅游扶贫环境和人口素质正效应的感知	3.665
	对旅游扶贫负效应的感知	3.105
	旅游精准扶贫政策绩效评价	3.186
	参与态度与意向	3.709

1. 对旅游扶贫经济和社会文化正效应的感知

旅游扶贫的经济和社会文化影响深远。根据表 6 - 7，"旅游促进了文化遗产保护"是村民感知旅游扶贫经济和社会文化正效应最为重要的指标，权重为0.101679。从表 6 - 8 可知，村民对旅游扶贫经济和社会文化具有积极作用较为认可，得分为 3.760。

2. 旅游扶贫环境和人口素质正效应的感知

根据表 6 - 7，"村民对旅游扶贫在生活质量提升作用的感知"是旅游扶贫环境和人口素质正效应方面最为重要的指标，指标权重为 0.173826。从表 6 - 8 可知，村民对旅游扶贫环境和人口素质改善较为认可，得分为 3.665。这符合《生态环境部定点扶贫三年行动方案（2018 - 2020 年)》等的"较好"标准。

3. 对旅游扶贫负效应的感知

根据表 6 - 7，村民之间产生旅游经济利益冲突是最为严重的负面影响，这一指标权重为 0.188942。根据表 6 - 8，村民对旅游扶贫负效应的感知一般，得分为 3.105。

4. 旅游精准扶贫政策绩效评价

由表 6 - 7 可知，旅游扶贫的政府规划、帮扶和管理至关重要，这一指标权重为 0.202957。根据《贫困县退出专项评估检查实施办法》，从表 6 - 8 可知，平岩村村民对旅游精准扶贫政策效果的感知一般，这一项得分为 3.186。

5. 参与态度与意向

根据表 6 - 7，成为景区或旅游企业的工作人员最能反映平岩村村民的旅游扶贫参与态度和意愿，这一指标权重为 0.16629。从表 6 - 8 可得，在村民旅游扶贫参与态度和意愿方面，平岩村得分为 3.709。

二、评价结果与分析

采用加权函数法进行平岩村旅游扶贫效果宏观评价，计算公式如下：

$$T = \sum_{i=1}^{n} (W_i \times P_i) \qquad (6-1)$$

式（6-1）中，T 为总目标最终得分，W_i 为指标在总目标下的权重，P_i 为指标的评分值，n 为指标数量。

根据前文 17 个指标的权重：$W_1 = 0.074$，$W_2 = 0.102$，$W_3 = 0.098$，$W_4 = 0.047$，$W_5 = 0.066$，$W_6 = 0.058$，$W_7 = 0.076$，$W_8 = 0.076$，$W_9 = 0.052$，$W_{10} = 0.037$，$W_{11} = 0.032$，$W_{12} = 0.063$，$W_{13} = 0.047$，$W_{14} = 0.035$，$W_{15} = 0.037$，$W_{16} = 0.037$，$W_{17} = 0.063$。基于上述的评价数据来源和指标权重，经计算可得最终的得分值为 3.723，介于一般和较好等级之间。

根据前文，3 个准则层中，旅游经济收入的权重为 0.445，村寨治理能力的权重为 0.336，村民感知评价的权重为 0.219。以各指标在总目标下的权重去除以各子系统在总目标下的权重，可以得到各指标相对于子系统下的权重，分别是：$Z_1 = 0.166$，$Z_2 = 0.229$，$Z_3 = 0.220$，$Z_4 = 0.106$，$Z_5 = 0.148$，$Z_6 = 0.130$，$Z_7 = 0.226$，$Z_8 = 0.226$，$Z_9 = 0.155$，$Z_{10} = 0.110$，$Z_{11} = 0.095$，$Z_{12} = 0.188$，$Z_{13} = 0.215$，$Z_{14} = 0.160$，$Z_{15} = 0.169$，$Z_{16} = 0.169$，$Z_{17} = 0.288$。将其再次代入公式，得到旅游经济收入综合得分 3.851，村寨治理能力得分为 3.678，村民感知评价综合得分为 3.526。3 个准则层的得分排序为"旅游经济收入＞村寨治理能力＞村民感知评价"。从评价结果来看，旅游经济收入、村寨治理能力、村民感知评价 3 个准则层得分也均处于一般到较好等级之间，相互区别不大。这说明平岩村旅游扶贫宏观效果各指标表现较为稳定，但整体还需要进一步细化提升。

第四节　平岩村旅游扶贫效果居民感知问卷分析

运用 SPSS 17.0 统计软件对收集到的有效问卷进行数据录入、运算和分析，主要运用描述性统计分析、多重响应分析、因子分析等。

一、村民家庭状况分析

（一）人口统计学特征分析

对被调查村民进行人口统计学特征分析，问卷（Q3、Q4）的分析结果如表 6-9 所示，男性（104 人）占研究样本的 52.8%，女性（93 人）占 47.2%，表明被调查者中男性村民的比例要高于女性。在年龄构成上，以中青年为主，其中26～40岁（90人）人数最多，占研究样本的45.5%，26～40岁（90人）的人数占45.5%，是发展民族村寨旅游的主体。在受教育程度方面，主要集中于小学（63人）和初中（82人），分别占32.0%和41.6%，这也充分说明，平岩村村民受教育程度偏低。在村民家庭人口结构上，4口人及以上占绝大多数，其中4口人（71人）占比最多，占研究样本的36%，其次是6口（38人）及5口（37人）分别占比19.3%和18.8%。在村民所属区域上，岩寨村民（85人）人数最多，占研究样本的43.1%。目前旅游开发的主体项目及游客主要集中在岩寨，因此被调查者中其人数占比最高，其次是马安寨和平寨，另外对平坦寨村民也进行了调查，但其参与旅游人数较少。

表6－9　　　　　　　　　　　　　人口统计学特征

项目	描述	频数	百分比（%）
性别	男	104	52.8
	女	93	47.2
年龄	18岁以下	5	2.5
	18～25岁	8	4.0
	26～40岁	90	45.5
	41～60岁	87	44.0
	60岁以上	7	3.5
受教育程度	未接受过教育	6	3.0
	小学	63	32.0
	初中	82	41.6
	高中	30	15.2
	中职中专	4	2.0
	高职高专	8	4.1
	大学及以上	4	2.0

项目	描述	频数	百分比（%）
	3 口以下	7	3.6
	3 口	27	13.7
人口数	4 口	71	36.0
	5 口	37	18.8
	6 口	38	19.3
	7 口及以上	17	8.6
	马安寨	49	24.9
所属区域	平坦寨	20	10.2
	平寨	43	21.8
	岩寨	85	43.1

（二）贫困户情况及致贫原因分析

不同村民对旅游扶贫的效果感知不同，因此在调研过程中被调查者也包括不是贫困户的村民，这样可以更加客观地看待旅游扶贫的效果，也可以侧面看出贫困户选举的公平性。在调查中将贫困户作为重点调查对象，他们对旅游扶贫有更深刻的认知。问卷（Q1）分析结果如表 6 - 10 所示，在研究样本中，非建档立卡户 143 人，占研究样本的 72.6%，说明村寨不是贫困户的村民占多数，而贫困户中又分为三个不同的贫困等级，其中一般贫困户（33 人）比例最高，占研究样本的 16.7%，低保户 7 人，占研究样本的 3.6%，属于扶贫低保户的村民 14人，占 7.1%。

表 6 - 10　　　　　　　　　　贫困户信息

类型	频数	百分比（%）	有效百分比（%）	累积百分比（%）
非建档立卡户	143	72.6	72.6	72.6
一般贫困户	33	16.7	16.7	89.3
低保户	7	3.6	3.6	92.9
扶贫低保户	14	7.1	7.1	100.0
合计	197	100.0	100.0	100.0

为了更深入了解平岩村村民的致贫原因，对导致其贫困原因（问卷 Q2）进行调查，村民给出了影响自身发展的原因。根据表 6-11 显示，村民认为平岩村因交通条件落后致贫人数最多（99 人），占研究样本的 29.1%；其次是因祸致贫（66 人），占比 19.4%；再次是因病致贫（60 人），占比 17.6%。在旅游发展中，缺土地（32 人）和缺技术（18 人）也是制约村民增加收入的原因，分别占研究样本的 9.4% 和 5.3%。相对于这些外部条件，村民认为自身发展动力不足也是导致家庭贫困的重要原因，占比 10.9%。此外，因学致贫（13 人）和缺劳力致贫（5 人）也在一定程度上制约了村民家庭收入提高，各占研究样本的 3.8% 和 1.5%。值得关注的是仅有一名村民认为家庭因缺资金导致贫困，说明大部分村民更关注交通因素和自身发展造成的贫困，这一定程度上从侧面肯定了造血式扶贫而非输血式扶贫的意义。

表 6-11　　　　　　　　　　　　家庭贫困原因分析

原因	响应		个案百分比（%）
	频数	百分比（%）	
因病	60	17.6	30.5
因残	9	2.6	4.6
因学	13	3.8	6.6
因祸	66	19.4	33.5
缺土地	32	9.4	16.2
缺技术	18	5.3	9.1
缺劳力	5	1.5	2.5
缺资金	1	0.3	0.5
交通条件落后	99	29.1	50.3
自身发展动力不足	37	10.9	18.8
总计	340	100.0	172.6

二、村寨旅游开发前后变化分析

（一）村民工作及收入变化分析

旅游开发前，村民根据自身情况选择从事不同的工作。根据问卷 Q5、Q6 数据分析显示（见表6-12），36.5%（72人）的村民从事的是在家务农的工作；39.6%（78人）的村民选择外出务工；还有一些村民选择本地务工（18.3%）和其他工作（5.6%）。在家庭人均收入方面，41.6%（82人）的村民收入范围3000元以下，占比最高；其次是3001~6000元（78人）范围内的村民，占比39.6%；6001~9000元（15人），占比最小，为7.6%；9001~12000元（11人）和12000元以上（11人）人数较少，均占比5.6%。

表6-12　　　　　　　　　　旅游开发前村民工作及收入情况

项目	描述	频数	百分比（%）
从事工作	在家务农	72	36.5
	本地务工	36	18.3
	外出务工	78	39.6
	其他	11	5.6
年人均收入	3000元以下	82	41.6
	3001~6000元	78	39.6
	6001~9000元	15	7.6
	9001~12000元	11	5.6
	12000元以上	11	5.6

调查结果表明，大多数村民选择外出务工和在家务农，外出务工村民主要从事建筑工作，本地务农主要种植茶叶，还有部分村民在周边地区进厂从事流水线工作。在村民年人均收入方面，6000元以下占比达81.2%，足见村寨整体年人均收入水平低下。

数据分析结果显示（见表6-13），第一，旅游开发后（问卷Q7）村民开始参与到旅游活动中来，参与务农的村民占研究样本的21.1%，高于旅游开发前所占比重。这是因为茶产业作为旅游吸引物，加强了村民旅游参与，在研究样本中人数最多。第二，小商品销售，占研究样本的19.4%，主要是茶叶、农产品等旅游商品。第三，选择其他工作的村民。由于平岩村侗族木结构建筑知名度较高，还有部分村民选择在外从事建筑工作。第四，参与经营家庭旅馆、农家乐、民宿的经营户，占研究样本的17.6%，相当一部分村民利用自家传统民居开办农家乐增加收入。在研究样本中，经营小作坊以茶坊居多，景区工作人员、经营小作坊、乡村旅游经营户雇员等村民人数占比不足 10% 。一般情况下，经营农家乐或经营小作坊的村民还参与小商品销售等工作，生意忙碌后大多数经营户无暇参与纯粹的歌舞表演和导游工作，而百家宴作为特殊的旅游演艺活动成为农家乐经营的旅游特色线路之一。

表 6 - 13　　　　　　　　　旅游开发后家庭成员从事职业

从事职业	响应		个案百分比（%）
	频数	百分比（%）	
经营家庭旅馆/农家乐/民宿	60	17.6	30.5
乡村旅游经营户雇员	9	2.6	4.6
景区工作人员	13	3.8	6.6
小商品销售	66	19.4	33.5
经营小作坊	32	9.4	16.2
歌舞表演	18	5.3	9.1
当地导游	5	1.5	2.5
背背篓、抬轿子	1	0.5	0.5
务农	99	21.1	51.6
其他	37	18.8	50.5
总计	340	100.0	172.6

　　由表 6 - 14 可知，旅游开发后（问卷 Q8），平岩村 3001 ~ 6000 元收入群体人数（89 人）最多，占研究样本的 45.2% 。其次是 12000 元以上（46 人）的收入人群，占比 23.4% 。结果表明，在旅游开发之后，3000 元以下收入群体人数大幅下降，转而 12000 元以上收入村民数量得到了极大提升。6001 ~ 9000 元（20人）收入群体占比为 10.2% ，9001 ~ 12000 元（10 人）的村民占比为 5.1% 。数据表明，与旅游开发之前相比，游客大量进入平岩村，为村民带来更多的就业机会，其年人均收入水平得到显著提升。

表 6 – 14　　　　　　　　　　　旅游开发后村民收入情况

项目	描述	频数	百分比（%）
年人均收入	3000 元以下	32	16.2
	3001 ~ 6000 元	89	45.2
	6001 ~ 9000 元	20	10.2
	9001 ~ 12000 元	10	5.1
	12000 元以上	46	23.4

（二）政府及村民采取的措施

据调查，平岩村村民参与乡村旅游经营意愿较为强烈，但是由于景区升级改造对外封闭半年之多，在开放后施工又进展缓慢，游客量下降幅度较大，影响了部分村民对旅游参与的信心。根据问卷 Q9、Q10 数据分析显示（见表 6 – 15），已经参与或有意参与旅游的村民为提高自身乡村旅游盈利能力，最想要提高的是旅游专业知识与经营技能，选择此项的村民占比最多达到 37.2%，这也是目前村民最欠缺、亟待解决的问题之一。其次是传统手工技艺和歌舞表演，选择此项的村民占比达 23.9%。侗族传统技艺和民族歌舞表演在旅游演艺活动中具有重要地位，此方面收入主要来源于百家宴和戏台表演。12.7% 的被调查者重视提高网络应用能力，尤其是年轻人，比如自媒体平台、微信公众号等的运行。此外，选择提高语言沟通能力和增长见识的村民，分别占比 11.6% 和 10.2%，一是游客来自全国各地，还有一些国际游客，因此，在侗话的基础上，当地人还需要学习好普通话和英语；二是开阔眼界，经营更有利于满足游客需求，从而提高旅游收入。

同时，村民认为为了提高旅游扶贫效果，政府也需要采取一定的措施。数据显示，村民认为首先政府最需要做的就是加大投入，完善村寨基础设施和旅游服务设施，提高村寨旅游吸引力，为旅游发展创造坚实的基础条件。此选项占比 23.5%，包括内外部交通、停车场、游客中心等。其次应加大对贫困户的金融、税收、医疗、低保等政策保障，此选项占比 16.3%。再次要对村民进行旅游相关培训和保护村寨自然生态环境，分别占比 14.7% 和 13.4%。只有不断从外部学习先进的旅游经营管理、语言、烹饪等技能，才能更好地经营发展旅游。旅游发展的基础就是保护村寨生态环境，一方面村民自身要有充分的环保意识，另一方面需要政府进行整体的统领和约束，确立奖罚措施、规章制度。政府在扶持生产，发展特色种养殖和农产品加工方面也能发挥重要的作用，选择此项的村民占比 11.9%。最后，保护村寨淳朴自然的人文氛围和建立歌舞表演、农产品和旅游等专业合作社亦是政府支持村寨旅游发展的重要工作，分别占比 7.5% 和 7.3%。此外，选择有序实施移民搬迁和加大对学生接受旅游管理相关专业教育资助的村民，占比分别为 2.2% 和 1.3%，其他占 2.0%。

表 6 – 15　　　　　　　　　　　提高乡村旅游盈利能力

项目		响应		个案百分比（%）
		频数	百分比（%）	
村民能力提高方面	旅游专业知识与经营技能	109	37.2	66.1
	语言沟通能力	34	11.6	20.6
	网络应用能力	37	12.7	22.4
	传统手工技艺或歌舞表演	70	23.9	42.4
	开阔视野增长知识	30	10.2	18.2
	其他	13	4.4	7.9
总计		293	100.0	177.6
政府措施方面	保护村寨自然生态环境	61	13.4	31.0
	保护村寨淳朴自然的人文氛围	34	7.5	17.3
	加大投入，完善村寨基础设施和旅游服务设施，提高村寨旅游吸引力	107	23.5	54.3
	对村民加强旅游从业及技能培训	67	14.7	34.0
	扶持生产，发展特色种养殖和农产品加工	54	11.9	27.4
	加大对贫困户的金融、税收、医疗、低保等政策保障	74	16.3	37.6
	建立歌舞表演、特色农产品、旅游等专业合作社，发挥"传帮带"作用	33	7.3	16.8
	加大对学生接受旅游管理相关专业教育资助	6	1.3	3.0
	实施移民搬迁	10	2.2	5.1
	其他	9	2.0	4.6
总计		455	100.0	226.3

三、村民旅游扶贫效果与参与意愿分析

(一) 村寨村民扶贫效果感知分析

1. 信度检验

为确保调查数据的可靠性和一致性,对测量村民感知的 31 项指标以及测量旅游参与意愿的 7 项指标进行信效度检验。采用 SPSS 17.0 运算后得到样本数据克朗巴哈系数 (Cronbach's Alpha) 为 0.904 (见表 6 - 16),明显高于纳诺利 (Nunnlly) 推荐的 0.70 的指标系数。因此可以认定这个问卷的信度较高,具有可靠性。

表 6 - 16 可靠性统计量

Cronbach's Alpha	项数
0.904	38

2. 指标的描述性统计分析

村民旅游扶贫效果感知采用李克特 5 级量表标准。总体等级评分均值在 [1.00, 2.50) 内表示反对,在 [2.50, 3.50) 内持中立态度,在 [3.50, 5.00) 内表示赞同。其中指标均值达 3.50 以上有 18 个,即表示同意。有 11 个指标的均值在 [2.50, 3.50) 内,即表示一般。有 2 个指标的均值 2.50 以下,即表示不同意。

从村民扶贫感知调查结果 (见表 6 - 17) 发现,共涉及 31 项指标,包括经济、文化、社会等几个方面。效果感知主要是针对村民对政府旅游扶贫效果评价。经济影响包括正负两个方面,正面的经济影响主要涉及就业、产业发展等方面,负面影响主要是收入变化引起的冲突等方面的影响。文化方面主要涉及旅游发展对文化和村寨知名度等影响。环境影响主要是指村民保护意识和对旅游发展对环境的影响。社会影响中正面的题项主要包含增加村寨凝聚力和生活状况,负面则包括对村民日常生活带来的不利影响,如交通拥挤等。

表 6 – 17　　　　　　　　　　指标的描述性分析

调查项目（N = 31）	均值	众数	标准差	同意率（%）	不同意率（%）
Q11 旅游促进了村寨经济的发展	3.77	4	0.911	72.1	13.7
Q12 旅游带动了村寨相关产业的发展	3.79	4	0.888	75.2	12.7
Q13 旅游增加了村民的就业机会	3.83	4	0.881	76.7	12.7
Q14 旅游增加了村寨女性居民的就业机会	3.79	4	0.916	73.1	13.7
Q15 旅游增加了村民个人收入	3.70	4	0.998	68.0	16.2
Q16 旅游促进了文化遗产的保护	3.61	4	0.919	58.8	14.2
Q17 旅游促进村寨文化活动的多样性	3.66	4	0.870	61.9	11.2
Q18 旅游提高了本地知名度	3.94	4	0.799	77.1	6.1
Q19 旅游促进了村寨与外界的各方面交流	3.91	4	0.741	80.2	6.1
Q20 旅游促进了民族团结	3.69	4	0.833	68.0	9.1
Q21 旅游增加了村寨凝聚力	3.71	4	0.835	68.5	8.6
Q22 旅游改善了村寨基础设施	3.84	4	0.909	72.0	9.6
Q23 旅游提高了本地的生活质量	3.68	4	0.890	62.0	10.7
Q24 旅游改善了村寨的治安环境	3.63	4	0.937	68.0	17.8
Q25 旅游改善了本地的自然环境	3.55	4	0.950	65.0	19.8
Q26 旅游提高了村民的能力与素质	3.60	4	0.929	66.0	17.8
Q27 旅游提高了村民的环保意识	3.69	4	0.863	71.1	14.2
Q28 旅游提高了物价和生活成本	3.09	3	0.996	39.6	34.0
Q29 旅游加剧了村民贫富分化	3.07	3	1.055	38.0	36.6
Q30 旅游导致或加剧了村民之间因经济利益而产生的冲突	2.91	3	1.006	33.0	39.6
Q31 旅游干扰了村民日常生活	2.70	2	1.078	30.4	50.3
Q32 旅游导致了本地的交通拥挤	3.04	4	1.092	45.7	38.1
Q33 旅游破坏了本地风俗文化（黄赌毒等）	2.47	2	0.940	14.7	54.3
Q34 政府的旅游扶贫政策能适应村民需求	3.14	3	0.915	36.1	24.8
Q35 旅游扶贫主要依靠政府的规划、帮扶和管理	3.19	3	0.922	37.0	22.3
Q36 扶贫对象的识别精准、科学合理	3.08	3	0.928	28.4	25.9

续表

调查项目（N=31）	均值	众数	标准差	同意率（%）	不同意率（%）
Q37 扶贫项目或措施到村到户	3.18	3	0.871	30.9	20.3
Q38 扶贫队伍帮扶到村到户	3.34	3	0.947	38.6	17.8
Q39 我认为村寨发展乡村旅游总体利大于弊	3.81	4	1.002	64.4	10.6
Q40 我对村寨的旅游扶贫效果感到满意	3.31	4	0.933	45.7	20.3
Q41 我对自己目前的生活状况总体满意	3.55	4	1.002	60.9	18.8

注：同意率为非常同意和同意所占比例之和，不同意率为非常不同意和不同意之和。

　　测量村民正面感知的指标有 25 个（Q11～Q27、Q34～Q41），其中 17 个指标均值分布在 3.08～3.94，同意率分布在 28.4%～80.2%，变动区间较大，但标准差相对较小，说明大部分村民对大多数正面感知指标持中立或同意态度，但个别问题态度呈现两极分化。同意率方面突出表现在村民认为旅游"促进村寨与外界各方面的交流"和"提高了本地的知名度"最高。进一步研究发现村民在部分指标上持中立态度，在"旅游扶贫政策能适应村民需求""旅游扶贫主要依靠政府的规划、帮扶和管理""扶贫项目或措施到村到户"等指标同意率和不同意率较低且相差不大。尤其是 Q36，均值为 3.08，其同意率和不同意率分别为 28.4% 和 25.9%，说明大部分村民对"扶贫对象的识别精确、科学合理"保持中立，但贫困户偏向于扶贫对象精准合理，部分非贫困户认为扶贫对象评选有失公允。村民对村寨发展乡村旅游态度乐观，对目前生活状态满意。纵观这些指标可以发现，村民对这些正面指标持不确定态度的比率较高，但是很明显村民的不同意率较低。

　　测量村民负面感知的指标有 6 个（Q28～Q33），其中有 3 个指标均值在 2.47～3.09 之间，同意率在 46% 以下，说明大部分对发展旅游带来的负面影响反应不是很强烈，但有 45.7% 的村民认为"旅游导致了本地的交通拥挤"，此项的同意率最高。进一步研究发现，居民大都对其持中立态度，"旅游破坏了本地风俗文化（黄赌毒等）"均值在 2.50 以下，即表示不同意，其不同意率最高为 54.3%。从村民对这些负面指标的态度分析发现，大部分村民反对旅游对村寨带来的负面影响。

　　总体来说，平岩村村民对旅游扶贫正面影响的正面感知大于负面感知，大部分村民对旅游扶贫带来的正面影响给予了肯定，尤其是社会经济影响正面效应，如"促进村寨相关产业发展""增加了村寨凝聚力"等，但同时也有部分村民认识到旅游带来负面的环境影响，如"造成交通拥堵"等。

（二）因子分析

1. 因子检验

如表 6 – 18 所示，通过运用 SPSS 17. 0 软件计算出 KMO 值为 0. 877，高于临界值 0. 5（Kaiser 认为 KMO 值必须大于 0. 5 才适合做因子分析），同时 Bartlett 球度近似卡方值为 3762. 157，即数值很大，相应的显著率概率（Sig）< 0. 001，为高度显著。因此，KMO 值和 Bartlett 球度近似卡方值均通过了检验，反映出原有变量的相关系数矩阵与单位矩阵有显著差异，这也意味着样本数据具有有效性，适合做因子分析。

表 6 – 18　　　　　　　　　　KMO 和 Bartlett 的检验

取样足够度的 Kaiser – Meyer – Olkin 度量		0. 877
Bartlett 的球形度检验	近似卡方	3762. 157
	df	465
	Sig.	0. 000

2. 公因子提取

公因子提取采用主成分分析法，特征值选取 SPSS 默认的大于 1，特征值大于 1 表明该项有意义，可以保留。首先，用方差最大正交旋转法对因子载荷矩阵进行正交旋转（见表 6 – 19、表 6 – 20），以突出各个因子的实际含义。其次，通过因子载荷进行因子萃取，一般认为因子载荷大于等于 0. 5 的变量可被萃取。最后，经过最大方差正交旋转和因子萃取从 31 个指标中提取到 7 个特征值大于 1 的公因子，累计方差贡献率为 68. 958%，即解释了总体变异的 68. 958%，能够解释大部分变量（见表 6 – 21）。

表 6 – 19　　　　　　　　　　成分矩阵

项目	成分						
	1	2	3	4	5	6	7
Q18	0. 717						
Q23	0. 714						
Q26	0. 712						

项目	成分						
	1	2	3	4	5	6	7
Q24	0.711						
Q12	0.693						
Q21	0.686						
Q22	0.674						
Q11	0.673						
Q39	0.669						
Q20	0.661					0.534	
Q14	0.655						
Q15	0.653						
Q25	0.648						
Q40	0.644						
Q19	0.636						
Q13	0.633						
Q16	0.629						
Q27	0.602						
Q17	0.573						
Q38	0.554	0.508					
Q41	0.530						
Q37	0.523	0.614					
Q35		0.592					
Q34		0.535					
Q36	0.525	0.532					
Q29							
Q28			0.560				
Q31			0.559				
Q32			0.539				
Q30							
Q33							

表 6 - 20　　　　　　　　　　　　旋转成分矩阵

项目	成分						
	1	2	3	4	5	6	7
Q13	0.882						
Q14	0.816						
Q12	0.812						
Q11	0.781						
Q15	0.719						
Q41							
Q37		0.858					
Q35		0.784					
Q38		0.769					
Q36		0.759					
Q34		0.692					
Q40		0.533					
Q27			0.815				
Q24			0.807				
Q25			0.796				
Q26			0.749				
Q39							
Q20				0.823			
Q21				0.797			
Q22				0.658			
Q23				0.599			
Q19				0.567			
Q18							
Q32					0.796		
Q33					0.752		
Q31					0.693		
Q30						0.767	

续表

项目	成分						
	1	2	3	4	5	6	7
Q29						0.754	
Q28						0.714	
Q17							0.736
Q16							0.713

表 6 – 21　　　　　　　　　　　解释的总方差

成分	初始特征值			提取平方和载入			旋转平方和载入		
	合计	方差（%）	累积（%）	合计	方差（%）	累积（%）	合计	方差（%）	累积（%）
1	10.419	33.609	33.609	10.419	33.609	33.609	4.398	14.187	14.187
2	2.790	8.999	42.607	2.790	8.999	42.607	3.934	12.689	26.876
3	2.394	7.721	50.329	2.394	7.721	50.329	3.726	12.019	38.895
4	1.943	6.268	56.596	1.943	6.268	56.596	3.576	11.535	50.430
5	1.473	4.751	61.347	1.473	4.751	61.347	2.063	6.655	57.085
6	1.270	4.098	65.446	1.270	4.098	65.446	2.057	6.636	63.721
7	1.089	3.512	68.958	1.089	3.512	68.958	1.623	5.237	68.958
8	0.911	2.939	71.896						
9	0.779	2.514	74.411						
10	0.760	2.453	76.864						
11	0.670	2.161	79.025						
12	0.609	1.964	80.989						
13	0.587	1.893	82.882						
14	0.569	1.834	84.716						
15	0.484	1.561	86.276						
16	0.476	1.535	87.811						
17	0.424	1.369	89.180						
18	0.415	1.337	90.517						
19	0.377	1.218	91.735						

成分	初始特征值			提取平方和载入			旋转平方和载入		
	合计	方差(%)	累积(%)	合计	方差(%)	累积(%)	合计	方差(%)	累积(%)
20	0.329	1.060	92.795						
21	0.311	1.002	93.797						
22	0.292	0.942	94.740						
23	0.279	0.901	95.641						
24	0.233	0.753	96.394						
25	0.209	0.675	97.069						
26	0.204	0.657	97.726						
27	0.179	0.579	98.304						
28	0.163	0.526	98.830						
29	0.134	0.433	99.263						
30	0.128	0.412	99.675						
31	0.101	0.325	100.000						

3. 公因子命名

根据因子分析结果（见表6-22），各指标对每个公因子的载荷量不同。

表6-22　　　　　　　　　　因子分析结果

公因子	因子命名及方差贡献率	指标	因子载荷	均值
第一类	正面经济影响（14.187%）	Q11 旅游促进了村寨经济的发展	0.882	3.77
		Q12 旅游带动了村寨相关产业的发展	0.816	3.79
		Q13 旅游增加了村民的就业机会	0.812	3.83
		Q14 旅游增加了村寨女性居民的就业机会	0.781	3.79
		Q15 旅游增加了村民个人收入	0.719	3.70

续表

公因子	因子命名及 方差贡献率	指标	因子 载荷	均值
第二类	效果感知 （12.689%）	Q34 政府的旅游扶贫政策能适应村民需求	0.858	3.14
		Q35 旅游扶贫主要依靠政府的规划、帮扶和管理	0.784	3.19
		Q36 扶贫对象的识别精准、科学合理	0.769	3.08
		Q37 扶贫项目或措施到村到户	0.759	3.18
		Q38 扶贫队伍（或脱贫致富责任人）帮扶到村到户	0.692	3.34
		Q40 我对自己目前的生活状况总体满意	0.533	3.31
第三类	环境影响 （12.019%）	Q24 旅游改善了村寨的治安环境	0.815	3.63
		Q25 旅游改善了本地的自然环境	0.807	3.55
		Q26 旅游提高了村民的能力与素质	0.796	3.60
		Q27 旅游提高了村民的环保意识	0.749	3.69
第四类	正面社会影响 （11.535%）	Q19 旅游促进了村寨与外界的各方面交流	0.823	3.91
		Q20 旅游促进了民族团结	0.797	3.69
		Q21 旅游增加了村寨凝聚力	0.658	3.71
		Q22 旅游改善了村寨基础设施	0.599	3.84
		Q23 旅游提高了本地的生活质量（住房、看病等）	0.567	3.68
第五类	负面社会影响 （6.655%）	Q31 旅游干扰了村民日常生活	0.796	2.70
		Q32 旅游导致了本地的交通拥挤	0.752	3.04
		Q33 旅游破坏了本地风俗文化（黄赌毒等）	0.693	2.47
第六类	负面经济影响 （6.636%）	Q28 旅游提高了村民的物价和生活成本	0.767	3.09
		Q29 旅游加剧了村民贫富分化	0.754	3.07
		Q30 旅游导致或加剧了村民之间因经济利益而产生 的冲突	0.714	2.91
第七类	文化影响 （5.237%）	Q16 旅游促进了文化遗产的保护	0.736	3.61
		Q17 旅游促进村寨文化活动的多样性	0.713	3.66

第一类公因子显示出高载荷的指标有 5 个："Q11 旅游促进了村寨经济的发展""Q12 旅游带动了村寨相关产业的发展""Q13 旅游增加了村民的就业机会""Q14 旅游增加了村寨女性居民的就业机会""Q15 旅游增加了村民个人收入"：

这 5 个都属于正面的经济影响指标，主要解释民族村寨旅游的经济影响，将其命名为"正面经济影响"，方差贡献率达 14.187%。

第二类公因子显示出高载荷的指标有 6 个："Q34 政府的旅游扶贫政策能适应村民需求""Q35 旅游扶贫主要依靠政府的规、帮扶和管理""Q36 扶贫对象的识别精准、科学合理""Q37 扶贫项目或措施到村到户""Q38 扶贫队伍（或脱贫致富责任人）帮扶到村到户""Q40 我对自己目前的生活状况总体满意"，其中 4 个属于政府扶贫的效果，2 个属于村民对扶贫效果的感知。第二类公因子主要解释村民对旅游扶贫的效果感知，将其命名为"效果感知"，方差贡献率达 12.689%。

第三类公因子显示出高载荷的指标有 4 个："Q24 旅游改善了村寨的治安环境""Q25 旅游改善了本地的自然环境""Q26 旅游提高了村民的能力与素质""Q27 旅游提高了村民的环保意识"，这 4 个都属于正面的环境影响指标。第三类公因子主要解释民族村寨旅游的正面环境影响，将其命名为"环境影响"，方差贡献率为 12.019%。

第四类公因子显示出高载荷的指标有 5 个："Q19 旅游促进了村寨与外界的各方面交流""Q20 旅游促进了民族团结""Q21 旅游增加了村寨凝聚力""Q22 旅游改善了村寨基础设施""Q23 旅游提高了本地的生活质量（住房、看病等）"，均属于正面的社会影响指标，将其命名为"社会影响"，方差贡献率为 11.535%。

第五类公因子显示出高载荷的指标有 3 个："Q31 旅游干扰了村民日常生活""Q32 旅游导致了本地的交通拥挤""Q33 旅游破坏了本地风俗文化（黄赌毒等）"，3 个都属于负面的社会指标。第五类公因子主要解释民族村寨旅游的社会影响，将其命名为"负面社会影响"，方差贡献率为 6.655%。

第六类公因子显示出高载荷的指标有 3 个："Q28 旅游提高了村民的物价和生活成本""Q29 旅游加剧了村民贫富分化""Q30 旅游导致或加剧了村民之间因经济利益而产生的冲突"，这三者都属于负面的经济影响指标。第五类公因子主要解释民族村寨旅游的经济影响，将其命名为"负面经济影响"，方差贡献率为 6.636%。

第七类公因子显示出高载荷的指标有 2 个："Q16 旅游促进了文化遗产的保护""Q17 旅游促进村寨文化活动的多样性"。第七类公因子主要解释民族村寨旅游的文化影响，将其命名为"文化影响"，方差贡献率为 5.237%。

（三）旅游扶贫效果感知分析

村民对旅游扶贫效果的感知一定程度上能够客观地反映村寨旅游扶贫成效，

帮助政府做出进一步决策。由表 6-23 可知，测量村民扶贫效果感知的指标有 6 个（Q34~Q38、Q40）均值均 3.0 以上，36.1% 的村民认为政府的旅游扶贫政策能适应村民需求，37% 的村民认为旅游扶贫主要靠政府的规划、管理。只有 28.4% 的村民对扶贫政策的适应性和扶贫对象识别的精确度感到满意，同意率最低。对于扶贫项目或措施到村到户和扶贫队伍帮扶到村到户的同意率分别为 30.9% 和 38.6%。村民对目前生活状态总体满意的同意率最高为 45.7%。总体上，村民对旅游扶贫效果感知的满意度较低，尤其是对于扶贫对象识别合理、科学管理的同意率较低，不同意率较高，近一半村民保持中立，说明旅游扶贫效果不佳。

表 6-23　　　　　　　　　　　村民的旅游扶贫效果感知

指标	均值	标准差	同意率（%）	不同意率（%）
Q34 政府的旅游扶贫政策能适应村民需求	3.14	0.915	36.1	24.8
Q35 旅游扶贫主要依靠政府的规划、帮扶和管理	3.19	0.922	37.0	22.3
Q36 扶贫对象的识别精准、科学合理	3.08	0.928	28.4	25.9
Q37 扶贫项目或措施到村到户	3.18	0.871	30.9	20.3
Q38 扶贫队伍（或脱贫致富责任人）帮扶到村到户	3.34	0.947	38.6	17.8
Q40 我对自己目前的生活状况总体满意	3.31	0.933	45.7	20.3

注：同意率为非常同意和同意所占比例之和，不同意率为非常不同意和不同意之和。

1. 经济影响

旅游业作为综合服务性产业，在增加村民就业机会、有效带动村寨关联产业发展的同时，又可能扩大贫富差距，对村寨经济产生一些不良影响。随着平岩村旅游业的发展，村民越来越认识到旅游对村寨产生的诸多双重影响。根据表 6-24，测量村民经济影响感知的指标有 5 个正面经济影响指标（Q11~Q15）均值均 3.7 以上，68% 以上的村民肯定了村寨旅游正面经济影响，具体表现在"促进村寨经济发展""带动相关产业""增加村民就业""增加收入"等方面。负面经济影响指标（Q28~Q30）均值分布在 2.91~3.09，35% 左右的村民认为村寨旅游的发展一定程度上引起了"物价和生活成本提高""村民贫富分化"和"加剧村民之间的冲突"等。因此，村寨旅游产业的快速发展在为村寨经济发展做出重大贡献的同时，也不可避免地带来了一些负面影响。总体上，村民对村寨旅游经济影响正面感知强于负面感知，大部分村民高度赞成村寨旅游发展带来的显著的经济效益，尤其是以旅游为主要收入来源的经营户对旅游经济产生积极作用的认同度较高。但是，也有部分村民认为旅游业引起村寨物价和生活成本提高，从事旅游经营的精英能人和普通村民旅游收入两极化，从而加剧了村民间的贫富差距，产生了经济收益分配冲突。

表 6-24　　　　　　　　　　　村民的经济影响感知

	指标	均值	标准差	同意率（%）	不同意率（%）
正面	Q11 旅游促进了村寨经济的发展	3.77	0.911	72.1	13.7
	Q12 旅游带动了村寨相关产业的发展	3.79	0.888	75.2	12.7
	Q13 旅游增加了村民的就业机会	3.83	0.881	76.7	12.7
	Q14 旅游增加了村寨女性居民的就业机会	3.79	0.916	73.1	13.7
	Q15 旅游增加了村民个人收入	3.7	0.998	68.0	16.2
负面	Q28 旅游提高了村民的物价和生活成本	3.09	0.996	39.6	34.0
	Q29 旅游加剧了村民贫富分化	3.07	1.055	38.0	36.6
	Q30 旅游导致或加剧了村民之间因经济利益而产生的冲突	2.91	1.006	33.0	39.6

注：同意率为非常同意和同意所占比例之和，不同意率为非常不同意和不同意之和。

2. 社会影响

平岩村旅游的发展促进了村民和外界广泛的交流，对村寨民族团结和凝聚力具有积极的作用，但其也对村民生活秩序和村寨风俗造成一定负面的社会影响。由表 6-25 可知，测量居民社会影响感知的指标有 8 个，正面社会影响指标（Q19～Q23）均值均为 3.68 以上，标准差较小。有 80.2% 的村民认为旅游促进了村寨与外界的各方面交流，认同度最高，对"促进民族团结"和"村寨凝聚力"同意率分别为 68% 和 68.5%，而有 72% 的村民认为旅游能够改善村寨基础设施，还有 60% 以上的村民认同旅游提高了村寨的生活质量。负面社会影响指标 Q31、Q32、Q33 均值的平均值在 2.7 左右，分别有 30.4% 和 45.7% 的村民认为旅游发展干扰了其日常生活和导致本地交通拥挤，还有 14.7% 的村民认为旅游发展破坏了本地风俗文化。总体上，村民对村寨旅游社会影响的正面感知强于负面感知，大部分村民认可旅游发展对村寨社会发展的积极影响，但部分村民认为旅游发展干扰了其日常生活，产生交通拥挤等不良问题。

表 6 – 25   村民的社会影响感知

	指标	均值	标准差	同意率（％）	不同意率（％）
正面	Q19 旅游促进了村寨与外界的各方面交流	3.91	0.741	80.2	6.1
	Q20 旅游促进了民族团结	3.69	0.833	68.0	9.1
	Q21 旅游增加了村寨凝聚力	3.71	0.835	68.5	8.6
	Q22 旅游改善了村寨基础设施	3.84	0.909	72.0	9.6
	Q23 旅游提高了本地的生活质量（住房、看病等）	3.68	0.89	62.0	10.7
负面	Q31 旅游干扰了村民日常生活	2.70	1.078	30.4	50.3
	Q32 旅游导致了本地的交通拥挤	3.04	1.092	45.7	38.1
	Q33 旅游破坏了本地风俗文化（黄赌毒等）	2.47	0.94	14.7	54.3

注：同意率为非常同意和同意所占比例之和，不同意率为非常不同意和不同意之和。

3. 环境影响

旅游地村民对旅游环境影响的感知包括村寨的治安环境、村寨的自然环境、村民的能力和素质等。平岩村旅游开发活动和游客行为对其环境产生影响，同时带来居民环保意识的觉醒。由表 6 – 26 可知，测量居民环境影响感知的指标有 4 个（Q24～Q27），均值为 3.6 左右。村民对"治安环境"和"自然环境"同意率分别为 68% 和 65%。66% 的村民认为村寨旅游发展提高了自身的能力和素质，而 71.1% 的村民认为提高了其环保意识。总体上，村民认同旅游发展带来积极的环境影响，促使当地自然环境和治安环境的改善，提高了自身能力素质和环保意识，但还是有部分村民认为旅游发展造成了一定的环境污染。

表 6 – 26   村民的环境影响感知

	指标	均值	标准差	同意率（％）	不同意率（％）
正面	Q24 旅游改善了村寨的治安环境	3.63	0.937	68.0	17.8
	Q25 旅游改善了本地的自然环境	3.55	0.950	65.0	19.8
	Q26 旅游提高了村民的能力与素质	3.60	0.929	66.0	17.8
	Q27 旅游提高了村民的环保意识	3.69	0.863	71.1	14.2

注：同意率为非常同意和同意所占比例之和，不同意率为非常不同意和不同意之和。

4. 文化影响

旅游业的发展对民族村寨的传统特色文化产生一定的影响，平岩村作为程阳八寨景区的重要组成，其民族旅游的发展有效促进文化遗产的保护和文化活动的多样性。由表 6 - 27 可知，测量村民文化影响感知的重要指标有 2 个（Q16 ~ Q17），有 58.8% 的村民认为旅游促进了文化遗产的保护，而有 61.9% 的村民认为旅游促进了村寨文化活动的多样性。总体上，村民对村寨旅游文化影响的感知不强烈，近一半村民认为旅游活动对当地文化没有产生较大的影响。

表 6 - 27　　　　　　　　　　村民的文化影响感知

	指标	均值	标准差	同意率（%）	不同意率（%）
正面	Q16 旅游促进了文化遗产的保护	3.61	0.919	58.8	14.2
	Q17 旅游促进村寨文化活动的多样性	3.66	0.870	61.9	11.2

注：同意率为非常同意和同意所占比例之和，不同意率为非常不同意和不同意之和。

（四）旅游参与意愿分析

进一步测量村民旅游参与意愿的指标有 7 个（问卷 Q42 ~ Q48），如表 6 - 28 所示，指标均值都在 3.40 ~ 4.13 之间，愿意率在 51% 以上，标准差也相对较小，突出表现在村民普遍愿意为了旅游发展保护自然资源和环境，自主经营一些旅游接待项目和参与旅游教育和培训，但进一步可以发现，部分村民对成为景区聘用的工作人员表示抵触，更愿意自主经营旅游项目，说明村民有较强的旅游创业意识，景区从业待遇还未能充分满足村民的需求。

表 6 - 28　　　　　　　　　　旅游参与意愿的描述性分析

调查项目	均值	众数	标准差	愿意率（%）	不愿意率（%）
Q42 我愿意为了旅游发展保护自然资源和环境	4.13	4	0.638	92.9	3.0
Q43 我愿意参与旅游政策制定和决策过程	3.93	4	0.776	81.7	6.1
Q44 我愿意参与旅游开发与规划	3.86	4	0.833	76.7	8.1
Q45 我愿意为了旅游发展而出让土地、林场、山场等资源	3.46	4	0.961	53.3	17.2

调查项目	均值	众数	标准差	愿意率（%）	不愿意率（%）
Q46 我愿意自主经营一些旅游接待项目	4.03	4	0.880	80.7	8.1
Q47 我愿意接受景区或旅游企业聘用成为其工作人员	3.40	4	1.100	51.7	24.9
Q48 我愿意参与旅游教育和培训	4.00	4	0.898	80.7	8.1

注：愿意率为非常愿意和愿意所占比例之和，不愿意率为非常不愿意和不愿意之和。

　　综上所述，平岩村村民普遍对旅游经济和社会影响的积极作用表示认同，而对环境和文化影响的感知不太强烈，对旅游产业未来发展持有乐观态度，愿意参与旅游业，但仍有大部分村民认为旅游扶贫决策不够精准合理。通过分析平岩村旅游发展、旅游扶贫现状、面临困境等，本书将结合以上居民旅游扶贫效果感知调查结果，进而提出相关建设性路径、机制与保障体系，以期为平岩村旅游可持续发展及旅游富民提供借鉴。

南岭走廊民族特色村寨旅游扶贫效果评估实证研究——大寨村

第一节 田野调查说明

一、田野点选择依据

大寨村位于广西桂林市龙胜各族自治县龙脊镇，南岭走廊五大山系越城岭西南侧。村寨历史悠久，少数民族风情浓郁，旅游资源丰富。在自然景观方面，大寨红瑶梯田始建于元朝，完工于清初，至今已有650多年的历史，同时也是龙脊梯田国家湿地公园重要组成部分。其中，最久负盛誉的3个观景点分别为西山韶乐、大界千层天梯、金佛顶。在人文旅游资源方面，当地保留的瑶族风土人情以及生产生活方式也是重要的少数民族文化资源。其中，有传统的酿酒、篆刻、蓄发、挑花、刺绣、织锦、蜡染、建造木屋等民族技艺，还有"晒衣节"传统风俗以及锦绣非遗红瑶服饰等。在乡村旅游的推动下，旅游业成为当地居民收入的重要来源，帮助贫困户和贫困人口实现脱贫致富。2006年，大寨村被选定为"整村推进"扶贫开发与"社会主义新农村建设相结合试点村"；2008年，大寨村通过了自治区"整村推进"扶贫开发验收；2009年，大寨红瑶梯田获批为国家4A级景区；2019年，大寨村荣获"第一批全国乡村旅游重点村"。因此，从民族旅游资源禀赋、旅游发展程度、村寨建设情况、旅游扶贫政策、旅游扶贫实践成效等方面来说，大寨村对本研究具有较大的参考价值。

二、调查过程说明

大寨村田野调查进程如表 7 - 1 所示，在 2018 年 8 月 25 ~ 26 日的预调查过程中，本书课题组成员重点访谈了村委干部、景区管委会负责人及相关工作人员、旅游局干部等，了解大寨村的村寨历史沿革、社会经济发展状况、旅游发展历史及现状、贫困情况等。

2019 年 3 月 15 ~ 19 日和 2019 年 7 月 15 ~ 19 日，本书课题组成员两次前往大寨村进行共 10 天的正式调查，对大寨村的大寨、新寨、田头寨、大毛界、壮界 5 个村屯的居民进行问卷调查。2019 年 3 月 15 ~ 19 日，重点访谈当地村民、建档立卡户、低保户，观察村民从事旅游经营的方式，获取村民对旅游发展的感受、对旅游扶贫取得社会正效应、人口素质、旅游精准扶贫政策的感知等资料。发放问卷 100 份，实际回收问卷 100 份，有效问卷 98 份。2019 年 7 月 15 ~ 19日，重点访谈贫困户、参与旅游村民，重点关注贫困户在旅游发展中的获益情况、旅游扶贫参与情况、对旅游扶贫感知、旅游发展成效等。发放问卷 120 份，实际回收问卷 117 份，有效问卷 102 份。两次调研共获取有效问卷 200 份。

2020 年 1 月 5 ~ 6 日，本书课题组成员前往大寨村进行补充调研，重点访谈乡镇干部、村委干部、景区管委会负责人及相关工作人员、旅游局干部等，了解旅游扶贫工作进展情况、旅游接待相关数据、旅游扶贫取得的成效、发展困境与建议等。

表 7 - 1 　　　　　　　　　　大寨村田野调查进程

调查时间	调查天数	调查成员人数	调查方法	调查对象	调查内容
2018 年 8 月 25 ~ 26 日	2	3	深度访谈法	重点访谈村委干部、景区管委会负责人及相关工作人员、旅游局干部等	村寨历史沿革、社会经济发展状况、旅游发展历史及现状、贫困情况等
2019 年 3 月 15 ~ 19 日	5	4	观察法、深度访谈法	重点访谈当地村民、建档立卡户、低保户	观察村民从事旅游经营的方式和村民对旅游发展的感受，了解村民对旅游扶贫取得社会正效应、人口素质、旅游精准扶贫政策的感知
			问卷调查法	村民	发放问卷 100 份，实际回收问卷 100 份，有效问卷 98 份

调查时间	调查天数	调查成员人数	调查方法	调查对象	调查内容
2019 年 7 月 15～19 日	5	5	观察法、深度访谈法	重点访谈贫困户、参与旅游村民	重点关注贫困户在旅游发展中的获益情况、旅游扶贫参与情况、对旅游扶贫感知、旅游发展成效等
			问卷调查法	村民	发放问卷 120 份，实际回收问卷 117 份，有效问卷 102 份
2020 年 1 月 5～6 日	2	3	深度访谈法	重点访谈乡镇干部、村委干部、景区管委会负责人及相关工作人员、旅游局干部等	旅游扶贫工作进展情况、旅游接待相关数据、旅游扶贫取得的成效、发展困境与建议等

第二节　大寨村旅游发展基础与扶贫现状

一、旅游发展基础

（一）自然地理概况

大寨村位于龙胜各族自治县东部，距县城 43 公里，距镇政府驻地 23 公里，辖区总面积 22.28 平方公里，地理坐标为 25°43′42″～25°50′25″，东经 110°05′42″～110°12′16″之间。南与平安梯田相接，东北与小寨临近，行政总面积 22.28 平方公里，海拔为 769～1139 米，位属桂北高山和半高山地区，境内山体陡峭，地势险峻，溪水湍急清澈，空气清新。

（二）社会经济情况

1. 村寨沿革与人口构成

大寨村隶属于广西壮族自治区龙胜县龙脊镇，下辖大寨、田头寨、新寨、壮界、大毛界和大虎山六个自然村（屯），15 个村民小组，280 余户 1227 余人，其中瑶族占 98%。全村现有党员 40 人，预备党员 1 人。全村共有水田 757 亩，旱地 425 亩，耕地面积 1398 亩，林地面积 85704 亩，草地面积 1536 亩。

2. 收入来源

自旅游开发以来，村党委组织群众开展旅游接待工作，村民通过开办农家旅馆或餐馆、为游客提供向导或背包服务、销售民族工艺品和土特产品等途径增加收入。2018 年大寨村共分得进寨费、梯田补助、索道公司分红 670 万元，其中70% 用于补贴农民种田，12% 按全村人口分配，12% 按全村户数分配，3% 用于村集体公益事业（包含村基础设施建设、公益事业、教育、宣传等方面），剩余3%，约 20 万元作为村集体经济收入，另外还有村门面收入 3 万元，村集体经济共计 23 万元。

3. 产业状况

目前，大寨村经济产业主要包括第一产业和第三产业。在农业发展领域，全村共有水田 757 亩、旱地 425 亩、毛竹 300 亩、桃树 200 亩、柳杉 2000 亩。在旅游业方面，大寨村依托梯田景观与红瑶特色民族文化资源的优势进行旅游开发。在当地政府部门的推动下，村民抓住契机，利用闲置资源，经营起农家旅馆、乡村民宿、餐馆等设施接待游客。同时，部分村民通过挖掘地域文化资源，为游客提供向导或背包服务以及民族工艺品（如红瑶服饰、蜡染等）与土特产（如腊肉、茶叶、剁椒、干笋、水酒等）等，实现旅游增收。目前，大寨村已有 80 余家农家旅馆、乡村民宿等住宿设施，旅游接待床位 3000 余张，可满足不同类型游客的需求，推动了村寨旅游扶贫事业健康快速有序发展。每到假期，大寨村就会吸引众多游客，秀美的山川、壮观的梯田、良好的生态、多姿多彩的少数民族风情，令游客流连忘返。特别是国庆前后，桂林龙脊梯田由绿变黄，满山金稻吸引游人如织。

4. 基础设施状况

自 2005 年实施"整村推进"扶贫工作以来，各级政府投入大量的资金进行基础设施维护和改善等。现有村卫生室 120 平方米，村木质结构办公场所 360 平方米，宣传栏 9 个，篮球场 1 个，所有村组都通网络宽带。

通路：大寨村于 2003 年修通村级柏油路，路基宽 8 米，路面宽 4.5 米，自然村屯 6 个，已通路 6 个，其中 20 户以上的自然屯已全部通沙石路或硬化路。2016 年以来，大寨村新增了新寨钢架停车场及公共厕所。

防火饮水用电工程：全村 6 个自然村屯实施了村寨防火或人饮改造工程，户实现集中供水，280 户通过自引山泉水解决了饮水问题，全村 100% 以上农户达到安全用水标准。2017 年大寨村壮界下组农村饮水安全巩固提升工程，供水规模 32 立方米/天，简易引水坝 1 座，过滤池 1 座，50 立方米蓄水池 1 座，输配水管网 0.791 千米，简易消毒器 1 套，投资 10.2 万元，受益 36 户 141 人。在用电方面，全村 280 户，接通农村居民生活用电 280 户，未通电户共 0 户，通电率达 100%。

（三）旅游资源状况

1. 自然旅游资源

（1）国家湿地公园。

大寨村是龙脊梯田国家湿地公园中的主要组成部分，拥有良好的生态环境，其气候、水资源、土壤、植被等都是重要的自然旅游资源。

气候：大寨村属于亚热带季风气候区，地处山区，海拔较高，云雾多，昼夜温差大，空气湿度较大。春天多云雾细雨，夏季较为凉爽，秋天秋高气爽，冬季多霜雪。独特气候让大寨村在不同季节都能看到不同的景致，春有农田灌水，夏有绿油油的水稻秧苗，秋有黄灿灿的稻田。

水资源：大寨村地处山区，山涧内大小溪流众多，水系发达，集雨面积较大，水资源较为丰富。

土壤：湿地公园内的土壤主要以砂岩、页岩为主，其次为花岗岩、石灰岩、石英岩等薄层土壤。土壤肥沃，表土层有机质含量丰富，为大寨村水稻、云雾茶和辣椒等特色农作物和野生植物提供了较好的生长条件。

植被：湿地公园共有维管束植物 78 科 204 属 304 种。其中，蕨类植物 13 科 15 属 19 种，占维管植物总数的 6.2%；裸子植物 5 科 8 属 9 种，占维管植物总数的 3.0%；被子植物 60 科 181 属 276 种，占维管植物总数的 90.8%。

（2）梯田。

大寨梯田为侵蚀构造中山陡地形，同一地貌单元有多种次一级地貌，为规模宏大的梯田群形成提供基础。梯田分布在海拔 350～1100 米之间，垂直高度相差约 800 米，最大的梯田山地坡度达 50 度，从高空俯瞰层峦叠嶂，蔚为壮观（见图 7-1）。

2. 人文旅游资源

（1）民族建筑类。

大寨村保留的大量传统民族建筑，浓缩了红瑶历史文化风情，是最具独特的人文旅游资源。大寨村大部分建筑都是依山而建，主要以传统的干栏式建筑为主，全杉木结构。之所以采用杉木建筑材料，一方面是因为大寨村周边森林内杉木种植数量较多，树干笔直，且不易腐烂，便于就地取材，另一方面，由于大寨村地处偏僻，建筑材料运输较为不便。在建筑材料色彩上共分为两类：第一类是暖色系，主要包括建筑建构主体的杉木及竹子等；第二类为灰色系，包括屋顶灰瓦及铺地的青石板等。木质门窗上装有玻璃，每扇门窗一般有六扇开启扇，便于通风、晾衣及观景等。除了采用天然的木材，在墙体、檐口和雕花等表面也会涂上土黄色的油漆，并配有简洁的雕花等图案，彰显民族信仰和美学价值。

图 7 - 1　大寨梯田

资料来源：本书课题组成员实地拍摄。

传统的栏式建筑尽管独具特色，具有旅游开发的价值，但由于气候、消防、稳固性等因素的影响，村民对木质建筑产生了诸多的担忧。在 20 世纪 80 年代以后，借助河金矿开采以及乡村旅游的发展契机，大寨村整体经济水平稍有好转，于是便纷纷效仿现代建筑样式对木楼进行维护和改装，如封闭底层、增加层高、改装玻璃窗等。此外，收入较高的村民近几年开始在盆地中央建起了现代混凝土房屋，经营商店、乡村民宿、餐饮店等。

目前，大寨村建筑可以总结为 3 种。第一种是老式一层半楼，底层用于饲养牲口和堆积柴草等，一层用于居住；第二种是三层木楼，多为家庭成员较多的村民所建，一楼主要用于饲养家禽牲口，二楼用于家人生活居住，三楼一般为阁楼，主要用于储存粮食等；第三种是新式建筑，多采用混凝土建房，外包木板等，多用于开展旅游接待等。这些民族建筑是瑶族建筑的活化石，是吸引游客的重要景观，具有观赏性、实用性，也可作科学研究。

（2）民族手工艺类。

红瑶传统手工艺有织布、织锦、蜡染、挑花等，是民俗文化遗产的重要组成部分，有些产品已经开发成了旅游商品。据了解红瑶女性的服饰大都是手工制作，这种传统一直保留到现在，工艺精巧且较为繁杂，并且制作一套红瑶服饰，有几种不同的方法。

红瑶服装：大寨村的红瑶服饰是民族身份的象征和凝聚族群认同的纽带。大寨村属于瑶族众多支系中以服饰著称的红瑶，传统民族服饰以红、黑、白、绿等色调为主，表面看上去五彩缤纷、做工精美，形成了以挑花、织花及蜡染等为主的制作工艺。据悉，红瑶女子从小便跟随长辈学习织衣等手艺，大都熟练地掌握挑花、织花等基本功。其中，特有的"反面绣"是红瑶服饰的一大特色，彰显了红瑶女子心灵手巧、勤劳智慧的品质。这些精湛的技艺依靠口口相传、言传身教等方式世代传承。

大寨村的服饰是红瑶族群文化的重要载体，见证了红瑶历史的发展。红瑶服饰于 2014 年被列入第四批国家级非物质文化遗产代表性项目名录。保护红瑶服饰一方面是对红瑶祖先文化智慧的尊重和继承，另一方面，也是保护少数民族历史文化传统，维持中华文化的多样性和整体活力的重要举措。

瑶族银饰：瑶族人素来偏爱银饰，有"无银不成饰"之说。瑶族银饰美观精致，自成独特的银饰制作传统技艺。经过化银、锻打、下料、粗加工、做铅托、精加工、焊接、酸洗等工序，锻造出品种繁多、古朴雅致、琳琅满目的首饰、配饰、挂件等种类丰富的银饰品，包括头簪、头钗、耳环、项圈、银链、银锥、银牌、银魔寇、银鼓、银锣、银铃、手镯、戒指、银树、银扣、金蓬铃等。在漫长的历史发展中，瑶族人民创造了个性鲜明的民族文化，瑶族银饰成为瑶族艺术文化的瑰宝。银饰的图案带有浓郁的宗教信仰、生活风俗、生产劳作等内涵，体现了瑶族人民对艺术的审美，对美好生活的向往，具有较大的人文、历史、经济、艺术及收藏等多重价值。

（3）民族特色饮食类。

大寨村地道瑶家美食有风味独特的油茶、香喷鲜美的竹筒饭、乳白鲜嫩的竹笋、金黄酥脆的山坑鱼等。

竹筒饭：广西少数民族常见的特色食品之一。由于龙脊一带盛产竹子，竹子味道清香怡人，适合加工食品，便在竹节中加入大米和水，密封后烤熟，能保持竹子的香味。

龙脊云雾茶：大寨村有龙脊古树茶也有龙脊云雾茶，茶树生长在海拔八百米以上，四季分明，雨量充沛，日照短，终年流水潺潺，山地地形排水较好，土壤条件好，云雾缭绕，是优质茶叶产出的理想之地。龙脊茶生态有机，香气持久，滋味浓醇，汤色清澈明亮，品味纯正，是天然茶中珍品，还可用来"打油茶"，也是一道特色美食。

（4）民族节庆类。

晒衣节："晒衣节"又叫"半年节"，是红瑶最为特殊且最为隆重的传统节庆，于每年的农历六月初六举行。这个传统节日的历史，来源于古时红瑶人们的居住环境，他们居住于群山之中，空气潮湿，衣服等容易发霉和遭虫蛀。此外，由于红瑶服饰容易褪色，不宜频繁清洗，于是，每年会在农历六月举行集体洗衣和晾衣活动，以此除湿、去虫，场面壮观。在当天还有必不可少的供田神仪式，以祈求田神保佑庄稼长得更好，保佑五谷丰登。自 2004 年以来，为了向游客展示红瑶民族文化，大寨村村民每年于农历六月六这一天便会组织开展"晒衣节"活动，除了红瑶女子集体晾衣之外，还有纺纱、织布及绣花等民俗表演活动，吸引了海内外众多游客慕名而来。如今，"晒衣节"已成为红瑶旅游文化的代表。

送神节："供太岁，抬金狗"，说的正是堪称红瑶春节的"送神节"。在腊月二十六这一天，红瑶村民会拿糍粑供灶王，再把灶王打发上天，一直到正月初一。在大年三十当天，装一升米放在火塘间，然后在米上放置红包供太岁。等到第二天早上起来，家里的孩子们可以去火塘间拿各自的红包。除了供太岁之外，红瑶村民在大年三十晚上还有一项红瑶特有的活动，叫作"抬金狗游寨"。活动队伍多为年轻小伙和儿童组成，每到一家之前，主人都要放鞭炮并备好餐食款待。另外，还要给队伍成员各发一个红包，以示祝福。耍龙灯和唱调是红瑶村民新年必备的才艺，一般持续半个月左右。其中，耍龙灯之前需要祭拜土地公，祈求来年五谷丰登、风调雨顺，唱调则更多的是讲述古代战争和历史等故事传说。

（5）大寨红瑶特色民俗文化。

蓄发：蓄发是红瑶的一大特色。古时红瑶女子以长发为美，于是便有了不剪头发的传统习俗。红瑶女子自幼便开始蓄发，至青年时代，则将头发盘于头上，用绣花黑头巾包起。为使头发黑亮而富有弹性，红瑶女子使用特有的中草药制作而成的洗发水。剪完头发后一般不会轻易丢弃，而是要一根根地整理捆扎起来。长时间下来，红瑶成年女子的头发大多在 1 米以上，最长的可达 1.75 米，曾打破吉尼斯世界纪录，吸引了无数游客前来观赏。开发旅游之后，大寨把这种洗发液做成了一种旅游产品。

3. 旅游资源定性评价

（1）特色自然景观，具有生态休憩观赏价值。

大寨村自然景观丰富秀美，根据梯田、湿地、森林等特色进行深度挖掘，利用富有特色的梯田旅游景观风景林，扩大自然旅游资源开发利用覆盖面，创建生态旅游保养休闲胜地。

（2）民族风情浓厚，人文资源丰富。

大寨村民族风情浓厚，至今仍然保留着长发梳妆、红瑶服饰与银饰、"晒衣节"等传统，民族特色文化保存较为完好。值得一提的是，2014年，红瑶服饰被列入"第四批国家级非物质文化遗产代表性项目名录"，而旅游开发对红瑶服饰文化的传承发展而言无疑是一个良好的契机。

（3）旅游资源知名度较高。

大寨的自然和民族文化资源都获得过诸多荣誉，也受到过很多媒体、专家、学者的关注，如2018年4月龙胜龙脊梯田荣膺"全球重要农业文化遗产"的称号。其中位于大寨村的梯田是其中的重要部分，吸引众多国内外游客前来观赏，为桂林国际旅游胜地建设增添了浓墨重彩的一笔。2019年大寨村因其特色丰富的旅游资源以及当前取得的旅游发展成效入选为第一批全国乡村旅游重点村名录，还多次参加央视的各大节目。

（4）旅游资源开发深度有待提高，且需要保护民族资源。

大寨村当前主要还是依靠梯田自然景观来吸引游客，人文资源尚未得到深度挖掘。主要表现在旅游产品较为单一，游客可购买的旅游纪念品和旅游服务都较少，缺乏独特创新，对当地特色产品的包装和推广也还不够，同时，瑶族的民族歌舞演艺没有对瑶族文化进行深入挖掘，与其他民族的歌舞有着较高同质性。

大寨村的旅游资源稀缺性与复合性并存，经济与社会价值高，开发潜力大，未来应该增加民族风情体验类、人文活动类项目，丰富旅游产品，提高旅游服务质量，提升开发层次，突破人文景观类旅游资源单体发展水平不均衡、差异大的问题。

（四）旅游发展现状

1. 旅游开发历程

（1）孕育期（2003年以前）。

在未进行旅游开发前，大寨村一直是深度贫困的山村，全村在2003年的人均收入不足700元，村民的生活得不到保障。金坑红瑶大寨于2001年正式开发旅游，逐渐出现家庭旅馆的雏形。2003年二龙桥至大寨公路通车，大寨村正式开发旅游，当年龙脊景区接待游客人数为9.17万人，大寨当年接待游客0.6万人。金坑红瑶大寨的旅游发展和系统开发走上了快车道。

（2）成长期（2003~2011年）。

在2003年以后，大寨村村民在政府等部门的不断带动下，依托当地的旅游资源正式开寨迎客，并与当地旅游企业签订了合作开发协议。协议中规定村民负责种植和维护梯田水稻，村民每年可以从旅游企业这里拿到7%的门票收入进行分红。2008～2010年，大寨村村民获得分红分别为14.7万元、15.6万元、28万元。2018年，大寨村共迎来海内外游客超78万人次，共获得670.6万元的门票分红，平均每家分得约2.5万元，最高获得约5.6万元。

（3）快速发展期（2012年至今）。

2012年金坑红瑶大寨寨门至金佛顶索道的开通，使金坑红瑶大寨进入快速发展时期。大寨当年接待游客12.8万人，占龙脊梯田景区游客接待人数的22%，比往年增长了11%。2015年，共接待46.2万游客量，同比增幅53%。2016年，游客量达54.09万人，增长19%。截至2017年底，大寨村有农家乐、农家旅馆、乡村民宿等不同类型的住宿设施约96家，客房1692间，床位3480个，满足游客日常住宿需求。大寨村旅游业的飞速发展使得村寨上上下下里里外外发生重大变化。从深度贫困到脱贫致富，从萧条衰弱的空心化村寨，到如今入选"中国经典村落景观"，实现了质的飞跃。目前，大寨村已成为闻名全国的"旅游致富村"之一，其发展模式值得其他民族村寨效仿。

2. 村寨旅游发展状况

（1）旅游开发模式。

产业扶贫对于实现脱贫具有重要的作用和意义。旅游开发初期，大寨村以"企业＋村民＋梯田"旅游开发模式，使村民获得旅游红利。现阶段，大寨村依托梯田景观和传统村落景观，走"政府＋公司＋景区＋村民"的旅游开发模式。其中，通过政府完善基础设施和旅游宣传，吸引了大量的游客前来观光旅游，同时也吸引了诸多外来投资者前来经营旅游业。其次，本地村民通过将自家闲置房屋开发成为农家乐、乡村民宿、商店、餐饮店等接待游客，还有部分村民由于缺乏资金或经验，而将自家空置房屋承包出去从而实现旅游增收，村民身份逐渐演变成了老板。此外，旅游企业通过收取景区门票费，每年实行分红，村民可从中获取部分收入。

（2）旅游基础服务设施现状。

在旅游基础设施方面，为了提高地方接待能力和村民的物质生活水平以及村寨整体环境，当地政府与旅游企业联合注入了大量的资金用以建设基础设施。

截至2018年底，龙胜各族自治县投入超30亿元基础设施建设资金，开展实施生态旅游扶贫大环线项目。其中，整合了地域旅游景点与民族风情，修建维护马路和传统民居，安装配置了旅游指示牌及环保设施等，打造出独具特色的少数民族风情长廊，建设"百节县"，同时创建了"五星级乡村生态旅游示范区"和

"国家级社区教育示范区"，为龙胜打赢脱贫攻坚战奠定了坚实的基础。

（3）旅游转移就业情况。

旅游发展在极大程度上促进了就业。未开发旅游前，人民主要依靠农业和打零工，收入微薄，难以维持家用，而在旅游开发不断发展后，人民逐渐投入到旅游开发中，部分人通过培训而做起了导游、服务员，还有部分人做起了老板，身份发生巨大改变。在当地政府的宣传领导下，在当地旅游企业的带动下，在当地景区资源的辐射下，旅游服务人员迅速增多。2016 年，在全县 8300 多脱贫人口中，约 2300 人从事旅游业。目前，旅游经济成为当地重要的收入来源。

（4）旅游开发效益。

目前，大寨当地村民从旅游中获得的收入主要来自三个方面。一是梯田维护费。龙脊梯田开发公司与大寨村签订了梯田维护协议，7% 的门票收入用于支付村民梯田维护。由表 7 - 2 可知，2004 ~ 2018 年，这 15 年来，大寨村接待的游客数量逐年增多，因而村民的梯田维护补贴也逐步增多，从最初的 2.5 万元到 2018 年的 391.28 万元，游客数量从起初每年 4 万余人到如今每年约 80 万人次，发生了翻天覆地的变化。二是种田补贴。当村寨景区一年游客量高于 36 万人次，旅游开发公司即给予所在村寨村民每亩 1000 元的补贴。据悉，2014 年，大寨村共获得 42.49 万元补贴，其中，有 60 户贫困户。2015 年，共获得 88.24 万元补贴，其中，47 户贫困户。2016 年，共获得 91 万元补贴，补贴金额逐年递增。三是大寨索道营收分红。2012 年，龙胜县政府引进大寨村索道运营企业，并与大寨村民签订了分红协议。按照协议规定，索道营收总额的 4% 用以大寨村民分红。据悉，2013 ~ 2015 年，大寨村共获得分红分别为 26 万元、39.6 万元、96 万元、99.36 万元。在田野调查的过程中了解到，大寨村村民潘某芳在 2015 年获得梯田维护费、种田补贴及索道分红共计 3.8 万元，直接解决脱贫问题。大寨村支书潘保玉坦言：从来没有想过通过对零散的梯田资源进行有效整合就可以发家致富，现如今村寨的环境变得越来越好，村民获得的旅游收入越来越多，老百姓再也不用担心吃不上饭穿不上新衣了。这是旅游发展的红利，也是大寨村民的致富经。

表 7 - 2　　　　　　　　　　　　历年景区梯田维护费汇总

年份	进寨人数（人）	实际梯田维护费（万元）
2004	—	2.50
2005	—	2.50

续表

年份	进寨人数（人）	实际梯田维护费（万元）
2006	42142	2.50
2007	52858	15.84
2008	58490	15.50
2009	81686	26.16
2010	87485	28.43
2011	115698	51.36
2012	128119	57.77
2013	197037	86.15
2014	303270	148.33
2015	462601	220.56
2016	549009	282.09
2017	616631	312.82
2018	797465	391.28
合计	3492491	1643.79

资料来源：大寨村村委会提供。

二、村寨扶贫现状

（一）贫困状况

1. 贫困户数

2014 年以前，大寨村共有 63 户贫困户，贫困人口 251 人。近几年，随着当地旅游业的推动发展，大部分村民参与到旅游开发实践中，从而实现了脱贫致富。截至 2017 年，仅剩 3 户贫困户，贫困人口 19 人。在 2018 年，共有 2 户 6 人返贫，1 户摘掉贫困的帽子，5 人脱贫，仅有 4 户共计 15 人尚未实现脱贫，贫困发生率从早期的 21.1% 降到如今的 1.20%。

2016 年以来实施易地扶贫搬迁户 9 户 47 人，其中分散安置 8 户 41 人，县城集中安置 1 户 6 人，目前已全部搬迁入住。2016 年以来实施危房改造农户 16 户 62 人（2016 年 15 户人，2017 年 1 户 4 人）。

2. 贫困程度

预脱贫户的潘某芳户 5 人，潘某芳夫妇年纪较大属于半劳动力，女儿潘某英有精神病，大孙子潘某超在部队服役，小孙子潘某东在读小学，享受易地扶贫搬迁集中安置，2018 年进寨费分红 5.6 万元。此预脱贫户未脱贫的原因主要是由于家中缺少能获得经济收入的劳动力。

还有几个较为典型的未脱贫户。未脱贫户潘某旺户 5 人，2 人上小学，其母潘英某患大病，无劳动力。潘某旺患有长期慢性病。未脱贫户余某均户 4 人，1 人上小学，1 人有精神疾病，1 人无劳力。返贫户潘某红户 4 人，1 人读小学，1 人有残疾（腰椎间盘突出），1 人有长期慢性病（双肾病）。返贫户潘某志 1 户，2 人今年家中因大病返贫（挨火烧伤）。家中有疾病患者和突发事件，是当地贫困户未能脱贫或返贫的重要原因。

易地搬迁是精准扶贫的重要政策，在大寨村得到了较好实施。全村有异地搬迁户共 9 户、44 人，其中集中安置 1 户，分散安置 8 户，其中 1 户到县城买房，余下 7 户均在本村进行了安置，现已经全部搬迁入住。现大寨村农村住房总数为280 所，稳固住房 280 所，稳固住房率达 100%。

3. 贫困特征

由于受到社会历史、地理环境、思想观念、教育等因素的影响，大寨瑶族群众聚居区经济文化还比较落后，局限于区域性狭隘的圈子里，与外界的联系交流比较少，不能适应改革开放和商品经济快速发展的需要。

第一，分布广。从建档立卡的情况来看，贫困人口分布在多个组。第二，既相对集中，又分散。所谓相对集中，贫困人口主要集中在旅游发展相对不好的地方；所谓分散，是指因贫困户个体差异较大，因学因病致贫的人口零星分布在各个村小组。第三，贫困人口中少数民族人口占比大，老年人贫困问题突出，个体特征致贫的情况也越来越突出。

4. 致贫原因

（1）环境及文化资源承载力不足。

大寨村以当地的梯田为主要旅游资源，对景区危害最大的是固体污染物的排放。游客在旅游过程中会丢弃垃圾，对大寨村资源环境的承载能力提出了更高的要求。大寨是个瑶族聚居区，周边村寨自然景观、娱乐设施、体验活动等难免会发生雷同的问题。因此，各村寨之间就会出现竞争客源现象，从而间接地激化村寨之间的矛盾，各村寨互相模仿，周边的生态环境可持续性遭到破坏，村民心态也间接地影响村寨的旅游健康发展，违背旅游资源可持续开发原则。

（2）贫困户自我发展能力不足。

受资金、教育、经验、思想、劳动力等方面的制约，民族村寨旅游深度开发面临着困境和难题，然而，在开发过程中，生活水平的提高常常会使村民忽略自己本民族村寨文化的价值，从而使本民族文化不断地被外来文化所侵蚀，本真性受到极大地破坏，如大寨村一些民族器具遭到人们的忽视而受到不同程度的毁坏，瑶族的织布技艺与特色纹饰等民间技艺受到影响面临失传，村寨艺术文化价值无法得到充分的发挥。现阶段，大寨村最主要的致贫原因是技术的缺乏与自身发展力不足。目前村里已经加大开展农村劳动力职业素质教育，设有驻村帮扶单位和新农村指导员，及时将惠民、惠农政策宣传到户。

（3）经营理念存在偏差。

大寨村旅游业经营者大部分为本寨村民，不仅缺少经营管理的经验和专业的培训，而且也缺乏一定的创新意识。此外，由于大部分村民教育水平有限，缺少对外沟通，因此对游客的行为和心理掌握不透，从而产生盲目经营的现象。例如，一些乡村民宿主人由于不重视经营特色和服务质量，从而缺乏核心竞争力和影响力，经济效益也随之逐渐下滑，还有部分经营者抱以"坐等客来"的心态，缺乏营销推广思维。

（4）产业规模小。

由于受到地理环境、交通环境等因素的影响，大寨村的交通可达性相对较低。尽管近几年当地游客数量不断增多，但是与周边的阳朔等地相比还存有较大的差距。目前，大寨村旅游产业主要以梯田景观、住宿业为主，缺乏娱乐设施、旅游体验、特色餐饮服务及其他旅游景点等，尚未形成完善的产业体系，因而造成了客源市场狭小、游客少的局面。此外，由于前往大寨游玩的游客多是跟团游或者自驾游，因此"一日游"现象居多，从而也导致游客消费需求较低。

（5）服务水平偏低。

由于大部分旅游从业者未经专业的培训和教育，因此，诸多旅游从业者缺乏服务意识。例如，大部分餐饮店卫生环境堪忧，地面垃圾堆积，过于"原汁原味"，没有从游客的角度思考问题，于是，游客面对"脏、乱、差"的环境往往拒而远之，尤其是对于外地游客而言容易留下负面印象，重游率将会直接受到影响。此外，还有部分乡村民宿与政府规定的管理标准存在较大差距，受气候、文化教育等因素影响，床上用品卫生得不到保障，游客的旅游体验需求得不到满足，从业者的接待礼仪未受培训，从而直接影响游客的旅游体验质量。

5. 扶贫资金投入与成效

（1）教育保障。

大寨村义务教育普及良好，全村无辍学学生。为了激励学生学习，解决贫困户孩童上学困难等问题，教育部门每人每学期对贫困学生免除 450 元保育费。

（2）农村基本医疗保险与养老保险。

全村总人口 1276 人，有 1221 人参加普通医疗保险和大病医疗保险，参保率达 95.68%。全村 60 岁以上 197 人，符合领取基本养老保险条件的 197 人，符合条件领取基础养老金为 100%（60 岁以上每人每月不低于 90 元）。建档立卡贫困人口城乡居民养老保险参保 351 人，符合参保条件参保率 100%。

（3）政府民政救助保障。

一是最低生活保障。全村低保户 30 户、98 人，其中 A 类低保 10 户、22 人，B 类低保 4 户、15 人，C 类低保 16 户、61 人。建档立卡贫困户 17 户，符合条件应纳入农村低保户数 17 户，已纳入农村低保户 17 户，符合条件纳入率 100%（A 类低保每人每月 300 元，B 类低保每人每月 200 元，C 类低保每人每月 160 元）。

二是医疗救助。现阶段农村农民大多都有农村最低医疗保障，全村总人口 1227 人，符合参加农村基本医疗保险条件 991 人，实际参保 1219 人，参保率 99.92%，所有参保人员都统一参加了大病医疗保险。

三是农村基本养老保险。全村 60 岁以上村民 197 人，符合领取基本养老保险条件的有 197 人，符合条件领取基础养老金率为 100%（60 岁以上每人每月不低于 90 元）。建档立卡贫困人口城乡居民养老保险参保 351 人，符合参保条件参保率 100%。

四是对于残障村民的帮助。全村的残障村民较多，但都受到政府一定程度的救助。全村残疾人 64 人，办理残疾证的 64 人，其中低保残疾人 8 人。对重度残疾人每人每月予以 50 元护理补贴，对低保户残疾人每人每月予以 50 元生活补贴。

（4）驻村帮扶。

驻村帮扶单位、工作组遍访贫困户，指导贫困户因地制宜，并制定帮扶方针，大力发展旅游产业、种植产业，充分发挥贫困户的自身发展动力，按照组织上要求"八九不离十"进行工作，认真贯彻落实乡镇、县级分配的任务和工作，得到了群众的充分认可。

（5）特色产业扶贫状况。

依据本村得天独厚的地理优势，动员贫困户大力发展旅游产业，有 12 户开设了农家乐及土特产店，使部分人均稳定年收入达到了 8000 元。

（二）旅游扶贫政策

旅游扶贫政策对贫困地区旅游发展而言具有巨大的推动作用，它涉及多方参与主体，同时也涉及社会经济发展的方方面面，需要有机地、整体地看待旅游扶贫长效机制的理念。

1. 县域旅游开发政策

2019 年，龙胜县出台了三个重要的扶贫开发政策。第一，龙胜县扶贫开发领导小组出台的《龙胜各族自治县扶贫开发领导小组成员单位工作职责》中通知：（1）拟定完善全县旅游扶贫发展规划，深入推进旅游扶贫，推进贫困村旅游扶贫开发，在全县实施休闲农业和乡村旅游等品牌创建工程。（2）拟定完善全县文化扶贫发展规划，结合脱贫攻坚工作任务，充分发挥职能作用，加快推进村级公共文化体育服务和村级公共服务中心建设，提升贫困群众公共文化服务获得感。（3）组织实施村级文化服务"六个一"项目。（4）推进全县广播电视基础网络建设和升级改造，开通数字广西传输信号。（5）指导开展积极向上的体育活动。

第二，龙胜县人民政府办公室出台的《关于印发进一步加快全县就业扶贫车间建设工作实施方案》中明确指出，经营者利用地方旅游资源和闲置资源而进行旅游开发经营活动，通过餐饮、乡村民宿、景区管理、卫生管理等途径推动贫困人口就业，实现增收脱贫。

第三，龙胜县扶贫开发领导小组颁布的《龙胜各族自治县扶贫开发领导小组2019 年工作要点》中指出，大力推进乡村旅游扶贫发展工作，重点整合交通设施、危房改造、特色旅游村镇、传统村落等项目的建设资金，进一步改善配套设施建设质量。

2. 政府：政策扶持

（1）土地保障措施。

从 21 世纪开始，国家和政府一直积极探索土地流转和稳定承包的方法，多次提出"要坚持农户自愿、有偿"的原则，允许土地承包经营权流转。2017 年中央"一号文件"提出，大力培育新型农业经营主体和服务主体，加快发展土地流转、服务带动型等多种形式经营规模。在国家政策的扶持下，政府部门要科学编制土地利用总体规划，严格落实土地管理制度，对规划的实施进行定期评估和调整。大寨旅游开发中的民宿和酒店发展可以通过土地流转来扩大经营规模，有利于实现旅游扶贫的长效发展。

（2）资金保障措施。

大寨的旅游发展有着较为完善的资金保障机制，包括保障范围、来源渠道、投入结构、制度安排及政策目标等，有许多众筹融资方式。在资金保障方面，相关部门可以加大对民宿企业的融资授信支持，进一步完善融资担保信用体系，加大各类信用担保机构对民宿企业的担保力度，相应的酒店民宿能够得到贷款优惠政策。在政府信用建设方面，信用状况良好、偿债制度清晰的政府可以以法人的组织形式参与金融市场融资，不仅可以维护金融资金的安全，还能够提高融资项目的信用级别，吸引投资者。因此，强化政府信用建设，将信用建设制度化、法制化，以此规范社会各个经济体的信用行为。此外，大寨村还与邮政储蓄银行龙胜支行合建"信用村"，营造诚信服务氛围，通过贴息信贷和金融服务终端进一步促进了大寨村旅游事业的发展。

（3）人才保障措施。

人才是实现资源最优配置和高质量服务的关键。人才的培养与引进一方面要重视当地的教育投入，重视对当地青少年的教育引导，挖掘本土自发的向上力量；另一方面，可以依托高校、科研院所和骨干企业，以重点学科、重大项目、重点产业的实施和管理为载体，培养适应当地旅游发展需要的各类人才，不断完善人才机制。

政府和旅游开发者要加强对当地旅游从业者的培训，增加民众与外界的交流机会，扩展视野，提供丰富多样的培训课程。结合当地的发展具体情况，可以聘请高校教师和专业培训师共同组成多元化的培训师队伍，为员工带来全方位的培训体验。此外，要采取短期课后考核和长期跟进评估培训效果，及时调整培训内容。

将人才队伍建设作为重点任务，着力培养一批熟悉旅游市场、创新能力强、掌握专业管理能力的高水平人才。开拓改革和完善人才激励制度，对高级管理人才实行股权激励、优惠购股等奖励，充分调动优秀人才的积极性。

值得一提的是，自桂林旅游学院 2012 年派驻第一书记到大寨村以来，依托该校的资源优势，结合村民实际需求，通过开展导游接待、客房服务和餐厅服务等技能培训，提升了村民的旅游服务水平。

（4）规划设计实施保障。

民宿成立之前要先进行规划设计，以保证民宿的建筑风格与当地的民族建筑风格一致。在建筑施工过程中所使用的材料尽量和民族建筑保持一致，可以利用新技术同时结合现代新兴的材料，体现空间的现代感。另外，在民宿设计方面，民宿主人可以请专业的设计师，提炼民宿的主题元素，通过色彩的选取与搭配、图案的解构与重构对民宿进行设计和装饰，全方位营造民宿主题文化。

（5）安全保障。

大寨村的旅游发展严格按照国家相关管理条例。根据国家旅游局发布的《旅游民宿基本要求与评价》（LB/T 065—2017）中的安全管理规定，民宿经营者要建立健全各类相关安全管理制度，制定突发事件的应急预案，并提前演练，对从业人员进行培训。易发生危险的区域和设施应设置安全警告标识，易燃易爆品的储存和管理应采取必要的防护措施。应配备必要的消防、监控等安全设施，确保游客和从业人员的人身和财产安全。

（6）易地搬迁政策。

易地搬迁政策是精准扶贫的重要政策，在大寨村的旅游扶贫中发挥了重要作用。全村有易地搬迁户共9户、44人，其中7户均在本村进行了安置，现已经全部搬迁入住。通过易地扶贫搬迁实现长效减贫，需要增强社区发展能力，提高贫困人口自我发展能力。当前，政府重视并强化对贫困人口"志"与"智"的激发，需要充分激活乡村社会内部的支持性力量。

3. 旅游企业：就业转移

大力发展民族地区旅游经济，让农村剩余劳动力从农业生产到旅游接待服务转型。通过这样一种转移方式，可以有效地解决以下问题：一是可以解决劳动力和人才流失的问题；二是可以提高村民的综合素质和旅游服务意识，提高游客旅游体验质量和居民的生活幸福感；三是可以在提高居民收入的同时，促进当地旅游业健康可持续发展。

4. 贫困人口：培训教育

培训教育是给当地民众赋能的重要方式。政府和旅游开发者在教育培训中能够给贫困人口提供社会资源，贫困人口在培训教育中可以获取有效的知识，提高脱贫致富的信心和勇气，转变靠天吃饭的消极思想，早日走上富裕的道路。

（三）旅游扶贫主要举措

1. 发展脱贫产业

一是集中力量重点扶持县级"5＋2"、村级"3＋1"等特色产业，全面提升旅游品牌、旅游效益。二是积极调动龙头企业、农民专业合作社、创业致富带头人等群体的带领作用，更加重视研究市场，积极整合专业力量，建立贫困户产业发展指导员制度，组织特色农业产业扶贫专家服务团，协助贫困户发展好旅游业。三是落实科技特派员政策，重点发展长线产业，大力抓好产销对接，积极依托互联网等现代信息技术，多渠道拓宽贫困地区农产品营销渠道，规范和推动资产收益扶贫，确保真正惠及特殊困难贫困户。四是稳步推进配套设施建设，全面提质增效。五是要鼓励和指导各乡镇、各村因地制宜选择产业种类，精准规划产业发展模式。

2. 异地扶贫搬迁

一是严格落实易地扶贫搬迁安置点领导小组责任制，落实完成易地扶贫搬迁任务；二是完善迁入地基础设施建设，保障居民的生活安全和生活质量；三是强化后续产业发展和就业创业扶持，有效保障搬迁户的合法权益；四是对达到一定规模的集中安置点，建立健全社区行政管理机制，实行网格化管理；五是加快推进易地旧房拆除工作，并做好搬迁对象享受危房改造补助任务；六是加快易地扶贫搬迁后续扶持项目建设进度，完善财务专账管理。

3. 转移就业

摸排贫困劳动力就业意向、专业培训需求等，组织系统化、专业化培训工作，同时提高就业培训针对性和精准度。通过吸引粤桂扶贫协作广东劳动密集型企业转移入驻、地方自主招商引资、龙头企业布局设点等方式，强化就业扶贫车间的建设。同时，按照自治区相关要求，实行差异化扶持政策，激励扶贫车间提升带贫增收积极性。

4. 改善基础设施

坚持"两不愁三保障"标准，因地制宜实施村（屯）道路建设，合理安排扶贫资金，确保项目实施满足脱贫攻坚需要。结合农村人居环境整治三年行动，深入实施贫困村提升工程，整合财政涉农资金，加快推进有贫困人口且受益面广的路面、水利等设施建设。大力实施贫困村农网改造升级，加强电力基础设施建设。积极向上级争取在贫困村建设4G基站，提高贫困村通信信号覆盖率和质量。

5. 发展教育

强化保障义务教育。第一，通过各种宣传引导、法律法规、扶贫补助等手段，确保2019年义务教育巩固率不低于94%。第二，扎实推进义务教育薄弱学校改造工作，改善义务教育学校基本教学条件。落实教育资助政策，实现应助尽助。第三，加大推广普及国家通用语言文字工作力度，开展学前儿童学习普通话行动。

6. 金融扶贫

进一步规范和加强扶贫小额信贷发放和管理。第一，重点核查和纠正不符合条件的贫困户放贷、户贷企用以及扶贫小额信贷利率、贴息不按要求落实等问题。完善风险防控措施，跟踪做好扶贫小额信贷资金回收，防范化解逾期风险。第二，抓好金融扶贫政策落实，加大对脱贫攻坚的信贷支持。第三，探索创新保险品种，扩大农业保险覆盖面，降低因灾、因意外伤害等致贫、返贫的风险。

7. 社会保障

加大兜底医疗保障政策的落实力度。第一，综合政府投入、社会帮扶、个人参与相结合，确保所有建档立卡贫困人口 100% 参加城乡居民基本医疗保险，确保贫困人口住院医疗费用个人实际报销比例、门诊特殊慢性病门诊医疗费用个人实际报销比例达到国家要求。第二，深化推进乡村卫生服务设施规范标准建设，提升医疗卫生队伍水平建设，同时将"先诊疗后付费"和就诊医院"一站式"结算报账制度落实到位。

完成建档立卡贫困户等 4 类重点对象 2019 年度危房改造任务，全面推进建档立卡贫困户住房安全性认定工作，注重农村危房改造拆除重建和修缮加固相结合，确保符合基本入住条件，切实改善贫困群众的居住条件。

实施脱贫攻坚农村饮水安全巩固提升项目，保障全县所有贫困人口饮水健康安全。进一步强化项目清单式管理，使群众饮水条件得到根本改善。进一步建立健全饮水工程运行维护长效机制，保障饮水工程长期发挥效用。

（四）旅游扶贫成效

从整个县的经济发展来看，2019 年 1～9 月，龙胜县农业转移就业 3535 人（其中建档立卡贫困劳动力转移就业 603 人）。其中农村非农产业的发展对于农村经济的发展具有非常重要的地位，大寨应该要依托当地的资源优势、技术优势、人才优势，在大力发展当地旅游业的同时，因地制宜，创造条件，拓宽农民就业和增收渠道。

大寨村具有丰富的自然资源，将丰富自然资源与农村富余劳动力资源结合起来发展特色旅游业，有利于贫困人口转移就业，并进而实现农业增收。旅游业的发展同时也可以带动旅游景区建筑业、交通运输业、住宿餐饮业等其他服务业的发展，从而推动旅游业的整体发展。

1. 旅游 + 梯田

梯田资源是大寨乃至整个龙脊景区的重要旅游资源，梯田景观是龙脊景区的"头牌"。大寨村与旅游公司签订《龙脊梯田耕种协议书》，旅游公司需将大寨村景点门票总额的 10% 分红给大寨村民作为梯田维护费，并给予每家农户每亩500～1000 元种田补贴。由此可见，梯田景观对龙脊景区的重要性。村民能因梯田脱贫致富，旅游公司也能获利，龙胜县政府也完成脱贫任务，并成为扶贫典型，利益相关者均获得效益最大化，"旅游 + 梯田"产业链模式获得成功。

2. 旅游 + 农副产品

龙脊有众多的土特产深受游客欢迎，如龙脊茶、龙脊糯米、龙脊辣椒、龙脊水酒、龙脊腊肉、干笋、龙脊罗汉果等名特优农产品，这些农产品均为农户自家种植。旅游开发前，这些土特产无销售途径，只能自家食用；旅游开发后，这些土特产有了新的销售渠道，不少电商平台也入驻大寨，将大寨的诸多土特产放在网络平台进行销售，由此获利。旅游的发展带动了当地农副产品的销售，形成了新的产业链，村民获得了收益，带动了旅游的进一步发展。

第三节　大寨村旅游扶贫效果评估指标体系宏观实证分析

一、指标评价数据来源

（一）旅游经济发展

旅游经济发展包括旅游接待人数、村民人均收入、旅游收入、旅游从业家庭占比、旅游产品体系、旅游基础设施等6个指标。本书课题组通过实地调查，主要从龙脊梯田管理中心的政府办公室获得上述指标相关数据（见表7-3），旅游基础设施评价则根据专家意见咨询，从而为评价大寨村旅游经济发展奠定基础。

表7-3　　　　　　　　　大寨村旅游经济发展指标数据统计

指标	年份			备注
	2017	2018	2019	
旅游接待人数（万人次）	61.7	79.7	80.5	门票、吃、住、购总收入
旅游总收入（万元）	548	539	638	
村民人均收入（元）	7000	8000	10000	
全村户数（户）	280	280	280	
从事旅游业的家庭户数（户）	280	280	280	

资料来源：龙胜龙脊梯田国家湿地公园风景名胜区管理处。

1. 旅游接待人数

基于龙胜龙脊梯田国家湿地公园风景名胜区管理处提供的统计数据，大寨村2017~2019年旅游接待人数分别为61.7万人次、79.7万人次和80.5万人次，平均为73.97万人次。根据《旅游区（点）质量等级的划分与评定GB/T 17775—2003》，村寨近三年平均旅游接待人次属于60万~80万人次范围，接待海内外旅游者超过 50 万人次，因此，该项指标的评分情况较好，村寨在该方面需根据环境承载力制定相关方案策略，提高村寨的旅游接待能力。

2. 旅游收入

根据《乡村旅游扶贫工程行动方案》，2017～2019 年大寨村旅游收入主要涵盖景区门票、吃住购等方面，平均为 575 万元（由表 7-3 数据计算）。该指标大于 100 万元，故达到 5 分的评价标准。

3. 村民人均收入

从表 7-3 看，大寨村村民近三年平均人均年收入达到 8333.33 元，呈现良好的增长态势。根据《中国农村扶贫开发纲要（2011-2020 年)》，该指标已大比例超过 4000 元的标准，故评分为 5 分。

4. 旅游从业家庭占比

旅游从业家庭占比为从事旅游业的家庭户数（户）与全村户数（户）的比值。根据表 7-3，从近三年的数据显示看，大寨村旅游从业家庭等于全村家庭户数，参与率高达 100%，故该指标得分为 5 分，说明大寨村农户参与旅游经营的积极性高，旅游业的发展对大寨村的发展影响较大。

5. 旅游产品体系

根据实地调查，大寨村旅游产品以民族文化旅游产品为主，涉及瑶族服饰等手工艺品、特色瑶族洗发产品（以瑶族淘米水为典型代表）、民族文创产品和节庆产品等，此外，还有一些龙脊高山云雾茶、龙脊辣椒、烟熏腊肉等特色农产品。根据全国乡村旅游重点村遴选标准，大寨村旅游产品大于 8 种，故达到 5 的评分标准，但总体而言，旅游产品的体系尚未健全，还需进一步丰富旅游产品种类，提高产品质量。

6. 旅游基础设施

从大寨村的游客服务中心、停车场、观景长廊、缆车等旅游设施的建设情况来看，大寨村旅游基础设施健全，其他公共基础设施也在不断完善，但从村容村貌、寨子内部的路面硬化、通路、住房、防火防灾等情况来看，还有许多可待提升的空间。根据专家意见咨询及评价结果，大寨村旅游基础设施综合得分为 3.43，即 28.58% 的专家认为大寨村旅游基础设施情况较不好。这符合实际情况。

（二）村寨治理能力

村寨治理能力包括旅游扶贫责任制、村寨事务管理能力、乡风文明程度、村寨宜居性、村容村貌、民族民俗文化保护等 6 个指标。上述指标得分主要根据专家意见咨询及评价得到，评价结果见表 7-4。

表 7 - 4　　　　　　　　　　村寨治理能力评价专家评分结果

二级指标	三级指标	评价结果
村寨治理能力评价	旅游扶贫责任制	4.43
	村寨事务管理能力	4
	乡风文明程度	4.14
	村寨宜居性	4.43
	村容村貌	3.71
	民族文化保护	3.57

1. 旅游扶贫责任制

大寨村从各级政府、旅游企业、开发商、旅游规划等层面都已出台了一些旅游扶贫政策，龙胜县政府也建立了相关旅游扶贫责任制度，并将其不断完善。根据表 7 - 4，借鉴《脱贫攻坚责任制实施办法》，本书课题组及专家对大寨村旅游扶贫责任制的评分为 4.43，符合较好的等级标准。

2. 村寨事务管理能力

在实地调研过程中，大寨村旅游经营活动较为有秩序，如村委会等村民自治组织能够组织村民维护村内的基础设施，可进行合理的门票分红，村规民约执行情况较好，民族节庆活动安排议程等形成一定的规范。本书课题组成员及专家对大寨村事务管理能力的综合评分为 4，即所有评分人员认为大寨村事务管理能力较强。

3. 乡风文明程度

《乡村振兴战略规划（2018 - 2022 年）》提出"乡村振兴，乡风文明是保障"，乡风文明是美丽乡村建设的重要内容。大寨村的村民教育水平整体虽然不高，但民风淳朴，待客热情，在旅游活动的带动下，村寨的旅游从业人员个人素质良好，也积极参加各种类型的旅游服务培训。这在一定程度上反映了大寨村的精神文明建设情况。因此，本书课题组成员及专家对大寨村乡风文明程度的综合评分为 4.14。

4. 村寨宜居性

根据《旅游区（点）质量等级的划分与评定》（GB/T 17775—2003），无论是村寨可进入性，还是整体生活环境，大寨村都表现较好，且大寨村是龙脊梯田国家湿地公园的重要组成部分，空气湿度、饮用水、土壤质量等自然生态环境较为优越。本书课题组成员及专家对该村寨宜居性的评分达到 4.43，处于较好水平。

5. 村容村貌

近年来，大寨村于2019年入选第一批全国乡村旅游重点村名录，在众多村落中脱颖而出，并多次被中央电视台等重要媒体进行海内外报道，许多知名摄影师到此进行拍摄，并承接举办国际性的山地跑步等体育赛事。这在一定程度上反映了大寨村的村容村貌较好。同时，本书课题组《参考美丽乡村建设指南》（GB/T 32000—2015）对大寨村的村容村貌进行评分，得到了3.71的平均分。

6. 民族文化保护

前文对大寨村的民族文化资源等进行了详细的描述，大寨村具有丰富多样的民族旅游资源，尤其是民族服饰、民族节庆、民族歌舞、特色饮食等物质和非物质文化遗产众多。根据《民族民俗文化旅游示范区认定（GB/T 26363—2010）》标准，课题组成员及专家根据物质文化传承、非物质文化传承、民族文化典型性、文化符号系统等具体的条目对民族文化保护指标进行综合评分。本书课题组特邀专家和研究评分人员的平均分为3.57分，说明他们对大寨村民族文化保护方面的表现较为认可。

（三）村民感知评价

村民思想观念包括参与旅游开发的意愿、参与旅游培训的意愿、村民和谐相处程度、村民对旅游扶贫的认可度、村民对保护生态环境的重视度等主观性指标。该指标评分主要根据细化指标加权得到，大寨村村民旅游扶贫相关感知评价指标权重计算结果如表7-5所示。将问卷上每个细化指标得分的均值与其权重相乘求和后，得到村民感知评价各三级指标的评分结果，如表7-6所示。

表7-5　　　　　　　　大寨村村民感知评价下设细化指标的权重计算结果

三级指标	细化指标	指标权重
对旅游扶贫经济和社会文化正效应的感知	旅游促进了村寨经济的发展	0.082126
	旅游带动了村寨相关产业的发展	0.084506
	旅游增加了村民的就业机会	0.086236
	旅游增加了村寨女性居民的就业机会	0.084348
	旅游增加了村民个人收入	0.081474
	旅游促进了文化遗产的保护	0.110197
	旅游促进村寨文化活动的多样性	0.105711
	旅游提高了本地知名度	0.084506

续表

三级指标	细化指标	指标权重
对旅游扶贫经济和社会文化正效应的感知	旅游促进了村寨与外界的各方面交流	0.089660
	旅游促进了民族团结	0.093715
	旅游增加了村寨凝聚力	0.097523
对旅游扶贫环境和人口素质正效应的感知	旅游改善了村寨基础设施	0.195457
	旅游提高了本地的生活质量	0.176771
	旅游改善了村寨的治安环境	0.135601
	旅游改善了本地的自然环境	0.162216
	旅游提高了村民的能力与素质	0.139439
	旅游提高了村民的环保意识	0.190516
对旅游扶贫负效应的感知	旅游提高了物价和生活成本	0.164554
	旅游加剧了村民贫富分化	0.152350
	旅游导致或加剧了村民之间因经济利益而产生的冲突	0.188220
	旅游干扰了村民日常生活	0.201598
	旅游导致了本地的交通拥挤	0.201488
	旅游破坏了本地风俗文化	0.091790
旅游精准扶贫政策绩效评价	政府的旅游扶贫政策能适应村民需求	0.184100
	旅游扶贫主要依靠政府的规划帮扶和管理	0.186207
	扶贫对象的识别是否精准科学合理	0.213566
	扶贫项目或措施是否到村到户	0.211190
	扶贫队伍是否到村到户	0.204936
参与态度与意向	我愿意为了旅游发展保护自然资源和环境	0.106988
	我愿意参与旅游政策制定和决策过程	0.144561
	我愿意参与旅游开发与规划	0.147270
	我愿意为了旅游发展而出让土地林场山场等资源	0.181939
	我愿意自主经营一些旅游接待项目	0.133077
	我愿意接受景区或旅游企业聘用成为其工作人员	0.157169
	我愿意参与旅游教育和培训	0.128994

表7-6　　　　　　　　村民感知评价三级指标评分结果

二级指标	三级指标	评价结果
村民感知评价	对旅游扶贫经济和社会文化正效应的感知	4.339
	对旅游扶贫环境和人口素质正效应的感知	4.115
	对旅游扶贫负效应的感知	2.998
	旅游精准扶贫政策绩效评价	3.852
	参与态度与意向	4.110

1. 对旅游扶贫经济和社会文化正效应的感知

旅游扶贫的经济和社会文化影响深远。根据表7-5，"旅游促进了文化遗产保护"是村民感知旅游扶贫经济和社会文化正效应最为重要的指标，权重为0.110197。另外，旅游促进村寨文化活动的多样性，权重为0.105711。可见，旅游发展对民族村寨文化的传承保护具有促进作用，当地村民也表示认同。从表7-6可知，村民对旅游扶贫经济和社会文化具有积极作用的评价较好，得分为4.339。

2. 对旅游扶贫环境和人口素质正效应的感知

根据表7-5，"村民对旅游扶贫在生活质量提升作用的感知"是旅游扶贫环境和人口素质正效应方面最为重要的指标，指标权重为0.176771。从表7-6可知，村民对旅游扶贫环境和人口素质改善较为认可，得分4.115。这符合《生态环境部定点扶贫三年行动方案（2018-2020年)》等的"较好"标准。

3. 对旅游扶贫负效应的感知

根据表7-5，旅游干扰了村民日常生活，造成了严重的负面影响。这一指标权重为0.201598。另外，是旅游导致了本地的交通拥挤，指标权重为0.201488。可见，在接下来旅游扶贫过程中，还需加强大寨村的交通基础设施建设，平衡协调当地村民与游客之间的和谐关系。根据表7-6，村民对旅游扶贫负效应的感知一般，得分为2.998。

4. 旅游精准扶贫政策绩效评价

由表7-5可知，旅游扶贫的政府规划、帮扶和管理至关重要，这一指标权重为0.186207。根据《贫困县退出专项评估检查实施办法》，从表7-6可知，大寨村村民对旅游精准扶贫政策效果的感知较好，这一项得分为3.852，可见大寨村旅游扶贫成效较好。

5. 参与态度与意向

根据表7-5，愿意为旅游发展而出让土地林场山场等资源最能反映大寨村村民的旅游扶贫参与态度和意愿，这一指标权重为 0.181939。从表 7 - 6 可得，在村民旅游扶贫参与态度和意愿方面，大寨村得分为 4.110，参与意愿较好，符合大寨村农户 100% 参与旅游经营的特征。

二、评价结果与分析

采用加权函数法进行大寨村旅游扶贫效果宏观评价，计算公式如下：

$$T = \sum_{i=1}^{n} (W_i \times P_i) \tag{7-1}$$

式（7 - 1）中，T 为总目标最终得分，W_i 为指标在总目标下的权重，P_i 为指标的评分值，n 为指标数量。

根据前文 17 个指标的权重：$W_1 = 0.074$，$W_2 = 0.102$，$W_3 = 0.098$，$W_4 = 0.047$，$W_5 = 0.066$，$W_6 = 0.058$，$W_7 = 0.076$，$W_8 = 0.076$，$W_9 = 0.052$，$W_{10} = 0.037$，$W_{11} = 0.032$，$W_{12} = 0.063$，$W_{13} = 0.047$，$W_{14} = 0.035$，$W_{15} = 0.037$，$W_{16} = 0.037$，$W_{17} = 0.063$。基于上述的评价数据来源和指标权重，经计算可得最终的得分值为 4.258，介于较好和非常好等级之间，大寨村旅游扶贫的总体评分较高，发展效果较好。

根据前文，3 个准则层中，旅游经济收入的权重为 0.445，村寨治理能力的权重为 0.336，村民感知评价的权重为 0.219。以各指标在总目标下的权重去除以各子系统在总目标下的权重，可以得到各指标相对于子系统下的权重，分别是：$Z_1 = 0.166$，$Z_2 = 0.229$，$Z_3 = 0.220$，$Z_4 = 0.106$，$Z_5 = 0.148$，$Z_6 = 0.130$，$Z_7 = 0.226$，$Z_8 = 0.226$，$Z_9 = 0.155$，$Z_{10} = 0.110$，$Z_{11} = 0.095$，$Z_{12} = 0.188$，$Z_{13} = 0.215$，$Z_{14} = 0.160$，$Z_{15} = 0.169$，$Z_{16} = 0.169$，$Z_{17} = 0.288$。将其再次代入公式，用各指标相对于子系统下的权重与各指标的评分相乘，得到旅游经济收入综合得分 4.791，村寨治理能力得分为 4.100，村民感知评价综合得分为 3.933。3 个准则层的得分排序为"旅游经济收入 > 村寨治理能力 > 村民感知评价"。从评价结果来看，旅游经济收入和村寨治理能力准则层的得分处于较好和非常好之间，村民感知评价准则层的得分也趋近于较好等级，旅游经济收入得分最高。这说明大寨村旅游扶贫宏观效果比另外两个村寨高，各指标表现都较好，在未来的发展中，需保持现阶段取得的旅游扶贫成效，整体进一步细化完善。

第四节　大寨村旅游扶贫效果居民感知问卷分析

一、村民家庭状况分析

（一）人口统计学特征分析

对被调查村民进行人口统计学特征分析，问卷（Q3、Q4）的分析结果如表7－7所示，男性（93人）占研究样本的46.5%，女性（107人）占53.5%，表明被调查者中女性村民的比例要高于男性。在年龄构成上，以中青年为主，其中41～60岁（94人）人数最多，占研究样本的47.0%，26～40岁（67人）的人数占33.5%，中青年是发展民族村寨旅游的主体。在受教育程度方面，主要集中于小学（97人）和初中（38人），分别占48.5%和19.0%。这也充分说明，大寨村村民受教育程度偏低。在村民家庭人口结构上，其中5口人（56人）占比最多，占研究样本的28.0%，其次是7口及以上（51人）和4口（43人）分别占比25.5%和21.5%。在村民所属区域上，大寨村民（50人）人数最多，占研究样本的25.0%，其次是田头寨（46人）和壮界（44人）分别占比23.0%和22.0%，目前旅游开发的主体项目及游客主要集中在大寨和田头寨。

表7－7　　　　　　　　　　人口统计学特征

项目	描述	频数	百分比（%）
性别	男	93	46.5
	女	107	53.5
年龄	18岁以下	4	2.0
	18～25岁	15	7.5
	26～40岁	67	33.5
	41～60岁	94	47.0
	60岁以上	20	10.0

续表

项目	描述	频数	百分比（%）
受教育程度	未接受过教育	20	10.0
	小学	97	48.5
	初中	38	19.0
	高中	19	9.5
	中职中专	5	2.5
	高职高专	12	6.0
	大学及以上	9	4.5
人口数	3 口以下	5	2.5
	3 口	14	7.0
	4 口	43	21.5
	5 口	56	28.0
	6 口	31	15.5
	7 口及以上	51	25.5
所属区域	大寨	50	25.0
	新寨	23	11.5
	田头寨	46	23.0
	大毛界	37	18.5
	壮界	44	22.0

（二）贫困户情况及致贫原因分析

不同村民对旅游扶贫的效果感知不同，因此在调研过程中被调查者也包括不是贫困户的村民，以更加客观地看待旅游扶贫的效果，也可以侧面看出贫困户选举的公平性。在调查中将贫困户作为重点调查对象，他们对旅游扶贫有更深刻的认知。问卷（Q1）分析结果如表 7-8 所示，在研究样本中，非建档立卡户 170人，占研究样本的 85%，说明村寨不是贫困户的村民占多数，而贫困户中又分为三个不同的贫困等级，其中一般贫困户（18 人）比例最高，占研究样本的9.0%，低保户 3 人，占 1.5%，属于扶贫低保户的村民 9 人，占研究样本的4.5%。

表 7 - 8   贫困户信息

类型	频数	百分比（%）	有效百分比（%）	累积百分比（%）
非建档立卡户	170	85.0	85.0	85.0
一般贫困户	18	9.0	9.0	94.0
低保户	3	1.5	1.5	95.5
扶贫低保户	9	4.5	4.5	100.0
合计	200	100.0	100.0	100.0

为了更深入了解大寨村村民的致贫原因，对导致其贫困原因（问卷 Q2）进行调查。根据表 7 - 9 显示，村民认为大寨村因缺少资金致贫人数最多（13 人），占研究样本的 24.5%。其次是因学致贫（10 人），占比 18.9%。再次是因缺劳力致贫（9 人），占比 17.0%。在旅游发展中，因病（7 人）和自身发展动力不足（5 人）和缺技术（5 人）也是制约村民增加收入的原因，分别占研究样本的 13.2%、9.4% 和 9.4%。此外，因残（2 人）、因灾（1 人）和交通条件落后（1 人）也在一定程度上制约了村民家庭收入提高，各占研究样本的 3.8%、1.9% 和 1.9%。值得关注的是大部分村民认为家庭因缺资金导致贫困，这一定程度上从侧面肯定了造血式扶贫而非输血式扶贫的意义。

表 7 - 9   家庭贫困原因分析

原因	响应		个案百分比（%）
	频数	百分比（%）	
因病	7	13.2	23.3
因残	2	3.8	6.7
因学	10	18.9	33.3
因灾	1	1.9	3.3
缺技术	5	9.4	16.7
缺劳力	9	17.0	30.0
缺资金	13	24.5	43.3
交通条件落后	1	1.9	3.3
自身发展动力不足	5	9.4	16.7
总计	53	100.0	176.7

二、村寨旅游开发前后变化分析

（一）村民工作及收入变化分析

旅游开发前，村民根据自身情况选择从事不同的工作。根据问卷 Q5、Q6 数据分析显示（见表 7 - 10），80.0%（160 人）的村民从事的是在家务农的工作，10.0%（20 人）的村民选择外出务工，6.0%的村民选择本地务工（12 人），4.0%（8 人）村民选择其他工作。在家庭人均收入方面，51.0%（102 人）的村民收入范围在 3001~6000 元，占比最高。其次是 3000 元以下（59 人）范围内的村民，占比 29.5%；6001~9000 元（28 人），占比为 14%；9001~12000 元（7 人）和 12000 元以上（4 人）人数较少，分别占比 3.5% 和 2.0%。

调查结果表明，大多数村民选择在家务农和外出务工，外出务工村民主要从事建筑工作，本地务农者主要种植水稻，还有部分村民在周边地区进厂从事流水线工作。在村民年人均收入方面，6000 元以下占比达 80.5%，可见村寨整体年人均收入水平低下。

表 7 - 10　　　　　　　　旅游开发前村民工作及收入情况

项目	描述	频数	百分比（%）
从事工作	在家务农	160	80.0
	本地务工	12	6.0
	外出务工	20	10.0
	其他	8	4.0
年人均收入	3000 元以下	59	29.5
	3001~6000 元	102	51.0
	6001~9000 元	28	14.0
	9001~12000 元	7	3.5
	12000 元以上	4	2.0

数据分析结果显示（见表 7 - 11），旅游开发后（问卷 Q7）村民开始参与到旅游活动中来，首先参与经营家庭旅馆、农家乐、民宿的村民占研究样本的

38.1%，在研究样本中人数最多。这部分村民利用自家传统民居开办农家乐/民宿/旅馆来增加收入。其次是务农，占研究样本的35.6%，种植的依然是水稻等农作物。再次是进行小商品销售的村民，占研究样本的16.5%，主要销售罗汉果等农产品、手工艺等旅游商品。在研究样本中，乡村旅游经营户雇员、景区工作人员、经营小作坊、歌舞表演、当地导游、背背篓等村民人数占比不足10%。一般情况下，经营农家乐的村民还参与小商品销售及务农等工作，生意忙碌后大多数经营户无暇参与纯粹的歌舞表演和导游工作，因此这些职业的从事人员较少。

表 7-11 　　　　　　　　　　旅游开发后家庭成员从事职业

从事职业类型	响应		个案百分比（%）
	频数	百分比（%）	
经营家庭旅馆/农家乐/民宿	148	38.1	74.0
乡村旅游经营户雇员	13	3.4	6.5
景区工作人员	10	2.6	5.0
小商品销售	64	16.5	32.0
经营小作坊	6	1.5	3.0
歌舞表演	3	0.8	1.5
当地导游	2	0.5	1.0
背背篓、抬轿子	3	0.8	1.5
务农	138	35.6	69.0
其他	1	0.3	0.5
总计	388	100.0	194.0

　　由表 7-12 可知，旅游开发后（问卷 Q8），大寨村 12000 元以上收入群体人数（90 人）最多，占研究样本的 45.0%。其次是 9001~12000（66 人）的收入人群，占比 33.0%。结果表明，在旅游开发之后，3000 元以下收入群体人数大幅下降，转而 9000 元以上收入村民数量大幅度提升，6001~9000 元（26 人）收入群体占比为 13.0%，3001~6000 元（18 人）的村民占比为 9.0%。数据表明，与旅游开发之前相比，游客大量进入大寨村，为村民带来更多的就业机会，其年人均收入水平得到显著提升。

表7-12　　　　　　　　　　　　旅游开发后村民收入情况

项目	描述	频数	百分比（%）
年人均收入	3001～6000元	18	9.0
	6001～9000元	26	13.0
	9001～12000元	66	33.0
	12000元以上	90	45.0

（二）政府及村民采取的措施

据调查，大寨村村民参与乡村旅游经营的意愿较为强烈。根据问卷Q9、Q10数据分析显示（见表7-13），已经参与或有意参与旅游的村民为提高盈利能力。在村民能力提高方面，首先想要提高的是旅游的专业知识与经营技能，选择此项的村民占比最多达到34.9%。其次是语言沟通能力，选择此项的村民占比达29.4%。游客来自世界各地，在运用好普通话的基础上，要适当学习英语，语言沟通对于接待游客、主客互动、旅游经营等方面都扮演着至关重要的作用。19.1%的被调查者重视提高网络应用能力，尤其是年轻人，比如自媒体平台、微信公众号、携程、去哪儿等的运营。此外，选择开阔视野增长知识的村民占比9.4%，选择通过传统手工技艺和歌舞表演提升自身能力的村民占比达7.1%。瑶族传统技艺和长发表演在旅游演艺活动中具有重要地位，此方面也是旅游收入的重要部分。

同时，村民认为为了提高旅游扶贫效果，政府也需要采取一定的措施。数据显示，村民认为政府最需要做的就是加大投入，完善村寨基础设施和旅游服务设施，提高村寨旅游吸引力，为旅游发展创造坚实的基础条件，此选项占比31.7%。基础设施建设包括内外部交通、停车场、游客中心等。对村民进行旅游相关培训和保护村寨自然生态环境，分别占比19.5%和19.3%。只有不断从外部学习先进的旅游经营管理、语言等技能，才能更好地经营发展旅游。旅游发展的基础是村寨优美的自然生态环境，一方面村民自身要有充分的环保意识，另一方面需要政府进行整体的统领和约束，确立奖罚措施、规章制度。保护村寨淳朴自然的人文氛围占比为13.5%。人文氛围的营造对旅游者感受到浓厚的民族特色和人文关怀起了关键作用。加大对贫困户的金融、税收、医疗、低保等政策保障和建立歌舞表演、特色农产品、旅游等专业合作社，发挥"传帮带"作用是政府支持村寨旅游发展的重要工作，选项占比分别为6.2%和5.2%。少部分村民认为政府在扶持生产，发展特色种养殖和农产品加工方面和加大学生接受旅游管理相关专业教育资助方面也能发挥重要的作用，选择此项的村民占比为 3.5% 和 1.2%。

表 7-13　　　　　　　　　　　提高乡村旅游盈利能力

项目		响应		个案百分比（%）
		频数	百分比（%）	
村民能力提高方面	旅游专业知识与经营技能	152	34.9	78.4
	语言沟通能力	128	29.4	66.0
	网络应用能力	83	19.1	42.8
	传统手工技艺或歌舞表演	31	7.1	16.0
	开阔视野增长知识	41	9.4	21.1
总计		435	100.0	224.2
政府措施方面	保护村寨自然生态环境	93	19.3	46.5
	保护村寨淳朴自然的人文氛围	65	13.5	32.5
	加大投入，完善村寨基础设施和旅游服务设施，提高村寨旅游吸引力	153	31.7	76.5
	对村民加强旅游从业及技能培训	94	19.5	47.0
	扶持生产，发展特色种养殖和农产品加工	17	3.5	8.5
	加大对贫困户的金融、税收、医疗、低保等政策保障	30	6.2	15.0
	建立歌舞表演、特色农产品、旅游等专业合作社，发挥"传帮带"作用	25	5.2	12.5
	加大对学生接受旅游管理相关专业教育资助	6	1.2	3.0
总计		483	100.0	241.5

三、村寨村民旅游扶贫效果与参与意愿分析

（一）村寨村民扶贫效果感知分析

1. 信度检验

为确保调查数据的可靠性和一致性，对测量村民感知的 31 项指标以及测量旅游参与意愿的 7 项指标进行信效度检验。采用 SPSS 17.0 运算后得到样本数据

克朗巴哈系数（Cronbach's Alpha）为 0.842（见表 7 - 14），明显高于纳诺利（Nunnlly）推荐的 0.70 的指标系数，因此可以认定这个问卷的信度较高，具有可靠性。

表 7 - 14　　　　　　　　　　　　**可靠性统计量**

克朗巴哈系数	项数
0.842	38

2. 指标的描述性统计分析

村民旅游扶贫效果感知采用李克特 5 级量表标准，总体等级评分均值在 [1.00，2.50) 内表示反对，在 [2.50，3.50) 内持中立态度，在 [3.50，5.00) 内表示赞同。其中指标均值达 3.50 以上有 26 个，即表示同意；有 4 个指标的均值在 [2.50，3.50) 内，即表示一般；有 1 个指标的均值 2.50 以下，即表示不同意。

从村民扶贫感知调查结果（见表 7 - 15）发现，涉及 31 项指标，包括经济、文化、社会等几个方面。效果感知主要是针对村民对政府旅游扶贫效果的评价。经济影响包含正负两个方面，正面的经济影响主要涉及就业、产业发展等方面，负面影响主要是收入变化引起的冲突等方面的影响。文化方面主要涉及旅游发展对文化和村寨知名度等的影响。环境影响主要是指村民保护意识和旅游发展对环境的影响。社会影响中正面的题项主要包含增加村寨凝聚力和生活状况，负面则包括对村民日常生活带来的不利影响，如交通拥挤等。

测量村民正面感知的指标有 25 个（Q11 ~ Q27、Q34 ~ Q41），这些正面感知指标均值分布在 3.86 ~ 4.56，同意率分布在 73.5% ~ 99.5%，变动区间较大，但标准差相对较小，说明大部分村民对大多数正面感知指标持中立或同意态度。同意率方面突出表现在：旅游促进了村寨经济的发展、带动了村寨相关产业的发展、提高了本地知名度，进一步研究发现村民在部分指标上持不确定、不知道态度，在 "旅游促进文化遗产的保护" "旅游促进村寨文化活动的多样性" "旅游增加了村寨凝聚力" "旅游提高了村民的环保意识" "政府的旅游扶贫政策能适应村民需求" "旅游扶贫主要依靠政府的规划、帮扶和管理" "扶贫项目或措施到村到户" "扶贫队伍帮扶到村到户" 等方面表现出较强的不确定。这些指标的不确定率均大于 10%，出现该状况的原因可能是村民文化素质不高，对文化遗产、村寨文化活动、凝聚力、环保等方面理解不透彻，但村民对扶贫政策方面表现出不确定、不理解。这直接说明，政府扶贫工作做得还不够彻底。因此，政府应加强对大寨村扶贫政策的宣传及实施，保障每一位村民公平地享受到应有的政策福利，同时，调研及数据也反映出贫困户偏向于扶贫对象精准合理，部分非贫困户认为扶贫对象评选有失公允。总体上，村民对大寨村发展乡村旅游态度乐观，对目前生活状态满意。纵观这些指标可以发现，村民对这些正面指标同意率最高，其次是不确定态度的比率较高，村民的不同意率较低。这也反映出发展旅游为村寨及村民都带来了经济、文化、社会等各方面的益处，绝大部分村民支持旅游的发展。

测量村民负面感知的指标有 6 个（Q28 ~ Q33），这些指标均值 2.33 ~ 3.60之间，同意率在 68% 以下。68% 的村民认为"旅游提高了物价及生活成本"，此项的同意率最高。由此可见，旅游的发展使村寨各项成本升高。56% 的村民认为"旅游加剧了贫富分化"。据田野调查发现，一部分村民房屋临街，位置较好，修建成民宿或饭店均由此获利，另一部分村民房屋在山上，位置较差，不适宜进行旅游销售或经营。因此，居所位置是导致贫富分化的重要原因。认为"旅游导致了本地交通拥挤""旅游导致或加剧村民间因经济利益而产生的冲突""旅游干扰了村民日常生活"的村民占比分别为 45.5%、36.0%、16.0%。进一步研究发现，村民对"旅游破坏了本地风俗文化（黄赌毒等）"均值在 2.50 以下，即表示不同意，其同意率最低，为 11.5%，不同意率最高，为 61.5%。从村民对这些负面指标的态度分析发现，当地村民认为旅游并未对当地文化造成破坏。

总体来说，大寨村村民对旅游扶贫正面影响的正面感知大于负面感知，大部分村民对旅游扶贫带来的正面影响给予了肯定，尤其是社会经济影响正面效应，如"促进村寨经济的发展""增加了村民个人收入"等，但同时也有部分村民认识到旅游带来负面的环境影响，如"造成增加生活成本""加剧了贫富差距"等。

表 7 – 15　　　　　　　　　　　指标的描述性分析

调查项目（N = 31）	均值	众数	标准差	同意率（%）	不同意率（%）
Q11 旅游促进了村寨经济的发展	4.47	5	0.601	99.0	0.5
Q12 旅游带动了村寨相关产业的发展	4.52	5	0.520	99.0	0.0
Q13 旅游增加了村民的就业机会	4.54	5	0.529	98.5	0.0
Q14 旅游增加了村寨女性居民的就业机会	4.53	5	0.548	98.5	0.5
Q15 旅游增加了村民个人收入	4.56	5	0.507	99.5	0.0

续表

调查项目（N=31）	均值	众数	标准差	同意率（%）	不同意率（%）
Q16 旅游促进了文化遗产的保护	4.17	4	0.668	85.0	0.0
Q17 旅游促进村寨文化活动的多样性	4.13	4	0.639	85.5	0.0
Q18 旅游提高了本地知名度	4.51	5	0.521	99.0	0.0
Q19 旅游促进了村寨与外界的各方面交流	4.40	4	0.567	97.0	0.5
Q20 旅游促进了民族团结	4.18	4	0.582	92.5	1.0
Q21 旅游增加了村寨凝聚力	4.09	4	0.615	88.0	0.5
Q22 旅游改善了村寨基础设施	4.15	4	0.821	85.5	5.5
Q23 旅游提高了本地的生活质量	4.22	4	0.746	91.0	5.0
Q24 旅游改善了村寨的治安环境	4.17	4	0.541	93.5	0.5
Q25 旅游改善了本地的自然环境	4.10	4	0.702	89.0	3.0
Q26 旅游提高了村民的能力与素质	4.28	4	0.525	96.5	0.0
Q27 旅游提高了村民的环保意识	3.98	4	0.743	80.5	4.5
Q28 旅游提高了物价和生活成本	3.60	4	0.862	68.0	13.5
Q29 旅游加剧了村民贫富分化	3.35	4	1.051	56.0	23.0
Q30 旅游导致或加剧了村民之间因经济利益而产生的冲突	3.01	3	1.058	36.0	32.0
Q31 旅游干扰了村民日常生活	2.51	3	0.951	16.0	49.5
Q32 旅游导致了本地的交通拥挤	3.04	4	1.189	45.5	35.5
Q33 旅游破坏了本地风俗文化（黄赌毒等）	2.33	2	0.941	11.5	61.5
Q34 政府的旅游扶贫政策能适应村民需求	3.86	4	0.727	75.5	1.5
Q35 旅游扶贫主要依靠政府的规划、帮扶和管理	3.92	4	0.708	80.0	3.0
Q36 扶贫对象的识别精准、科学合理	3.86	4	0.808	73.5	5.5
Q37 扶贫项目或措施到村到户	3.88	4	0.796	75.0	5.0
Q38 扶贫队伍帮扶到村到户	3.94	4	0.771	77.5	3.5
Q39 我认为村寨发展乡村旅游总体利大于弊	4.31	4	0.615	94.0	1.0
Q40 我对村寨的旅游扶贫效果感到满意	4.13	4	0.667	90.5	2.0
Q41 我对自己目前的生活状况总体满意	4.24	4	0.571	95.0	1.0

注：同意率为非常同意和同意所占比例之和，不同意率为非常不同意和不同意之和。

（二）因子分析

1. 因子检验

如表 7 - 16 所示，通过运用 SPSS 17.0 软件计算出 KMO 值为 0.843，高于临界值 0.5（Kaiser 认为 KMO 值必须大于 0.5 才适合做因子分析），同时 Bartlett 球度近似卡方值为 6143.208，即数值很大，相应的显著率概率（Sig）<0.001，为高度显著。因此，KMO 值和 Bartlett 球度近似卡方值均通过了检验，反映出原有变量的相关系数矩阵与单位矩阵有显著差异，这也意味着样本数据具有有效性，适合做因子分析。

表 7 - 16　　　　　　　　　　KMO 和 **Bartlett** 的检验

取样足够度的 Kaiser - Meyer - Olkin 度量		0.843
Bartlett 的球形度检验	近似卡方	6143.208
	df	703
	Sig.	0.000

2. 公因子提取

公因子提取采用主成分分析法，特征值选取 SPSS 默认的大于 1，特征值大于 1 表明该项有意义，可以保留。首先，用方差最大正交旋转法对因子载荷矩阵进行正交旋转（见表 7 - 17、表 7 - 18），以突出各个因子的实际含义。其次，通过因子载荷进行因子萃取，一般认为因子载荷大于等于 0.5 的变量可被萃取。最后，经过最大方差正交旋转和因子萃取从 31 个指标中提取到 7 个特征值大于 1 的公因子，累计方差贡献率为 74.307%，即解释了总体变异的 74.309%，能够解释大部分变量（见表 7 - 19）。

表 7 - 17　　　　　　　　　　　　成分矩阵

项目	成分						
	1	2	3	4	5	6	7
Q13	0.707		0.523				
Q16	0.704						
Q15	0.704						
Q12	0.695						

续表

项目	成分						
	1	2	3	4	5	6	7
Q18	0.685						
Q26	0.678						
Q19	0.674						
Q17	0.665						
Q14	0.631						
Q24	0.611						
Q23	0.607						
Q11	0.594						
Q41	0.588	0.534					
Q21	0.579						
Q30	−0.560						
Q22	0.540						
Q39	0.537						
Q27	0.536						
Q25	0.533						
Q29	−0.530						
Q20	0.486						
Q38	0.515	0.667					
Q37	0.555	0.666					
Q35	0.523	0.626					
Q36	0.611	0.621					
Q40	0.516	0.573					
Q34	0.427	0.572					
Q31	−0.350			0.646			
Q32	−0.221			0.502			
Q28	−0.318					0.532	
Q33	−0.354						

表 7 – 18　　　　　　　　　　　　　旋转成分矩阵

项目	成分						
	1	2	3	4	5	6	7
Q37	0.884						
Q38	0.879						
Q36	0.862						
Q35	0.793						
Q40	0.767						
Q34	0.714						
Q41	0.706						
Q39	0.668						
Q13		0.882					
Q14		0.833					
Q12		0.831					
Q11		0.812					
Q15		0.805					
Q18		0.602					
Q25			0.859				
Q27			0.764				
Q24			0.735				
Q26			0.691				
Q16			0.518				
Q33				0.849			
Q31				0.832			
Q32				0.751			
Q21					0.755		
Q20					0.698		
Q19					0.613		
Q23						0.795	
Q22						0.734	

续表

项目	成分						
	1	2	3	4	5	6	7
Q28							0.824
Q29							0.665
Q30							0.513

表 7 - 19　　　　　　　　　　解释的总方差

成分	初始特征值			提取平方和载入			旋转平方和载入		
	合计	方差的%	累积%	合计	方差的%	累积%	合计	方差的%	累积%
1	10.022	32.329	32.329	10.022	32.329	32.329	5.418	17.477	17.477
2	4.173	13.460	45.789	4.173	13.460	45.789	5.040	16.260	33.736
3	2.936	9.470	55.259	2.936	9.470	5.259	3.676	11.858	45.594
4	2.257	7.280	62.539	2.257	7.280	62.539	2.656	8.569	54.163
5	1.377	4.443	66.982	1.377	4.443	66.982	2.351	7.583	61.747
6	1.232	3.975	70.957	1.232	3.975	70.957	2.160	6.968	68.715
7	1.039	3.350	74.307	1.039	3.350	74.307	1.734	5.593	74.307
8	0.922	2.975	77.282						
9	0.836	2.697	79.978						
10	0.695	2.242	82.220						
11	0.633	2.043	84.263						
12	0.539	1.740	86.003						
13	0.492	1.588	87.591						
14	0.415	1.338	88.929						
15	0.374	1.207	90.136						
16	0.365	1.178	91.314						
17	0.317	1.023	92.337						
18	0.293	0.945	93.282						
19	0.283	0.913	94.195						
20	0.236	0.762	94.957						

续表

成分	初始特征值			提取平方和载入			旋转平方和载入		
	合计	方差的%	累积%	合计	方差的%	累积%	合计	方差的%	累积%
21	0.221	0.714	95.671						
22	0.200	0.646	96.317						
23	0.192	0.618	96.936						
24	0.167	0.538	97.474						
25	0.151	0.486	97.960						
26	0.143	0.460	98.421						
27	0.135	0.434	98.855						
28	0.126	0.405	99.259						
29	0.099	0.320	99.580						
30	0.083	0.268	99.847						
31	0.047	0.153	100.000						

3. 公因子命名

根据因子分析结果（见表 7-20），各指标对每个公因子的载荷量不同。

表 7-20　　　　　　　　　　因子分析结果

公因子	因子命名及方差贡献率	指标	因子载荷	均值
第一类	效果感知（17.744%）	Q37 扶贫项目或措施到村到户	0.883	3.89
		Q38 扶贫队伍帮扶到村到户	0.879	3.95
		Q36 扶贫对象的识别精准、科学合理	0.862	3.86
		Q35 旅游扶贫主要依靠政府的规划、帮扶和管理	0.793	3.93
		Q40 我对村寨的旅游扶贫效果感到满意	0.766	4.13
		Q34 政府的旅游扶贫政策能适应村民需求	0.713	3.87
		Q41 我对自己目前的生活状况总体满意	0.705	4.25
		Q39 我认为村寨发展乡村旅游总体利大于弊	0.667	4.32

公因子	因子命名及方差贡献率	指标	因子载荷	均值
第二类	正面经济影响 （16.260%）	Q13 旅游增加了村民的就业机会	0.882	4.54
		Q14 旅游增加了村寨女性居民的就业机会	0.832	4.53
		Q12 旅游带动了村寨相关产业的发展	0.83	4.56
		Q11 旅游促进了村寨经济的发展	0.812	4.48
		Q15 旅游增加了村民个人收入	0.804	4.57
		Q18 旅游提高了本地知名度	0.601	4.52
第三类	环境影响 （11.858%）	Q25 旅游改善了本地的自然环境	0.859	4.10
		Q27 旅游提高了村民的环保意识	0.764	3.98
		Q24 旅游改善了村寨治安环境	0.735	4.17
		Q26 旅游提高了村民的能力与素质	0.691	4.29
		Q16 旅游促进了文化遗产的保护	0.518	4.18
第四类	负面社会影响 （8.569%）	Q33 旅游破坏了本地风俗文化	0.848	2.33
		Q31 旅游干扰了村民日常生活	0.832	2.52
		Q32 旅游导致了本地的交通拥挤	0.750	3.04
第五类	文化影响 （7.583%）	Q21 旅游增加了村寨凝聚力	0.755	4.10
		Q20 旅游促进了民族团结	0.698	4.18
		Q19 旅游促进了村寨与外界的各方面交流	0.612	4.40
第六类	正面社会影响 （6.968%）	Q23 旅游提高了本地的生活质量	0.794	4.23
		Q22 旅游改善了村寨基础设施	0.734	4.16
第七类	负面经济影响 （5.593%）	Q28 旅游提高了物价和生活成本	0.823	3.60
		Q29 旅游加剧了村民贫富分化	0.664	3.35
		Q30 旅游导致或加剧村民间因经济利益而产生的冲突	0.513	3.01

第一类公因子显示出高载荷的指标有 8 个："Q37 扶贫项目或措施到村到户""Q38 扶贫队伍（或脱贫致富责任人）帮扶到村到户""Q36 扶贫对象的识别精准、科学合理""Q35 旅游扶贫主要依靠政府的规划、帮扶和管理""Q40 我对村寨的旅游扶贫效果感到满意""Q34 政府的旅游扶贫政策能适应村民需求""Q41 我对自己目前的生活状况总体满意""Q39 我认为村寨发展乡村旅游总体利大于

弊",其中 6 个指标属于政府扶贫的效果,2 个指标属于村民对生活、旅游发展的效果感知,因此,将其命名为"效果感知",方差贡献率达 17.477%。

第二类公因子显示出高载荷的指标有 6 个:"Q13 旅游增加了村民的就业机会""Q14 旅游增加了村寨女性居民的就业机会""Q12 旅游带动了村寨相关产业的发展""Q11 旅游促进了村寨经济的发展""Q15 旅游增加了村民个人收入""Q18 旅游提高了本地知名度",这 6 个都属于正面的经济影响指标,主要解释民族村寨旅游的经济影响,命名为"正面经济影响",方差贡献率达 16.26%。

第三类公因子显示出高载荷的指标有 5 个:"Q25 旅游改善了本地的自然环境""Q27 旅游提高了村民的环保意识""Q24 旅游改善了村寨的治安环境""Q26 旅游提高了村民的能力与素质""Q16 旅游促进了文化遗产的保护"。其中有 3 个指标属于正面的环境影响指标,2 个指标属于旅游对于民族文化的正面影响,广义的环境包含文化环境,主要解释民族村寨旅游的正面环境影响,命名为"环境影响",方差贡献率为 11.858%。

第四类公因子显示出高载荷的指标有 3 个:"Q33 旅游破坏了本地风俗文化(黄赌毒等)""Q31 旅游干扰了村民日常生活""Q32 旅游导致了本地的交通拥挤"。这 3 个指标都属于负面的社会指标,主要解释民族村寨旅游的社会影响,命名为"负面社会影响",方差贡献率为 8.569%。

第五类公因子显示出高载荷的指标有 3 个:"Q21 旅游增加了村寨凝聚力""Q20 旅游促进了民族团结""Q19 旅游促进了村寨与外界的各方面交流"。这 3 个指标都属于正面的文化影响指标,命名为"文化影响",方差贡献率为 7.583%。

第六类公因子显示出高载荷的指标有 2 个:"Q23 旅游提高了本地的生活质量(住房、看病等)""Q22 旅游改善了村寨基础设施"。这 2 个指标都属于正面的社会影响,命名为"社会影响",方差贡献率为 6.968%。

第七类公因子显示出高载荷的指标有 3 个:"Q28 旅游提高了村民的物价和生活成本""Q29 旅游加剧了村民贫富分化""Q30 旅游导致或加剧村民间因经济利益而产生的冲突"。这 3 个指标都属于负面的经济影响指标,命名为"负面经济影响",方差贡献率为 5.593%。

(三) 旅游扶贫效果感知分析

村民的效果感知包含旅游扶贫的效果感知和村民对自身生活及发展旅游的感知。旅游扶贫效果感知一定程度上能够客观地反映村寨旅游扶贫成效,帮助政府做出进一步决策。由表 7-21 可知,测量村民扶贫效果感知的指标有 8 个均值

（Q34～Q41）均 3.0 以上，90.5% 的村民对村寨的旅游扶贫效果感到满意，80% 的村民认为旅游扶贫主要靠政府的规划、管理，77.5% 的村民认为扶贫队伍帮扶到村到户，75.5% 的村民认为政府的旅游扶贫政策能适应村民需求，75% 的村民认为扶贫项目或实施到村到户，73.5% 的村民对扶贫政策的适应性和扶贫对象识别的精确度感到满意。所有旅游扶贫的指标同意率均高于 70%，由此可见，大寨村旅游扶贫取得了较好的效果。此外，95% 的村民对自身目前的生活状况感到满意，94% 的村民认为村寨发展乡村旅游总体利大于弊。这两项指标极高的同意率反映出村民认可大寨村发展旅游，并从旅游扶贫中获得了较好的生活和较高的满意度。

表 7－21　　　　　　　　　　　村民的旅游扶贫效果感知

指标	均值	标准差	同意率（%）	不同意率（%）
Q37 扶贫项目或措施到村到户	3.88	0.797	75.0	5.0
Q38 扶贫队伍帮扶到村到户	3.94	0.771	77.5	3.5
Q36 扶贫对象的识别精准、科学合理	3.86	0.808	73.5	5.5
Q35 旅游扶贫主要依靠政府的规划、帮扶和管理	3.92	0.708	80.0	3.0
Q40 我对村寨的旅游扶贫效果感到满意	4.13	0.667	90.5	2.0
Q34 政府的旅游扶贫政策能适应村民需求	3.86	0.727	75.5	1.5
Q41 我对自己目前的生活状况总体满意	4.24	0.571	95.00	1.00
Q39 我认为村寨发展乡村旅游总体利大于弊	4.31	0.614	94.00	1.00

注：同意率为非常同意和同意所占比例之和，不同意率为非常不同意和不同意之和。

1. 经济影响

旅游业作为综合服务性产业，在增加村民就业机会，有效带动村寨关联产业发展的同时，也可能扩大贫富差距，对村寨经济产生一些不良影响。随着大寨村旅游业的发展，村民逐渐认识到旅游对村寨产生的诸多双重影响。根据表 7－22，测量村民经济影响感知的指标中的 6 个正面经济影响指标（Q11～Q15、Q18）均值均 4.4 以上，98.5% 以上的村民肯定了村寨旅游正面经济影响，具体表现在"旅游促进了村寨经济发展""旅游带动了村寨相关产业的发展""旅游增加了村民的就业机会""旅游增加了村民个人收入""旅游增加了村寨女性居民的就业机会"等方面。负面经济影响指标（Q28～Q30）均值在 3.01～3.6 之间，36% 以上的村民认为村寨旅游的发展一定程度上引起了"物价和生活成本提高""村民贫富分化""加剧村民之间的冲突"等。因此，村寨旅游产业的快速发展在为村寨经济发展做出重大贡献的同时，也不可避免地带来了一些负面影响。总体上，村民对村寨旅游经济影响正面感知强于负面感知，大部分村民认为村寨旅游发展带来了显著的经济效益，尤其是以旅游为主要收入来源的经营户对旅游经济产生积极作用的认同度较高，但是，也有部分村民认为旅游业引起村寨物价和生活成本提高，从事旅游经营的精英能人和普通村民旅游收入两极化，从而加剧了村民间的贫富差距，产生了经济收益分配冲突。

表 7 - 22　　　　　　　　　　　　　村民的经济影响感知

	项目	均值	标准差	同意率（%）	不同意率（%）
正面	Q13 旅游增加了村民的就业机会	4.53	0.529	98.5	0.0
	Q14 旅游增加了村寨女性居民的就业机会	4.53	0.548	98.5	0.5
	Q12 旅游带动了村寨相关产业的发展	4.52	0.520	99.0	0.0
	Q11 旅游促进了村寨经济的发展	4.47	0.601	99.0	0.5
	Q15 旅游增加了村民个人收入	4.56	0.507	99.5	0.0
	Q18 旅游提高了本地知名度	4.51	0.521	99.0	0.0
负面	Q28 旅游提高了物价和生活成本	3.60	0.862	68.0	13.5
	Q29 旅游加剧了村民贫富分化	3.35	1.051	56.0	23.0
	Q30 旅游导致或加剧村民间因经济利益而产生的冲突	3.01	1.059	36.0	32.0

注：同意率为非常同意和同意所占比例之和，不同意率为非常不同意和不同意之和。

2. 社会影响

大寨村的旅游发展提高了当地的生活质量和生活水平，并对当地的基础设施有较大的改进作用，但其也对村民生活秩序和村寨风俗造成一定负面的社会影响。由表 7 - 23 可知，测量居民社会影响感知的指标有 5 个，正面社会影响指标（Q22、Q23）均值分别为 4.15 以上，标准差较小。91% 的村民认同旅游提高了村寨的生活质量，85.5% 的村民认为旅游能够改善村寨基础设施；负面社会影响指标（Q31 ~ Q33）均值平均值在 2.63 左右，分别有 16% 和 45.5% 的村民认为旅游发展干扰了其日常生活和导致本地交通拥挤，还有 11.5% 的村民认为旅游发展破坏了本地风俗文化。总体上，村民对村寨旅游社会影响的正面感知强于负面感知，大部分村民认可旅游发展对村寨社会发展的积极影响，但部分村民认为旅游发展干扰了其日常生活，产生交通拥挤等不良问题。

表 7 - 23　　　　　　　　　　　村民的社会影响感知

	项目	均值	标准差	同意率（%）	不同意率（%）
正面	Q23 旅游提高了本地的生活质量	4.25	0.746	91.0	5.0
	Q22 旅游改善了村寨基础设施	4.15	0.821	85.5	5.5
负面	Q33 旅游破坏了本地风俗文化	2.33	0.941	11.5	61.5
	Q31 旅游干扰了村民日常生活	2.52	0.951	16.0	49.5
	Q32 旅游导致了本地的交通拥挤	3.04	1.189	45.5	35.5

注：同意率为非常同意和同意所占比例之和，不同意率为非常不同意和不同意之和。

3. 环境影响

旅游地村民对旅游环境影响的感知包括村寨的治安环境、村寨的自然环境、村民的能力和素质等。大寨村旅游开发活动和游客行为对其环境产生影响，同时带来居民环保意识的觉醒。由表 7 - 24 可知，测量居民环境影响感知的指标有 5 个（Q16、Q24 ~ Q27），均值在 3.98 以上，96.5% 的村民认为"村寨旅游发展提高了自身的能力和素质"，村民对"治安环境"和"自然环境"同意率分别为 93.5% 和 89%，分别有 85.0% 和 80.5% 的村民认为旅游促进了文化遗产的保护，提高了其环保意识。总体上，村民认同旅游发展带来积极的环境影响，促使当地自然环境和治安环境的改善，提高了自身能力素质和环保意识。

表 7 - 24　　　　　　　　　　　村民的环境影响感知

指标	均值	标准差	同意率（%）	不同意率（%）
Q25 旅游改善了本地的自然环境	4.10	0.702	89.0	3.0
Q27 旅游提高了村民的环保意识	3.98	0.743	80.5	4.5
Q24 旅游改善了村寨治安环境	4.17	0.541	93.5	0.5
Q26 旅游提高了村民的能力与素质	4.28	0.524	96.5	0.0
Q16 旅游促进了文化遗产的保护	4.17	0.668	85.0	0.0

注：同意率为非常同意和同意所占比例之和，不同意率为非常不同意和不同意之和。

4. 文化影响

大寨村旅游的发展促进了村民和外界广泛的交流，对村寨民族团结和凝聚力具有积极的作用。由表 7 - 25 可知，测量村民文化影响感知的重要指标有 3 个（Q19 ~ Q21），97% 的村民认为旅游促进了村寨与外界的各方面交流，村民对"促进民族团结"和"村寨凝聚力"同意率分别为 92.5% 和 88%。旅游促进了村寨文化和外界文化的深入交流，对村寨本身的精神文化氛围也有较强的促进作用。总体上，村民对村寨文化影响的感知较强烈，绝大多数村民认为旅游活动对当地精神文化氛围产生较大的影响。

表 7 - 25　　　　　　　　　村民的文化影响感知

指标	均值	标准差	同意率（%）	不同意率（%）
Q21 旅游增加了村寨凝聚力	4.09	0.614	88.0	0.5
Q20 旅游促进了民族团结	4.18	0.582	92.5	1.0
Q19 旅游促进了村寨与外界的各方面交流	4.40	0.567	97.0	0.5

注：同意率为非常同意和同意所占比例之和，不同意率为非常不同意和不同意之和。

（四）旅游参与意愿分析

进一步测量村民旅游参与意愿的指标有 7 个（问卷 Q42 ~ Q48），如表 7 - 26 所示，指标均值都分布在 3.71 ~ 4.33，愿意率在 71% 以上，标准差也相对较小，突出表现在村民普遍愿意为了旅游发展保护自然资源和环境，参与旅游教育和培训，自主经营一些旅游接待项目。但进一步可以发现，小部分村民对成为景区聘用的工作人员表示抵触，更愿意自主经营旅游项目，说明村民有较强的旅游创业意识，景区从业待遇还未能充分满足村民的需求。此外，部分村民表示不愿意为了旅游发展让出山地林场等资源，由此可见，村民对自身利益还是比较重视，对旅游还是存在一些不信任，认为山地林场等资源握在自己手中比让出去旅游开发更好。

表 7 - 26　　　　　　　　旅游参与意愿的描述性分析

调查项目	均值	众数	标准差	愿意率（%）	不愿意率（%）
Q42 我愿意为了旅游发展保护自然资源和环境	4.33	4	0.482	99.5	0.0
Q43 我愿意参与政策制定和决策过程	4.22	4	0.605	90.5	0.0
Q44 我愿意参与旅游开发与规划	4.16	4	0.622	87.5	0.0

调查项目	均值	众数	标准差	愿意率（%）	不愿意率（%）
Q45 我愿意为了旅游发展而让出土地林场、山场等资源	3.71	4	0.954	71.0	13.0
Q46 我愿意自主经营一些旅游接待项目	4.30	4	0.584	94.5	0.5
Q47 我愿意接受景区或旅游企业聘用成为其工作人员	4.08	4	0.853	87.0	5.0
Q48 我愿意参与旅游教育和培训	4.32	4	0.548	96.0	0.0

注：愿意率为非常愿意和愿意所占比例之和，不愿意率为非常不愿意和不愿意之和。

　　综上所述，大寨村村民普遍对旅游经济、社会、环境、文化影响产生的积极作用表示认同，认为旅游发展的正面影响强于负面影响，现阶段积极投身旅游经营，实现脱贫致富。村民们对村寨旅游产业未来的发展持有乐观态度，愿意参与旅游业，但仍有部分村民认为政府的旅游扶贫决策不够精准合理，扶贫干部的主动性还有待加强等。

第八章

南岭走廊民族特色村寨旅游
扶贫模式成效与不足

第一节 旅游扶贫模式概况

一、勾蓝瑶寨模式：村委办企、村民参股、科技助力、全民受益

　　勾蓝瑶寨依托其秀美的山水风光、丰厚的历史底蕴、独特的民风民俗，大力推进乡村旅游精准扶贫，采用"村委办企＋村民参股＋科技助力＋全民受益"的旅游扶贫利益联结机制，由村支两委牵头成立江永兰溪勾蓝瑶寨旅游开发有限公司，引导村民以土地、古建筑民居等房屋资源入股公司，成为股东，共享旅游产业带来的红利，引入淘宝店、微信公众号等科技手段，走出了一条"以旅脱贫，以旅富民"的乡村旅游发展道路，形成了乡村旅游扶贫的"勾蓝瑶寨模式"，如图8－1所示。依托该模式，勾蓝瑶寨目前已实现全面脱贫，并逐步探索全面小康。该模式已被复制推广到江永县21个贫困村，并入选国家级旅游扶贫示范项目。

二、平岩村模式：政府主导、公司入驻、居民参与、行业助力

　　近年来，平岩村采取的是"政府主导＋公司入驻＋居民参与＋行业助力"的民族文化旅游扶贫模式，加大扶贫力度，围绕"两不愁三保障"开展各项扶贫工作，即政府引导旅游扶贫发展方向，具体通过旅游公司运营、景区示范、旅行社和多媒体助力带动贫困户参与旅游增收致富。依托广西程阳八寨景区旅游扶贫的"平岩模式"，能为广西民族特色村寨旅游扶贫提供一定参考。

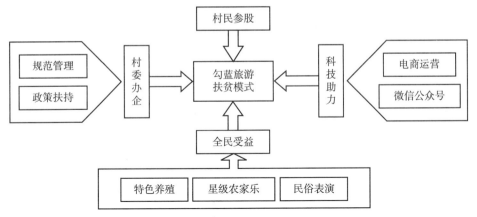

图 8 - 1 勾蓝瑶寨旅游扶贫模式

　　平岩村政府坚持绿色发展理念，坚定"产业是关键"脱贫思路，进行民族文化旅游产业扶贫。一方面，围绕"贫困户人均半亩茶叶、一亩油茶"目标，加大特色产业扶贫力度，创新发展民族旅游和休闲农业，激发旅游消费潜力；另一方面，整合民族生态文化资源，聚力优化旅游扶贫产业，大力举办民族节庆活动，加强旅游宣传营销。从而着力把村寨的"绿水青山"转化为"金山银山"，加强景区绿色、协调、创新及智慧发展，打造独具民族文化特色的"农文旅田园综合体"，最终实现旅游产业脱贫攻坚。由此，将平岩村旅游扶贫模式进行总结，如图 8 - 2 所示。

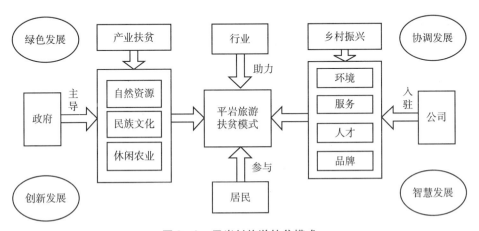

图 8 - 2 平岩村旅游扶贫模式

三、大寨村模式：村企共建、村民分红、三产融合、多方共赢

大寨村依托龙脊梯田景观和浓厚瑶族风情文化，政府、企业、村民、科研机构多方参与当地的旅游发展建设，管理机制较为成熟。采取的是"村企共建＋村民分红＋三产融合＋多方共赢"的民族梯田生态文化旅游扶贫模式，旅游扶贫效果较好，围绕"旅游扶贫"开展各项扶贫工作，通过参与旅游经营和梯田耕种分红带动贫困户参与旅游增收致富。

大寨村坚定旅游脱贫的发展方向，进行多方面的旅游产业扶贫，围绕旅游发展吸引了许多旅游公司，带来旅游开发资金和先进的旅游管理方式，并带动当地村民发展旅游业，采用与村民分红的方式鼓励村民可持续耕作和保护特色民族文化，实现村企共建。大寨村旅游扶贫过程中通过"农业耕种＋农产品加工＋旅游服务业"实现三产融合，让农业和农产品加工业在旅游发展中焕发活力，达到"产业兴、百姓富"的目标。"大寨旅游扶贫模式"（如图8－3所示）能为广西乃至全国的民族旅游特色村寨旅游扶贫提供借鉴。

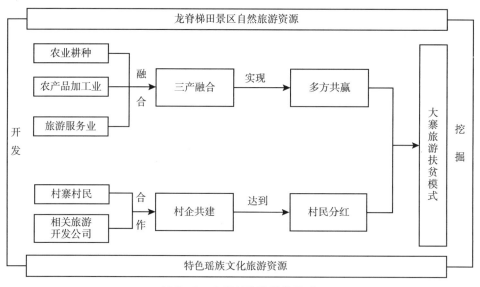

图8－3　大寨村旅游扶贫模式

第二节 旅游扶贫模式特色

一、勾蓝瑶寨模式特色

1. 坚持政府引导、市场运作，构建旅游扶贫新机制

一是成立旅游公司，村民变股民。注册成立江永兰溪勾蓝瑶寨旅游开发有限公司，由村支两委作为法人，村民以土地、古建筑民居等房屋资源入股公司，成为股东，为实现景区内的土地实现整体流转经营，使土地达到在旅游产业中增值，以"保底租金+劳务合作"的形式，通过种植优质瓜果、时令蔬菜等观光体验型农作物，将所得直接收益进行分配，村民占70%，村集体占30%的比例。二是推行"旅游+互联网"，积极打造智慧旅游系统，开发推广微信公众号等网络平台宣传瑶寨民风民俗、特色饮食、景点住宿等，村民还通过自办淘宝店和乡村驿站，利用互联网销售旅游产品，提高收入。

2. 坚持精准施策，有的放矢，拓宽旅游扶贫新途径

一是能人带动，助力脱贫。村旅游公司鼓励村寨致富能人和脱贫示范户带动贫困户发展，以提供就业岗位、定点采购贫困户食材等方式助力贫困户脱贫。鼓励能人返乡创业，对点帮扶贫困户脱贫增收。二是抱团发展，合力脱贫。为引导贫困户抱团发展，成立民俗表演合作社、村落环境整理合作社、建筑合作社、勾蓝瑶寨农业种植合作社等，由农户根据自身特点和需求自由选择入社，让贫困户成为当地脱贫致富的示范户。三是培训帮扶，自力脱贫。对有劳动能力的贫困户，注重加强旅游技能培训，培育讲解员、销售员、手工艺人，引导贫困户参与旅游生产经营活动；邀请专家进村传授特色种养殖技术等，为贫困户开展农业生产提供帮扶；鼓励有条件的贫困户自主创业，通过开办农家乐等方式实现增收脱贫；争取青少年国际素质教育和志愿者项目组织机构 Me to We，创建"瑶寨快乐学堂"，利用 MTW 的平台组织国内外优秀青少年与瑶寨贫困户孩子结队相互学习，帮助瑶寨孩子提升视野，改变观念，从孩子身上切断贫困之根。

3. 坚持提升品位，凝聚民心，激发旅游扶贫新活力

一是充分挖掘和保护瑶文化，完善旅游设施，提升村寨品位。维修了盘王殿、桥头祠堂、风雨桥、杨家门楼、古戏台等古迹；挖掘洗泥节文化，打造"洗泥宴"民族文化表演，吸引贫困户通过参与表演实现增收；完善寨门、游客中

心、停车场、旅游厕所等旅游设施，改变了村寨原来交通不便、水利落后、信息不通的面貌，为勾蓝瑶寨良性发展新模式打下了坚实的基础。二是建立健全各项机制，实现村民自治管理，提升村寨凝聚力。凡是村支两委重大事项决策，都始终坚持"四议两公开"工作法，依次召开支委会、村支两委、全体党员大会、村民代表大会等四级会议，让群众有了知情权、参与权、监督权、表决权，统一思想，凝聚力量，形成了发展乡村旅游扶贫的强大共识；引入《星级农家乐准入和管理办法》《勾蓝瑶寨村规民约》等管理机制，招募成立义务巡逻队，日常负责制止和公示违反村规民约的举动，将村民的文明行为与分红相结合；每年开展"十星级文明户"大评比活动，对保护景区、宣传瑶寨表现突出的贫困户予以表彰奖励，促使村民自觉遵守村规民约，提升了村民责任意识和向心力。

二、平岩村模式特色

1. 组建队伍实施环境治理，打造宜居美丽乡村

平岩村四周松林、杉林、竹林环绕，环境优美，具有丰富的自然资源。政府一是以居民为主体，充分调动党员队伍、老人协会、中青年骨干三支义务队伍的积极性，以党员队伍牵头，分片分户包干，处理生活和旅游垃圾。二是完善村落排水排污工程、主要道路硬化等项目，切实推进以"三改、六提、三增"为主要内容的"基础便民"专项活动，进行改厕、改厨、改圈，从而着力打造优美、整洁、舒适、文明的生态美丽宜居乡村环境。

2. 着力完善旅游景区建设，提高服务接待水平

程阳八寨景区积极推进创5A提升工程，一是新建一批旅游标识标牌，新建一批旅游基础设施项目，如游客中心、停车场、观景长廊、民族生态博物馆等，不断提升硬件服务能力；二是推进旅游"厕所革命"，开展旅游厕所等级评定工作；三是支持特色民宿发展，进行整村民宿包装；四是积极推进智慧旅游建设，不断加强景区智能化、网格化管理。从而进一步完善旅游服务功能，提高村寨旅游服务接待水平，提升景区档次。

3. 扩大特色优势产业外延，促进旅游业态创新

平岩村一是聚焦"两茶一木"，不断推进茶叶、油茶、优质稻等特色产业发展；二是借助文化林溪韭菜节和红薯节，有效推广高山红薯、韭菜、生姜、辣椒等特色高山蔬菜，大力打造林溪品牌；三是扶持规模养殖场，以示范点带动特色水产畜牧业的发展；推进种稻养鱼等特色优势主导产业，促进鱼稻共生。结合主导特色产业，平岩村着力发展养生度假、生态休闲、康体健身等旅游新业态项

目，支持"三江伴手礼"旅游商品推选活动，从而创新旅游业态，加大特色旅游商品供给，激发游客旅游消费潜力。

4. 开展旅游服务技能培训，加强居民扶贫参与

结合平岩村实际情况，政府一是制定了村寨经济和社会发展规划，明确了旅游产业发展、精准扶贫的目标和措施，引导居民主动谋求发展，提高居民旅游创业从业积极性；二是建立种养殖类、茶叶合作社专业协会组织，引导居民加强旅游扶贫参与，增强贫困户自我发展的主观能动性和脱贫致富的能力；三是全面面向旅游从业者，尤其是年轻人，加大民族文化旅游技能培训力度，如烹饪培训、民族技艺培训、旅游管理能力培训、教师业余旅游讲解培训、驾驶技术培训等，举办旅游服务技能大赛，从而提高居民民族文化旅游服务技能，提升旅游从业者的服务质量。

5. 举办民俗文化节庆活动，塑造知名旅游品牌

一是以民族文化节庆活动为载体，充分发挥"百节之乡"资源优势，继承和发扬侗族非物质文化遗产。例如，持续开展民族传统节庆活动，包括举办南瓜油茶节、荷花节等节日，以及推出侗族琵琶、侗族大歌、篝火晚会等活动项目，达到"月月在过节"的效果。二是以"请进来""走出去"方式为抓手，借助电视、新闻媒体等，引入当红明星造势，借助独具特色的百家宴、长歌宴，联合旅行社带团，加强村寨旅游宣传推介，从而亮化村寨形象，彰显民族魅力，建立旅游品牌，优化乡村旅游品质，提升旅游知名度和影响力。

三、大寨村模式特色

1. 利用梯田资源，实现旅游扶贫的生态可持续发展模式

梯田资源是大寨乃至整个龙脊景区的重要旅游资源，可以这样说，梯田景观是龙脊景区的"头牌"，全国乃至全世界各地前来观赏的游客绝大多数都是冲着壮美的梯田景观而来。大寨村与旅游公司签订了《龙脊梯田耕种协议书》，公司按大寨门票收入的10%提取景区梯田维护费分红给大寨村民，并给予每亩500元或者1000元的耕种补贴。由此可见，梯田景观对龙脊景区的重要性。村民也能在种田的同时获得额外的收益，种田所得的粮食是自己的，额外还能获得分红，大寨村民都极力支持该措施。村民能因梯田脱贫致富，旅游公司也能获利，龙胜县政府也完成了脱贫任务，并成为扶贫典型，利益相关者均获得最大化效益，利用梯田资源使产业链发展模式获得成功。

2. 挖掘民族文化，实现旅游扶贫的文旅融合发展模式

大寨村的文化旅游资源丰富，有红瑶服饰、红瑶银饰、红瑶节日等较多的民俗文化遗产。其中大寨的红瑶服饰以其精美的样式和精湛的制作工艺成为红瑶族群文化的重要载体和表现方式之一，是非常珍贵的文化资源和红瑶历史发展的见证，也象征着红瑶先民们的勤劳与智慧。红瑶服饰因其带有红瑶独特的文化景观和民族文化巨大的成就，于2014年被列入第四批国家级非物质文化遗产代表性项目名录。因此，为了传承少数民族的历史文化传统，维持中华文化的多样性，加强文化整体活力，也为了体现对红瑶祖先文化智慧的尊重和继承，必须对红瑶服饰加以保护。通过旅游与文化相融合的方式，能够更好地促进民族村寨旅游的发展和民族非遗文化的传承创新。当前大寨村利用瑶族服饰的特色所开发的"六月六"红瑶晒衣节以及瑶族长发的洗发水，都较好地挖掘了当地特色民族文化，实现了文旅融合的旅游扶贫发展模式。

3. 开发农副产品，实现旅游扶贫农业经济全面发展模式

龙脊有众多的土特产深受游客欢迎，如龙脊茶、龙脊糯米、龙脊辣椒、龙脊水酒、龙脊腊肉、干笋、龙脊罗汉果等名特优农产品。这些农产品均为农户自家种植。旅游开发前，这些土特产产量过多，但却无销售途径，只能自家食用；旅游开发后，因外地游客喜欢原生态的农副产品，这些土特产有了新的销售渠道，村民家家户户都将自家的土特产拿出来销售，由此获利。此外，旅游开发后，不少电商平台也入驻大寨，将大寨的诸多土特产放在网络平台进行销售。旅游的发展带动了当地农副产品的销售，形成了新的产业链，村民获得了收益，相应地也带动了旅游的进一步发展。

4. 收益合理分红，实现多方共赢的旅游扶贫发展模式

大寨村每年的门票收入分红和梯田缆车观光的收入分红为当地农户旅游收入的重要来源，也充分体现了"政府主导＋公司＋景区＋农户"多方共赢的旅游扶贫模式。最初利用传统方式耕种的梯田资源，以"企业＋梯田＋农户"的模式参与旅游开发，获得旅游分红，从而使当地贫困群众获得收益，增加收入。经过不断地发展，经验告诉我们，产业扶贫对于实现脱贫具有重要的作用和意义，公司、政府、景区的系统管理也十分重要，所以要积极创新传统的生态旅游扶贫和产业扶贫，让发展模式具有生机和活力。

因此，现阶段大寨村依托景区，通过采取政府主导，公司与农户齐参与的模式引进资金较雄厚的企业加入，可以克服资金的不足、旅游企业管理粗放等问题。例如，龙脊梯田国家湿地公园景区以"政府主导＋公司＋景区＋农户"的模式进行运作。

第三节 旅游扶贫模式效果对比

一、旅游经济发展水平

旅游经济发展水平包含旅游接待人数、旅游收入、村民人均收入、旅游从业家庭占比、旅游产品体系、旅游基础设施六个指标。根据第五、第六、第七章的数据与评分，勾蓝瑶寨、大寨村、平岩村的旅游经济发展水平对比情况如表 8 – 1 所示。

表 8 – 1　　　　　　　　　　　旅游经济发展水平对比

二级指标	三级指标	勾蓝瑶寨	平岩村	大寨村
旅游经济发展水平	旅游接待人数（万人次）	76.7	25.3	73.97
	旅游收入（万元）	350	2566.67	575
	村民人均收入（元）	5866.67	5866.67	8333.33
	旅游从业家庭占比（%）	16.15	15.17	100
	旅游产品体系（分）	5	5	5
	旅游基础设施（分）	3.44	3.29	3.43

（1）旅游接待人数是村寨全年接待游客总数量，是衡量村寨旅游发展水平最基本的指标之一。根据《旅游区（点）质量等级的划分与评定（GB/T 17775—2003）》，此项指标勾蓝瑶寨与大寨村得分均为 5 分，平岩村 2 分。具体来看，2017 ~ 2019 年，勾蓝瑶寨、大寨村、平岩村平均旅游接待人数分别为 76.7 万人次、73.97 万人次、25.3 万人次，可见勾蓝瑶寨和大寨村表现良好，平岩村表现较差，平岩村亟须采取措施提高旅游接待能力，增加接待人数。

（2）旅游收入是村寨于年内在旅游业所获得全部经济收入，是体现旅游扶贫效果较为公认的指标。根据《乡村旅游扶贫工程行动方案》，2017 ~ 2019 年三个村寨旅游收入主要涵盖景区门票、吃住购等方面，较为一致，且均达到满分评价标准。其中平岩村年均旅游收入 2566.67 万元，大寨村年均旅游收入 575 万元，勾蓝瑶寨年均旅游收入 350 万元。虽然此项指标三个村寨均达到 5 分，但可以看出勾蓝瑶寨和大寨村与平岩村差距明显，还有很大提升空间。平岩村的旅游收入最高，旅游扶贫效果最好。

（3）村民人均收入是村民在年内取得的各种收入总和，能够反映出村民的生活水平。根据《中国农村扶贫开发纲要（2011－2020年）》，三地评分均为5分。其中勾蓝瑶寨与平岩村近三年人均收入均为5866.67元，大寨村近三年人均收入为8333.33元，呈现良好的增长，要继续保持，不断提高人民生活水平。

（4）旅游家庭从业占比是村寨内从事旅游业的家庭数量与全村家庭总数量的比值，衡量旅游业在村寨家庭从业选择的覆盖面。借鉴四川省旅游扶贫示范村达标标准，此项指标大寨村满分，勾蓝瑶寨和平岩村仅得1分。由前文分析可知，虽然近三年勾蓝瑶寨和平岩村的旅游家庭从业占比一直保持增长，但始终在20%以下，增速缓慢。相比全村参与旅游经营的大寨村，勾蓝瑶寨和平岩村要采取措施大力提高农户参与积极性，扩大旅游业对村寨发展的影响。

（5）旅游产品体系为村寨旅游产品构成类型，既是发展旅游业的成果体现，也是村寨发展的内生动力。根据全国乡村旅游重点村遴选标准，三地旅游产品均大于8种，且以民族文化旅游产品为主，达到满分。其中，勾蓝瑶寨旅游产品涉及特色饮食产品、手工艺产品、民族节庆产品（以洗泥宴为典型代表）等，以农产品为代表的旅游产品已初具规模。平岩村旅游产品涉及特色饮食产品（百家宴为典型代表）、手工艺产品、民族节庆产品等，生态茶产品也形成了较大的规模。大寨村旅游产品涉及瑶族服饰等手工艺品、特色瑶族洗发产品（以瑶族淘米水为典型代表）、民族文创产品和节庆产品等，还有一些龙脊高山云雾茶、龙脊辣椒、烟熏腊肉等特色农产品。虽然相比之前有了很大发展，但总体而言，旅游产品的体系尚未健全，还需进一步丰富旅游产品种类和质量。

（6）旅游基础设施是保障旅游活动正常进行的公共服务系统，同时也能为村民日常生活提供便利。根据专家意见咨询及评价结果，勾蓝瑶寨、大寨村、平岩村三地得分分别为3.44、3.43、3.29，整体差距不大，都较为一般。在旅游业发展过程中，虽然三地都不断完善基础设施、提升整体旅游设施，但村寨内部还有很大的优化空间，需要在未来的开发治理中做得更好。

二、村寨治理能力

村寨治理能力包含旅游扶贫责任制、村寨事务管理能力、乡风文明程度、村寨宜居性、村容村貌、民族文化保护六个指标。勾蓝瑶寨、大寨村、平岩村的村寨治理能力对比情况如表8－2所示。

表 8 - 2　　　　　　　　　村寨治理能力专家评分结果对比

二级指标	三级指标	勾蓝瑶寨	平岩村	大寨村
村寨治理能力	旅游扶贫责任制	3. 89	3. 29	4. 43
	村寨事务管理能力	3. 78	3. 57	4
	乡风文明程度	4. 11	3. 86	4. 14
	村寨宜居性	4. 33	3. 86	4. 43
	村容村貌	3. 78	3. 71	3. 71
	民族文化保护	3. 67	4	3. 57

（1）旅游扶贫责任制是实现旅游扶贫的制度设计，是对《脱贫攻坚责任制实施办法》的全面落实。借鉴《脱贫攻坚责任制实施办法》，本书课题组及专家对大寨村、勾蓝瑶寨、平岩村的旅游扶贫责任制评分分别为 4. 43、3. 89、3. 29。具体来看，大寨村从各级政府、旅游企业、开发商、旅游规划等层面都已出台了一些旅游扶贫政策，龙胜县政府也建立了相关旅游扶贫责任制度，并将其不断完善，效果良好。勾蓝瑶寨村支两委自发组织成立旅游公司，形成了"公司＋农户"的旅游扶贫模式，且湖南省、永州市和江永县各级政府都出台了一系列旅游扶贫相关政策，也专门成立对口扶贫工作队，整体效果表现一般。平岩村从各级政府、旅游企业、开发商、旅游规划等层面都已出台了一些旅游扶贫政策，三江县政府也建立了相关旅游扶贫责任制度。此项指标平岩村与大寨村的差距较大，要进一步优化制度设计，努力做到全面落实。

（2）村寨事务管理能力是村寨基层组织建设的重要内容，关系到村寨的改革、发展、稳定和旅游扶贫的效果，与广大村民利益息息相关。通过实地调研，本书课题组成员及专家对大寨村、勾蓝瑶寨、平岩村事务管理能力的综合评分分别为 4、3. 78、3. 57，整体较为良好。具体表现为实地调研过程中，大寨村旅游经营活动有秩序，如村委会等村民自治组织能够组织村民维护保持村内的基础设施建设，可进行合理有序的门票分红，村规民约执行情况较好、民族节庆活动安排议程等形成一定的规范。勾蓝瑶寨和平岩村的旅游经营活动较为有秩序，如民族节庆活动安排议程、每周表演活动安排事项等形成一定的规范。整体来看三地差距不大，均有提升空间，要继续加强村寨基层组织建设，更好地实现村寨的改革、发展、稳定以及旅游扶贫的效果。

（3）乡风文明程度侧重从精神文明层面衡量旅游扶贫效果，与物质文明进步并驾齐驱，是村寨乡村振兴发展的灵魂。本书课题组成员及专家对大寨村、勾蓝瑶寨、平岩村的乡风文明程度的综合评分分别为 4.14、4.11、3.86，三个村寨的表现差距不大，村寨乡风较好。村民教育水平整体虽然不高，但是旅游从业人员个人素质良好，服务热情，保持了淳朴的民风，也积极参加旅游服务培训。勾蓝瑶寨于 2014 年还获得"全国文明村镇"称号，更在一定程度上反映了勾蓝瑶寨的精神文明建设情况。《乡村振兴战略规划（2018 - 2022 年)》提出"乡村振兴，乡风文明是保障"，乡风文明是美丽乡村建设的重要内容，也是乡村振兴的重要目标之一。未来仍需不断提高村民教育水平和个人综合素质，因为相比于物质文明，精神文明的匮乏是更为可怕的。

（4）村寨宜居性是村寨生活环境、居住环境的主要体现，是村寨生活的本源，是检验各类脏乱差现象是否得到根治的重要指标。根据《旅游区（点）质量等级的划分与评定（GB/T 17775—2003)》，课题组成员及专家对大寨村、勾蓝瑶寨的宜居性评分分别为 4.43、4.33，处于较好水平，平岩村 3.86，还需进一步改善。整体来看，三个村寨无论是村寨可进入性，还是整体生活环境，都表现较为良好，且大寨村是龙脊梯田国家湿地公园的重要组成部分，空气湿度、饮用水、土壤质量等自然生态环境较为优越，针对此指标，平岩村还有很大提升空间。

（5）村容村貌是指村寨整体美化程度及卫生状况，是旅游扶贫效果的外在体现之一。本书课题组参考《美丽乡村建设指南（GB/T 32000—2015)》对勾蓝瑶寨、平岩村、大寨村打分分别为 3.78、3.71、3.71，整体表现较为良好，差距不大，均需保持并继续优化改善。具体来看，勾蓝瑶寨近年获得不少殊荣，如乡村旅游重点村、全国生态文化村、第八批全国重点文物保护单位、中国少数民族特色村寨等，凸显出对该村环境的肯定，平岩村也在 60 个"中国美丽乡村"中脱颖而出，荣获"2019 中国最美乡村·示范村"荣誉称号，成为全国首批 10 个"中国最美乡村·示范村"，大寨村于 2019 年入选第一批全国乡村旅游重点村名录，在众多村落中脱颖而出，并多次被中央电视台等重要媒体进行海内外报道，许多知名摄影师到此进行拍摄，并承接举办国际性的山地跑步等体育赛事，一定程度上反映了大寨村的村容村貌较好。

（6）民族文化保护是指村寨民俗文化旅游资源的保护传承和管理，在旅游对文化存在多方面影响的背景下，对其进行考察尤其具有现实意义。根据《民族民俗文化旅游示范区认定（GB/T 26363—2010)》标准，本书课题组成员及专家根据物质文化传承、非物质文化传承、民族文化典型性、文化符号系统等具体的条目对民族文化保护指标进行综合评分，平岩村、勾蓝瑶寨、大寨村得分分别为 4、3.67、3.57，整体表现较为良好。三个村寨都具有丰富多样且各具特色的民族旅游资源，前文已经进行了详细的描述，主要表现为传统建筑、民族服饰、民族节庆、民族歌舞、特色饮食等物质和非物质文化遗产众多。未来要继续保持并合理进行开发，使民族文化得到更好的保护、传承和发展。

三、村民感知评价

旅游村民感知包含对旅游扶贫经济和社会文化正效应的感知、对旅游扶贫环境和人口素质正效应的感知、对旅游扶贫负效应的感知、旅游精准扶贫政策绩效评价、参与态度与意向五个指标。勾蓝瑶寨、大寨村、平岩村的村民感知评价对比情况如表8-3所示。

表8-3　　　　　　　　　　村民感知评价评分结果对比

二级指标	三级指标	勾蓝瑶寨	平岩村	大寨村
村民感知评价	对旅游扶贫经济和社会文化正效应的感知	3.727	3.760	4.339
	对旅游扶贫环境和人口素质正效应的感知	3.850	3.665	4.115
	对旅游扶贫负效应的感知	3.212	3.105	2.998
	旅游精准扶贫政策绩效评价	3.362	3.186	3.852
	参与态度与意向	3.918	3.709	4.110

（1）对旅游扶贫经济和社会文化正效应的感知，主要在于村民对旅游扶贫在经济和社会文化领域所产生正能量的感知。根据本书课题组所做的实地调研及居民问卷，大寨村、平岩村、勾蓝瑶寨的村民对旅游扶贫经济和社会文化具有积极作用均是较为认可的，得分分别为4.339、3.760、3.727，可见旅游扶贫的经济和社会文化影响深远，尤以大寨村村民认同感最强。

（2）对旅游扶贫环境和人口素质正效应的感知，主要在于村民对旅游扶贫在环境和人口素质方面所产生正效应的感知。根据本书课题组所做的实地调研及居民问卷，大寨村、勾蓝瑶寨、平岩村的村民对旅游扶贫环境和人口素质改善是较为认可的，得分分别为4.115、3.850、3.665，符合《生态环境部定点扶贫三年行动方案（2018-2020年）》等要求的"较好"标准。

（3）对旅游扶贫负效应的感知，主要在于旅游扶贫过程中给村民生产生活所造成的不同类型的负面影响。根据本书课题组所做的实地调研及居民问卷，勾蓝瑶寨、平岩村、大寨村三地对此项指标的打分分别为3.212、3.105、2.998，相较于前两项打分，可以看出村民认为旅游扶贫所带来的正效应是大于负效应的，但此项指标得分居中，还是应该引起相关部门的重视。勾蓝瑶寨多数村民认为"旅游破坏了本地风俗文化"，平岩村部分村民认为"村民之间产生旅游经济利益冲突"对其影响最为严重，大寨村部分村民认为"旅游干扰了村民日常生活"，可见，在接下来旅游扶贫过程中，各村寨还需加强对风土人情的本真性保护，平衡协调当地村民之间、村民与游客之间的和谐关系。

（4）旅游精准扶贫政策绩效评价是村民对各类扶贫政策实施效果的感知评价。根据本书课题组所做的实地调研及居民问卷，大寨村、勾蓝瑶寨、平岩村三地村民对此项指标的打分分别为3.852、3.362、3.186。参考《贫困县退出专项评估检查实施办法》可知，相较于勾蓝瑶寨和平岩村，大寨村村民对于旅游扶贫政策实施效果的感知更为良好。

（5）旅游参与意愿是村民愿意通过旅游摆脱贫困的重要体现。根据本书课题组所做的实地调研及居民问卷，在村民旅游扶贫参与态度和意愿方面，大寨村、勾蓝瑶寨、平岩村三地村民分别打分4.110、3.918、3.709，可见三地村民的旅游参与意愿都较为强烈。"愿意为旅游发展而出让土地林场山场等资源"最能反映大寨村和勾蓝瑶寨村民的旅游扶贫参与态度和意愿，平岩村村民更期望"成为景区或旅游企业的工作人员"。

第四节　旅游扶贫模式不足之处

一、勾蓝瑶寨模式不足之处

（一）旅游产品开发不当，传统文化失真弱化

旅游产品开发较为粗浅，普遍存在着质量欠缺、品位不高、层次较低等问题，难以真正体现村寨文化魅力，假如，民宿设计装饰上缺少地方特色，且住宿档次较低，难以满足高品质需求旅客的要求；民族表演中心舞台规模较小，最多能接待30桌游客；农家乐菜品大众化、缺少地方特色菜肴且菜价偏贵；洗泥宴尚未完全展示本族文化的同时还遭遇到外来文化植入；旅游商品并非勾蓝瑶寨本村加工生产；可供租赁的服饰是从外面购买，并非村民亲自制作，且和村寨传统的民族服饰相差甚远；现场制作的特色小吃品种较少，而摊贩式的售卖方式也难

以保证食品的卫生安全。总之，目前村寨旅游产品的开发还比较落后，且缺少村寨文化内涵，未能充分体现村寨文化风貌。

（二）旅游管理水平滞后，利益主体矛盾凸显

首先，政府外部管理与村寨内部治理的矛盾。上级政府在村寨设立景区指挥部，本村又成立了旅游公司，二者在磨合初期较为生涩，管理层之间对于村寨发展各持己见，造成政府外部管理与村寨内部治理的脱节。其次，民居保护需求与村民现实诉求的矛盾。勾蓝瑶寨古民居修缮、拆建及房屋建设均要受到中国历史文化名村保护条例的制约，村民不能私自建房、拆房。已有不少村民反映自家房屋已经濒临倒塌，政府既不允许拆掉重建，也不给予抢救改造，虽然村寨也有危房改造计划，但名额有限且名额的确定极易引发村民矛盾。再次，旅游活动参与的公平性问题。黄家村和上村属于旅游核心景区，但大兴村却并非旅游辐射区，且与旅游开发严重脱节，大兴村多数村民反映并未参与旅游经营，未能同样享受旅游带来的经济效益。最后，"洗泥宴"等旅游项目的人员选拔上也未能做到公平合理，引发村民矛盾。总之，勾蓝瑶寨旅游管理水平较低且经验不足，还需不断探索和实践。

（三）项目资金投入不足，配套设施尚未完善

一方面，目前勾蓝瑶寨精准扶贫建设资金来源主要是政府投入。由于旅游产品的开发、打造、管理运营等方面仅靠政府力量难以实现快速发展，所以仍需要通过招商引资等手段，吸引社会投资的进入，形成完整的旅游体系，实现旅游健康稳步发展，但由于旅游开发一次性投资大、收益周期长，且勾蓝瑶寨地处偏远，目前大型企业、旅游公司投资乡村旅游发展的积极性不高。外来投资者较少，发展乡村旅游靠上级扶持资金和本地政府配套资金，难以形成大规模的集聚效应。另一方面，目前勾蓝瑶寨乡村旅游基础和配套设施建设较为迟缓，道路交通、停车场、游客中心、旅游标识、旅游厕所等公共服务设施尚未健全，供暖、供热、供气、供水和排污、排水、垃圾废弃物处理等基础设施仍然比较落后，一定程度上制约了村寨经济的可持续发展，旅游脱贫后的持续增收问题仍然值得探讨和研究。

二、平岩村模式不足之处

文化需求是旅游活动的重要动因，民族文化资源是旅游发展的核心资源。虽

然平岩村政府、景区大力开发特色旅游资源，发展休闲农业、观光旅游、体验旅游等，但是由于旅游扶贫历程较短，模式还在探索发展时期，文旅融合尚不深入。

（一）旅游经济发展不均衡

平岩村旅游经济发展较不平衡。从宏观方面，在四个村屯中贫困户和非贫困户之间经济发展不均衡。平寨作为少数民族特色村寨，且位置最接近村子入口，其旅游发展最为迅速，带动效应最明显，其次是马安寨，处于村子中间位置，二者属于政府和旅游公司重点发展对象。岩寨因在四寨中较为偏离核心景区，旅游业发展相对薄弱，平坦更甚，其建档立卡贫困户数量最多。从微观方面，贫困户旅游从业者中，中老年贫困户缺少旅游可持续生计能力，旅游扶贫发展处于相对弱势。由于青年旅游创业者具有较强的精力体力和学习能力，其旅游经济发展更为迅速，和中老年旅游经营者产生激烈的竞争。因此，平岩村旅游经济发展呈现明显的地缘分布和年龄分布特征，即"核心发达—边缘落后"和"青年最优"的现象。

（二）旅游市场营销水平较低

目前，平岩村旅游市场营销水平仍然较低，无法满足旅游扶贫实践的需要。一是景区市场营销理念滞后，经营方式比较保守，经营手段单一，营销水平有待提升。二是旅游公司运营水平较低。旅游公司缺少市场营销等专门人才，掌握市场营销专业知识不充分，无法支撑旅游市场发展。三是部分旅游经营者缺少旅游宣传意识，依然停在"等客来"原始状态。旅游经营者自我宣传力度不够，尤其淡季旅游生意惨淡。此外，随着旅游经营者的大幅增加，村寨旅游市场竞争也格外激烈。

（三）文化创意产品开发不足

旅游向地方化、体验化、创意化发展是平岩村地方文化保护和旅游消费的必然趋势。一方面，从需求端来看，旅游群体具有不同的消费需求，衍生出不同的细分市场，需要开发旅游的个性主导产品。另一方面，从供给端来看，地方文化体验虽然要保持地方文化原真性，但旅游区应在地方文化传承的基础上进行产品供给创新，以更好适应新一代旅游者的需求。然而，目前平岩村民族演艺、文化空间建设虽已具备一定的基础条件，但除了本土生态、民族文化外，以新文创为主线的"主题产品""场景体验""夜间景观"等沉浸式体验产品开发未受关注，文化创意元素开发与利用不足，这十分不利于日后村寨的旅游扶贫可持续发展。

三、大寨村模式不足之处

（一）旅游经济发展较不平衡

现有民族村寨的文化旅游一般受地方政府管理，地方政府通过税收和其他费用获得收益，经营者（旅游公司）实施开发的模式，通过门票和其他服务业得到收入，而民族村寨村民大多时候只能通过提供低附加值的劳动来获取较少的劳动报酬。

大寨村的旅游虽然获得了较为长足的发展，但是村寨内处于不同地理位置的村屯的旅游发展水平存在具体差异，村寨村民因自身所拥有的物质资本、人力资本、社会资本、金融资本等条件的不同，也会出现村寨内部旅游经济发展失衡的情况。此外，还有外来投资者进入村寨获取到更多旅游收益的情况，因此会有当地人被排挤在旅游发展之外，从旅游业的发展中获益较少。

（二）旅游服务产品较为单一

目前，民族地区旅游产品结构单一，旅游业态较为老化，仍然以乡村旅游、观光旅游为主，休闲度假、健康养生和研学旅行等专项旅游产品尚处于待开发状态。大寨村村民的旅游创业意识较为薄弱，旅游文化专项产品开发尚浅，民族工艺品没有形成规模化生产。在旅游服务和体验产品上，大寨村发展较好的旅游产品就是索道缆车，但其主要收益仍停留在观光门票的收费上，并没有开发出其他具有特色亮点的旅游文化产品，虽提高了旅游观景效率，但也缩短了游客在景区的停留时间。

当前旅游发展与日俱进，人们对旅游产品的需求也在不断发生变化。虽然自然旅游和民族文化资源不可能随意变化，是静态的，但是人们的服务方式是灵活多变的，管理的方法可以是多式多样的，运营的模式也是可以不断完善更新的。因此，创新旅游产品，增强旅游竞争优势可以通过提高服务质量、细化专业分工、完善旅游管理机制、利用先进的科学技术将旅游资源和各种创新的运营模式及服务方式相结合等多种方式，带动民族地区旅游发展，为旅游扶贫注入新鲜血液。

（三）旅游基础设施尚未健全

一方面，由于民族村寨在吸引社会资产和基础建设方面缺少资金和重大项目的有力支撑，另一方面，在规划和建设中的民族旅游项目和企业由于受其数量、规模、经营的限制，呈现"小、乱、散"的状态，导致经济效益没有实现最大化。大寨村的公共基础设施与普通的非旅游村寨差异不是特别明显，抑或是因为发展旅游、新建房屋等需求而对公共基础设施的损耗更大，使得大寨村的村道公路更为"脏乱差"。村寨中文化表演场地也十分简陋，在消防设施、医疗卫生等旅游基础设施方面仍需健全。

第九章

南岭走廊民族特色村寨可持续
发展与旅游富民对策研究

第一节 可持续发展与旅游富民的路径与机制

一、发展路径

(一) 整合资源，推动特色村寨"三生"融合发展

"三生"指的是生产、生态和生活，"三生"融合发展是民族村寨旅游可持续发展的新路径。南岭走廊民族特色村寨既拥有丰富的自然资源，又有文化底蕴深厚的人文建筑，独特的民俗风情。传统的生产方式、质朴而慢节奏的乡村生活、优良的生态环境给予游客深刻的体验，令人向往和怀念。勾蓝瑶寨坐落在群山环绕中，喀斯特地貌典型，错落有致，层次分明，山际轮廓线丰富，村落植被保存完好，古民居就地取材，因地制宜，富有勾蓝瑶寨历史文化特色，四道防御工事体系将村寨生活、安全、家族邻里布局得井井有条，勾蓝八景与民俗风情、特色饮食相得益彰。平岩村多属丘陵地貌，土地、植被和水资源丰富，森林覆盖率高，山水风光旖旎迷人。吊脚楼、鼓楼和风雨桥等侗族建筑技艺高超，其中世界四大历史名桥之一的程阳风雨桥是杰出代表。侗族打油茶、侗族三酸、侗族糯食独具一格，成为平岩旅游必不可少的美食。侗族人民淳朴热情，民族饮食、传统节日和非物质遗产丰富，民族风情浓郁，让人流连忘返。大寨地处山区，海拔较高，云雾多，空气湿度大，生态环境优良，梯田景观更为一绝，红瑶干栏式建筑因地制宜，别具风格，红瑶服饰列入国家非物质文化遗产名录，长发习俗成为

一大文化景观奇葩。三个村寨分别结合自身优势，整合资源，形成合力，有力地推动了民族特色村寨"三生"的融合发展，为乡村振兴的推进奠定坚实的基础。

（二）挖掘文化，彰显特色村寨文化内涵活力

文化是旅游的灵魂，也是构成旅游吸引力的重要组成部分。在文旅融合的大背景下，通过文化赋能村寨旅游，强化旅游与文化的黏性，增强旅游张力，从而大大地激活了旅游发展的活力。勾蓝瑶寨利用创3A、4A级景区的机遇，对古城墙、门楼、凉亭、祠堂、守夜屋、旗山庙戏台、黑凉亭、三门街祠堂等古建筑物进行修建，并在旅游经营活动中进行活态化使用，同时对民俗进行梳理，包装策划了一台呈现勾蓝瑶寨传统文化特色的民族表演节目"洗泥宴"，并在每周六及节假日定期演出。该节目将餐饮、表演与村民参与结合在一起，丰富旅游体验的同时也增加了旅游收入。大寨充分挖掘六月六晒衣节内涵，与红瑶服饰相结合，设计了专供游客欣赏的"晒衣表演"，并成为一个民族文化旅游品牌，同时对最具红瑶特色文化的蓄长发文化进行挖掘包装，通过解说和现场洗发等方式来展现长发的魅力，吸引无数游客前来观赏。平岩村充分挖掘侗族文化，不断推出民俗歌舞表演和文化节庆活动，全天化呈现侗族文化生活，达到"天天都在过节"的效果，同时开始注意本土文化与创意文化的融合，增强游客的参与度。在实践中，三个村寨虽然文化各异，但是基本都能抓住本村寨最有特色的文化基因，经过提炼、整合、创意，均受到了游客的热爱，产生非常不错的效益，也为催生文化新业态创造了新机会。

（三）完善基础，拓展特色村寨旅游体验深度

基础设施是开展旅游的基础条件，是获得旅游便捷性与深度体验的支撑。在实践中，勾蓝瑶寨对外改善外部可进入性，对内新建了游客服务中心、三个旅游厕所、停车场、标识牌解说系统，铺设游客石板路步道，安装好地射灯，实现道路亮化，完成了古城楼与古建筑的修缮、河道水系整理、道路硬化、生态环境整治等工作，同时完成给排水工程，实施"三清""四改""五化"工程，聘请保洁员，优化垃圾清理设备，整治村庄卫生环境，使瑶寨展现出干净、整洁的新面貌。平岩村推进"特色旅游＋生态农业＋特色城建"的融合发展模式，建立农村生活垃圾无害化处理模式，完善村屯级公路、产业道路、饮水安全、安全用电、公共基础服务设施，尤其是大力投资旅游交通，大大提升了村寨的可进入性。大寨加大对厕所、生活污水、生活垃圾的治理，实施电力基础设施建设工程，优化通信信号的覆盖质量。调查显示基础设施的持续完善，为游客深度的旅游体验效

果带来辅助，旅游愉悦感得到持续提升。

（四）打磨品质，树立特色村寨旅游品牌形象

当下旅游已经从低质量粗放发展逐渐朝高质量发展转变，品质已然成为质量高低的衡量标准之一，也是村寨品牌形象的内核。三个村寨旅游到现在都基本经历了 20 年左右的发展，从单纯的观光起步到休闲、度假的转变；从简单接待到注重产品丰富与服务质量的提升；从单一物质追求，到文化的融合与精神层面的交流。在这个过程中，旅游品质品位不断熔炼与提升，逐渐形成一定的品牌影响力。勾蓝瑶寨从 2002 年被动融入旅游当中起步，到挖掘自身文化，完善基础设施，并借助创 3A、4A 景区的机遇，获得中国历史文化名村、湖南最美少数民族村寨的荣誉。平岩村于 1997 年起步，经过不断摸索，引入企业先进管理模式，抓住创建 4A、5A 景区的契机，完善规章制度，成为首批"中国景观村落"。大寨村在 2001 年正式开发旅游，强调文化融合，同时增设索道以满足游客需求，带动旅游致富，入选"中国经典村落景观"。实践证明，民族村寨旅游只有走品质之路才能推动高质量发展和可持续发展。

二、机制设计

南岭走廊民族特色村寨可持续发展是各要素在既定的框架内，通过高效运作完成的。通过对平岩村、勾蓝瑶寨、大寨民族村寨旅游和旅游扶贫过程的调查与分析研究，显示出发展与冲突、利益与分配是两组主要的矛盾体，并贯穿于整个过程。为解决这一实践中的难题，本书课题组提出了共享—协作—开发—动态—创新的发展机制。这五大要素形成一个内循环，相互作用，形成合力，共同推动民族村寨旅游与高质量旅游扶贫的进程（如图 9-1 所示）。

共享是习近平总书记提出的五大新发展理念之一，以共享理念推进旅游精准扶贫，是解决民族村寨旅游扶贫中"旅游飞地"现象的现实之需，也是确保 2020 年在我国现行标准下民族地区贫困人口实现脱贫的必然之举。在民族村寨旅游发展和扶贫中的共享必然要考虑到经济、文化、社会、生态等方面的内容。旅游资源、旅游环境、旅游公共服务、旅游发展成果应该由利益相关者共分享，尤其在旅游扶贫中要把差距控制在合理范围内，防止贫富悬殊，最终实现脱贫致富。

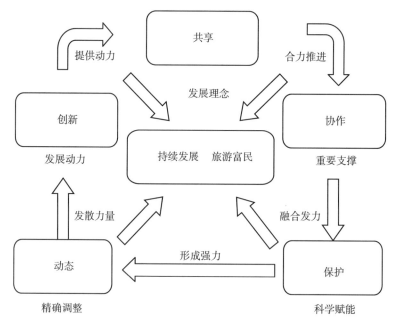

图 9 − 1　可持续发展与旅游富民的机制

　　无论是旅游的发展还是旅游扶贫，都是一个系统工程，需要各方面的资源和力量来共同完成。协作是推进民族村寨旅游发展的重要支撑，旅游主题和项目的布局需要体现协作和联动的思想，将整个村寨整合在一个大的系统中，使得旅游功能，尤其是旅游扶贫的功能得到更好的发挥。因此，需强化协作机制的落实，促进各资源要素的融合发力，保障机制的高效运转。

　　开发与保护是民族村寨旅游中常态存在的一组矛盾体。在实践中，旅游是一种经济占主导的行为，正是对经济效益过多的关注和追逐，使得保护尤为重要。一是秉承"绿水青山，就是金山银山"的发展理念，要加强对生态环境的保护。民族村寨虽然先天生态环境优良，但是随着旅游的深入发展，垃圾、污水、噪声等各种污染也与之俱来，给旅游带来一定的负面影响。二是要加强旅游文化的保护，旅游是一种文化交流碰撞的过程，然而外界文化的强力闯入，导致了文化的交流失衡，使本土文化处于一种弱势地位，甚至被逐步同化。因此，首先要树立文化自信，其次要对文化梳理，形成主题系列，进行旅游活化，再次要强化文化保护专业人才和传承人的培养，最后是文化保护要与时俱进，以科学技术来赋能。

　　民族村寨旅游发展是一个动态的过程，同时旅游扶贫也应该是一个动态的过程。这个动态一是指旅游产品发展的动态调整，使得旅游产品与旅游消费者的消费诉求相匹配；二是旅游扶贫的动态调整，包括对贫困户的识别、贫困户的退出等；三是旅游收益分配的动态调整，保证旅游收益的合理化和均衡化。

创新是民族村寨旅游保持蓬勃发展的动力。一是保持制度创新，要紧紧围绕村寨的村情实际，敢于变革，允许容错，适时调整推出最优于村寨旅游发展的制度。二是文化赋能创新，认真梳理本村的文化脉络，着力于载体、表达、传播、交流等方面的创新，以文化赋能旅游，促进文旅融合发展。三是人才创新，人才是第一资源，通盘统筹村寨旅游发展的需要，在人才结构上进行优化，更侧重于运营管理人才、财务类人才、文化创意人才、景观设计人才、市场营销人才、导游人才等的建设。四是实践创新，对实践的方式、内容、考评等方面进行创新，以实践检验与理论呼应，实现实践和理论的两轮驱动。

第二节　可持续发展与旅游富民的对策建议

一、参与设计，注重利益均衡

在民族村寨旅游发展中，要充分考虑到村民综合素质较低，专业技能不高，自身拥有的生产资源较少，旅游参与能力较弱，参与程度相对浅层，经济获得感不佳的实际情况；要落实赋权，改变其无权或权力被剥夺的局面，同时千方百计引导其参与到旅游发展当中来。一是观念引导，拓宽村民思维，转变其"等靠要"的思想，变被动参与为主动参与；二是提升参与的匹配度，充分考虑村民能力与工作岗位的衔接性，人尽其能，使得生产效率最大化；三是增加参与的类型，既有低层次的服务型工作岗位，也有中高层次的管理型工作岗位，还有智力建议与决策型的参与方式等，全方位提升参与覆盖率与深度。民族村寨旅游开发主要涉及政府、开发商、村民、村集体等主体的利益关系，在利益分配的过程中要高度重视利益均衡化分配，尤其是要确保村民参与旅游中的利益分配，调动各方参与旅游开发的积极性。因此，在遵循市场规律的基础上，要动态调整利益的分配，首先按照投入资本的多寡，进行比例分配，同时根据社会与市场的变化而适当调整；其次按照多劳多得的原则，调动村民参与的积极性；最后继续推行兜底政策，确保村民共享到旅游发展带来的红利。

二、丰富营销，强化旅游品牌

随着互联网的快速发展，民族村寨旅游市场营销也走上了网络快车道，如勾蓝瑶寨自建"勾蓝瑶寨"旅游网站，推广微信公众号，利用互联网宣传销售旅游产品。大寨积极依托互联网开展"党旗领航·电商扶贫"行动，拓宽农产品销售渠道。平岩村缺乏相应人才，营销手段单一，尚在起步阶段。总体来看，形式上还是比较粗放，对内容体系、主题定位、精准投放的关注仍然不够，与旅游消费者的消费喜好衔接不够，效果比较有限，所以需要密切关注旅游消费市场的变化，深入实地调研，与市场进行持续对话，倾听旅游消费者的诉求，更加侧重于情景化和互动性，适时调整与丰富旅游市场营销体系。一是要更加注重线上营销，深入研究"两微一抖"、直播等新方法，丰富其主题、形式、情感等的表达，切合旅游消费者消费的新习惯。二是强化线下营销，整合力量，优化组合，更加注重文化符号宣传和情感交流的方式，如结合民族村寨独特的民俗文化，以节庆活动为切入点，举办民俗节庆、美食文化体验、体育赛事、摄影采风等主题活动，通过微电影、短视频、歌曲等进行营销，邀请博主、旅游达人、网红、作家来游玩体验，并发到社交平台进行宣传引流。

三、创新驱动，激发内在动力

创新是引领发展的第一动力，持续创新是让旅游永葆活力的法宝。搞好村寨社会服务配套建设，启动内部动力，推动民族村寨旅游发展。一是理念创新。首先从粗放式发展转化为集约式发展，以"两山理论"为发展指引，强调绿色生态发展，其次是贯彻可持续发展理念，最后是要融合共享发展理念。二是民族文化回归自然，突出其差异性，注重多内容、多形式的呈现，加强新型业态创新，增强游客文化获得感与幸福感，如夜间游、乡村文创、乡村营地、乡村博物馆、乡村民宿、研学旅行、红色旅游等，深入研究新业态的发展态势、特点，结合村寨自身的资源禀赋，对其进行融创，为旅游消费者创作更多有念想的体验。三是治理创新。针对三个村寨在旅游发展和旅游扶贫中出现的问题，认真研究产生的原因与机理，如针对村民普遍存在的无权或权利被剥夺的局面，要创新落实赋权，对村民自身能力、旅游参与赋权和传统权威组织进行赋权，帮助优化社会资源，缓解冲突。四是人才创新。围绕人才的来源、组合、培养、留住等方面创作，首先旅游人才来源渠道要进一步拓宽，如高校、旅游从业人员、返乡创业人员、本土大学生、乡贤等；其次创新组合，就要注重村寨人才的组合搭配，发挥更大的效用，更加重视引进旅游管理人才、运营人才、文化创意人员、财务融资人才、景观设计人才等；再次是创新培养模式，灵活运用专家培训培养、高校研究机构合作培养、行业交叉培养、村寨内部培养、挂职培养等模式，解决人才短期难题，激活村寨创新活力，增强发展后劲，保证村寨旅游与建设、旅游经营与管理、旅游扶贫等工作顺利开展，为村寨旅游可持续发展和村民增收提供支撑。

四、提质增效，促进三产融合

产业融合，就是将第一产业、第二产业和第三产业有机融合在一起，通过产业联动、产业集聚等将村寨的资源、技术、资本进行跨界的集约化配置，实现各产业有机融合、协同发展，最终实现产业链延长，产业范围拓展，村民共享收益。民族特色旅游村寨在三产融合中要以旅游为核心，实施"旅游＋"和"＋旅游"战略，通过规模化和集约化提质增效，以推动三产的可持续融合发展。与第一产业融合，实际就是延长农业的产业链，提高农业附加值，就是为了实现农业、农村、农民价值的再创造，增加村民收入。以农旅一体化为导向，聚焦民族村寨特色产业，如水稻、水果、蔬菜、油茶、茶叶、烤烟、辣椒等种植产业，又如养牛、养鱼、养鸡、养鸭、养猪等养殖产业，围绕"绿色牌""生态牌"，强调环境、生态、健康，努力打造精品，做出特色，同时以此为依托开展乡村生态休闲、旅游观光、研学旅行、摄影采风、农耕文化体验等旅游活动。与第二产业融合，就是要对民族村寨优质的种养产品、老屋旧房等进行深加工，变农品为礼品，变旧房为客房，变手工为互动，提高旅游消费者的参与感和获得感，刺激消费，提升其价值。与第三产业融合，就是要创作旅游消费者的多元体验和深度体验，延长其停留时间提高消费金额。例如，与餐饮品牌合作，提升餐饮的品质与服务质量；与信息互联网产业融合，建设智慧型村寨旅游区，提升旅游的便捷性和舒适度；与文化创意产业融合，强化村寨文化创意，活化文化内涵，赋予产品生命，化陈旧古板为时尚有趣，激起情感共鸣，从而推动民族村寨旅游的高质量发展。

第三节　可持续发展与旅游富民的保障体系

一、旅游政策制度保障

民族村寨旅游的可持续发展在于政策的引领与推动，在于制度保驾护航。一是民族村寨旅游政策，其要在遵循国家与地方大政策框架的基础上，及时推出和调整符合村情寨情的旅游资源开发政策、旅游文化保护政策、旅游金融支持政策、旅游投资扶持政策、旅游扶贫与乡村振兴等政策。二是旅游制度，其是一种社会博弈规则，能约束旅游社会生产和交换活动中利益相关者的关系，明晰各自的权利和义务。制度保障关键要做到公平公正，效率与效益相匹配。因此，要精准制定村寨管理制度、旅游参与制度、资源产权制度、利益分配制度、旅游服务质量制度、旅游安全制度等。总之，高效而接地气的政策制度是民族村寨旅游规范化、公正化、效率化和持续化的基石，也是乡村振兴的助推力。

二、旅游教育培训保障

民族村寨中当地村民的文化素质较低，个人发展能力有限，是阻碍旅游可持续发展一大障碍。一是村民学历水平普遍较低，勾蓝瑶寨、平岩村、大寨村村民中初中及初中以下学历分别占 83.2%、76.6%、77.5%。二是在致贫原因中，大寨、勾蓝瑶寨、平岩村因技术致贫分别占 43.3%、20.2%、9.1%，虽然参加旅游的意愿大多都很强烈，但是缺少相应的知识和技能，因此要构建良好的旅游培训保障体系，尤其是增加对贫困户的教育培训帮扶。政府部门要努力为乡村振兴提供必要的人才供给，培养一些专业人才和管理人才，主要分为普通人才培训和专业人才培训。普通人才方面，组织开设农业种植与养殖、手工业生产、旅游服务、旅游安全、环境卫生等培训课程和讲座，转变村民的观念，拓宽其知识结构，提升生产生活能力。专业人才方面，要着重加强对旅游运营管理、旅游产品创意、景观设计、市场营销等人才的培训培养，全面提高他们的专业创作能力。通过旅游教育培训保障，提高村民参与旅游的能力，实现旅游脱贫目的。

三、旅游资金信贷保障

在大寨、勾蓝瑶寨、平岩村等民族村寨调研中显示，资金不足严重制约着旅游的发展与升级。一方面是村民对金融贷款的政策、信息和条件等都缺乏了解；另一方面是银行贷款设置限制条件过多，村民很难顺利贷到款。为了促进民族村寨旅游的发展，一是要加强资金信贷的政策宣传；二是政府要设置旅游发展专项基金，用以保障改善村寨的旅游环境；三是政府牵头，金融机构介入，针对不同群体和旅游项目制定低息或免息的旅游贷款优惠政策；四是通过 PPP 融资模式，引入社会资本，破解旅游发展缺乏资金的难题；五是大力开展互联网"三农"金融服务，为村民融资拓宽渠道；六是加大小微贷款的投放，为民族村寨旅游企业注入新动力。

四、旅游技术支持保障

以科学技术赋能旅游，民族村寨旅游可持续发展离不开技术的支撑。在旅游进入高质量发展，旅游消费需求日趋个性化、情景化转变的背景下，民族村寨旅游需做好以下保障：首先是旅游体验的丰富化，通过 AR、VR、3D 裸眼等技术的引入，给游客提供全方位感官刺激，营造沉浸式的愉悦氛围；其次是旅游智慧化，融合 5G 技术、大数据技术、物联网技术等，为村寨文化的保护、旅游市场需求的捕捉、服务质量的提升、旅游的便捷等提供助力；最后是技术检测与治理，促进民族村寨旅游生态环境的优化，对污染源头实时监测，防患于未然，促进对污水、垃圾、气体、粉尘等污染物最新治理技术的使用，实现及时有效的治理，降低污染物对生态环境的伤害。

第十章

总结与展望

第一节 总 结

一、研究结论

第一，狭义的南岭走廊行政范围包括广西的桂林市、贺州市、梧州市，广东的韶关市、清远市、河源市，湖南的郴州市、永州市、怀化市、邵阳市，江西的赣州市等。通过对各省以及各市自 2014～2018 年的社会经济情况进行分析，发现旅游在人均收入中发挥着较大作用，且各地区的精准扶贫工作成效明显。采用数据包络分析方法（DEA）对南岭走廊地区 11 个市 2014～2018 年的旅游扶贫效率进行分析，旅游扶贫综合效率均值排在前三位的分别为邵阳市（100%）、梧州市（99.0%）和永州市（94.8%），桂林市、梧州市、邵阳市 5 年间旅游扶贫纯技术效率值均为 100%，邵阳市、梧州市、永州市和郴州市的旅游扶贫规模效率较高，均值都在 90% 以上。

第二，在国内外研究成果的基础上，跳出经济、社会、文化、环境的框架，同时又吸收其核心内容，构建了具有 4 个层次的南岭走廊民族特色村寨旅游扶贫效果评估指标体系。目标层为南岭走廊民族特色村寨旅游扶贫效果。准则层包括旅游经济发展、村寨治理能力、村民感知评价。指标层中，旅游经济发展下设 6 个指标，分别为旅游接待人数、旅游收入、村民人均收入、旅游从业家庭占比、旅游产品体系、旅游基础设施；村寨治理能力下设 6 个指标，分别为旅游扶贫责任制、村寨事务管理能力、乡风文明程度、村寨宜居性、村容村貌、民族文化保护；村民感知评价下设 5 个指标，分别为对旅游扶贫经济和社会文化正效应的感知、对旅游扶贫环境和人口素质正效应的感知、对旅游扶贫负效应的感知、旅游精准扶贫政策绩效评价、参与态度与意向。针对村民感知评价又深入设置了细化指标，对旅游扶贫经济和社会文化正效应的感知下设 11 个指标，对旅游扶贫环境和人口素质正效应的感知下设 6 个指标，旅游精准扶贫政策绩效评价下设 5 个指标，旅游参与意愿下设 7 个指标。针对目标层、准则层、指标层选用层次分析法确定评价指标权重，针对村民感知评价所包含的细化指标选用熵权法进行权重计算。

第三，通过对勾蓝瑶寨、平岩村、大寨村进行实证分析，可以看出勾蓝瑶寨、平岩村、大寨村均有优越的自然环境和极具特色的民族风情，分别探索出了"村委办企、村民参股、科技助力、全民受益""政府主导、公司入驻、居民参与、行业助力""村企共建、村民分红、三产融合、多方共赢"的旅游扶贫模式。村民整体对旅游扶贫持乐观态度，但仍存在贫富分化较大和贫困对象识别不精准等问题。总的来说，扶贫效果明显，村民意识和素质有很大提高，在未来的发展中，还需在实践中不断优化和完善扶贫模式，关注贫富差距、加强扶贫干部主动性等问题，让村民更深切地从旅游扶贫中受益。

第四，在前文分析的基础上，归纳南岭走廊民族特色村寨可持续发展与旅游富民的路径，设计出"共享—协作—开发—动态—创新"的发展机制，并提出参与设计注重利益均衡、丰富营销强化旅游品牌、创新驱动激发内在动力、提质增效促进三产融合等对策建议，从旅游政策制度保障、旅游教育培训保障、旅游资金信贷保障、旅游技术支持保障等方面指出可持续发展与旅游富民的保障体系。

二、创新点

学术观点创新：旅游扶贫是少数民族特色村寨实现脱贫致富、全民奔小康的重要路径；居民视角旅游扶贫效果评估体系是开展少数民族村寨旅游扶贫效果评估的有效措施，更是实现少数民族特色村寨可持续发展和旅游富民的前提基础。

研究方法创新：从微观研究观点建立旅游扶贫评估体系，并将居民参与态度及居民幸福感纳入指标体系中，运用层次分析法对指标体系中的目标层、准则层、指标层进行赋权，将因子分析法应用于民族地区旅游扶贫问题的研究，增加研究成果的科学性、真实性、一般性与应用性。

第二节 不足与展望

第一，南岭走廊范围广泛，无论是从地理分布角度还是行政区划角度都包括广义和狭义两种，本书采用狭义的南岭走廊行政区划标准展开研究，具有一定的局限性。本书在南岭走廊民族地区范围内选取勾蓝瑶寨、平岩村、大寨村三个具有代表性的村寨进行实证研究，要以小见大评估南岭走廊民族地区整体的旅游扶贫效果，案例地数量相对较少，特殊性较强。目前，南岭走廊民族地区的扶贫工作已基本完成，未来可从乡村振兴角度进一步展开南岭走廊民族地区的社会、文化、经济发展研究。

第二，本书研究时间跨度较大，部分问卷发放时间较早，从案例地获取的相关资料较难反映村寨目前的发展状况，且各省市统计公报的公开时间不完全一致，本书统一采用2014～2018年五年的数据分析南岭走廊民族地区的社会经济发展状况，具有一定的时效性，但缺乏最新的统计数据。未来可补充近两年的相关数据进行宏观分析，再次前往案例地进行跟踪观察，全面了解南岭走廊民族地区的社会经济与旅游发展情况。

附录1　南岭走廊民族特色村寨旅游扶贫效果评估指标体系权重判断

尊敬的专家：

您好！衷心感谢您抽出宝贵的时间填写此表！

我们是国家社会科学基金项目"南岭走廊民族特色村寨旅游扶贫效果评估研究"课题组。自2017年以来，课题组与国内外从事民族旅游、旅游扶贫等领域的专家学者、一线工作人员进行了多次交流和沟通，翻阅了大量的文献，在此基础上构建了"南岭走廊民族特色村寨旅游扶贫效果评估指标体系"。

该指标体系一共包括3个一级指标，分别是：旅游经济发展水平、村寨治理能力、村民感知评价。

旅游经济发展水平包括6个二级指标，分别是：旅游接待人数、旅游收入、村民人均收入、旅游从业家庭占比、旅游产品体系、旅游基础设施。

村寨治理能力包括6个二级指标，分别是：旅游扶贫责任制、村寨事务管理能力、乡风文明程度、村寨宜居性、村容村貌、民族文化保护。

村民感知评价包括5个二级指标，分别是：对旅游扶贫经济和社会文化正效应的感知、对旅游扶贫环境和人口素质正效应的感知、对旅游扶贫负效应的感知、旅游精准扶贫政策绩效评价、参与态度与意向。

根据课题组的研究，村民感知评价是旅游扶贫效果的重要落脚点，应对其内容进行深入的细化，因此在二级指标之下又下设了三级指标。其中，旅游扶贫经济和社会文化正效应的感知下设11个三级指标，旅游扶贫负效应的感知下设8个三级指标，旅游精准扶贫政策绩效评价下设5个三级指标，参与态度与意向下设7个三级指标。

指标体系如下表所示，请您对各层次指标的相对重要性作出判断，并将对应的判断值填在判断矩阵内。

1. 南岭走廊民族特色村寨旅游扶贫效果评估指标体系。

附表 1-1　　　南岭走廊民族特色村寨旅游扶贫效果评估指标体系

一级指标	二级指标	三级指标
旅游经济发展水平	旅游接待人数	----（无）----
	旅游收入	----（无）----
	村民人均收入	----（无）----
	旅游从业家庭占比	----（无）----
	旅游产品体系	----（无）----
	旅游基础设施	----（无）----
村寨治理能力	旅游扶贫责任制	----（无）----
	村寨事务管理能力	----（无）----
	乡风文明程度	----（无）----
	村寨宜居性	----（无）----
	村容村貌	----（无）----
	民族文化保护	----（无）----
村民感知评价	对旅游扶贫经济和社会文化正效应的感知	旅游促进了村寨经济的发展、旅游带动了村寨相关产业的发展、旅游增加了村民的就业机会、旅游增加了村寨女性居民的就业机会、旅游增加了村民个人收入、旅游促进了文化遗产的保护、旅游促进村寨文化活动的多样性、旅游提高了本地知名度、旅游促进了村寨与外界的各方面交流、旅游促进了民族团结、旅游增加了村寨凝聚力
	对旅游扶贫环境和人口素质正效应的感知	旅游改善了村寨基础设施、旅游提高了本地的生活质量、旅游改善了本地的自然环境、旅游提高了村民的能力与素质、旅游提高了村民的环保意识
	对旅游扶贫负效应的感知	旅游提高了物价和生活成本、旅游加剧了村民贫富分化、旅游导致或加剧了村民之间因经济利益而产生的冲突、旅游干扰了村民日常生活、旅游导致了本地的交通拥挤、旅游导致了本地户外娱乐设施拥挤、旅游破坏了本地风俗文化、旅游破坏了本地的生态环境
	旅游精准扶贫政策绩效评价	政府的旅游扶贫政策能适应村民需求、旅游扶贫主要依靠政府的规划帮扶和管理、扶贫对象的识别是否精准科学合理、扶贫项目或措施是否到村到户、扶贫队伍是否到村到户
	参与态度与意向	我愿意为了旅游发展保护自然资源和环境、我愿意参与旅游政策制定和决策过程、我愿意参与旅游开发与规划、我愿意为了旅游发展而出让土地林场山场等资源、我愿意自主经营一些旅游接待项目、我愿意接受景区或旅游企业聘用成为其工作人员、我愿意参与旅游教育和培训

2. 重要性两两比较量化取值。

附表 1 – 2

标度	含义
1	表示两个元素相比，具有同样重要性
3	表示两个元素相比，前者比后者稍重要
5	表示两个元素相比，前者比后者明显重要
7	表示两个元素相比，前者比后者强烈重要
9	表示两个元素相比，前者比后者极端重要
2，4，6，8	上述相邻判断的中间值
倒数	若元素 i 与元素 j 重要性之比为 a_{ij}，那么元素 j 与元素 i 重要性之比为 $\frac{1}{a_{ij}}$

3. 请您按照两两比较的取值说明，将您认为的判断值填在下面的指标重要性判断矩阵内。

附表 1 – 3　　　　　　　　一级指标的两两比较

指标	旅游经济发展水平	村寨治理能力	村民感知评价
旅游经济发展水平	1		
村寨治理能力	—	1	
村民感知评价	—	—	1

附表 1 – 4　　　　　　二级指标"旅游经济发展水平"的两两比较

指标	旅游接待人数	旅游收入	村民人均收入	旅游从业家庭占比	旅游产品体系	旅游基础设施
旅游接待人数	1					
旅游收入	—	1				
村民人均收入	—	—	1			
旅游从业家庭占比	—	—	—	1		
旅游产品体系	—	—	—	—	1	
旅游基础设施	—	—	—	—	—	1

附表1-5   二级指标"村寨治理能力"的两两比较

项目	旅游扶贫责任制	村寨事务管理能力	乡风文明程度	村寨宜居性	村容村貌	民族文化保护
旅游扶贫责任制	1					
村寨事务管理能力	—	1				
乡风文明程度	—	—	1			
村寨宜居性	—	—	—	1		
村容村貌	—	—	—	—	1	
民族文化保护	—	—	—	—	—	1

附表1-6   二级指标"村民感知评价"的两两比较

项目	对旅游扶贫经济和社会文化正效应的感知	对旅游扶贫环境和人口素质正效应的感知	对旅游扶贫负效应的感知	旅游精准扶贫政策绩效评价	参与态度与意向
对旅游扶贫经济和社会文化正效应的感知	1				
对旅游扶贫环境和人口素质正效应的感知	—	1			
对旅游扶贫负效应的感知	—	—	1		
旅游精准扶贫政策绩效评价	—	—	—	1	
参与态度与意向	—	—	—	—	1

您的单位：   职务/职称：

鉴于居民感知评价下设的三级指标数量多，容易让各位专家产生审阅疲劳，故此处课题组基于居民感知问卷，采用熵权法来计算权重。

专家征询到此结束，再次衷心地向您表示感谢！

"南岭走廊民族特色村寨旅游扶贫效果评估研究"课题组
负责人：××× 联系电话：×××××××××××

附录2 南岭走廊民族特色村寨旅游 扶贫效果感知调查问卷

问卷编号：　　　　　　　　　调查员：

贫困村属性：A 国家级贫困村　B 省/区级贫困村　C 国家乡村旅游扶贫重点村

　　　　　　D 非贫困村

【编号格式：XX－YY－NN，XX 为村寨的拼音首字母，YY 为调查地村组号，NN 为数字顺序号】

　　您好！我是 2016 年国家社会科学基金项目"南岭走廊民族特色村寨旅游扶贫效果评估研究（16CMZ021）"的调研人员，为客观评估村寨旅游扶贫效果，提高旅游扶贫绩效，增进农民福利，特开展本村寨旅游扶贫效果的感知调查。本次问卷调查为不记名调查，最终研究成果将按照有关规定提交给国家社科基金项目办及相关政府部门，请您放心填写。感谢您的支持！

×××××××××

　　一、基本情况

　　1. 您隶属于该村_____组（屯），您是否被建档立卡为贫困户 A 是　B 否，如果是贫困户，属于_____

　　A. 一般贫困户　B. 低保户（无劳动能力）　C. 扶贫低保户（有劳动能力）

　　2. 您认为您家庭致贫的原因是（不超过 3 项）？（不是贫困户则不必填写此项）

　　A. 因病　　B. 因残　　C. 因学　　D. 因灾　　E. 因祸　　F. 缺土地

　　G. 缺水　　H. 缺技术　I. 缺劳力　　J. 缺资金　　K. 交通条件落后

　　L. 自身发展动力不足（□生产劳动不积极□能力素质低□观念守旧信息闭塞）

　　M. 其他；其中，最主要的致贫原因是（限 1 项）：

　　3. 您的年龄_____岁，性别 A 男　B 女，您的受教育程度是：

　　A. 未接受过学校教育　　　　B. 小学　　　C. 初中　　　D. 高中

　　E. 中职中专　　　　　　　　F. 高职高专　G. 大学及以上

　　4. 您家里有几口人？

A. 3 口以下　　　　　　B. 3 口　　　　　　C. 4 口

D. 5 口　　　　　　　　E. 6 口　　　　　　F. 6 口以上

5. 旅游开发前, 您主要从事什么工作?

A. 在家务农　　　　　　　　B. 本地务工

C. 外出务工, 地点是　　　　D. 其他

6. 旅游开发前, 您的家庭平均年人均收入为?

A. 3000 元以下　　　　　　　B. 3001 ~ 6000 元

C. 6001 ~ 9000 元　　　　　　D. 9001 ~ 12000 元

E. 12000 元以上

7. 旅游开发后, 您的家庭成员主要从事的职业有? (不超过 3 项)

A. 经营家庭旅馆/农家乐/民宿　　B. 乡村旅游经营户雇员

C. 景区工作人员　　　　　　　　D. 小商品销售

E. 经营小作坊　　　　　　　　　F. 歌舞表演

G. 当地导游　　　　　　　　　　H. 背背篓、抬轿子

I. 务农　　　　　　　　　　　　J. 其他

8. 目前 (旅游开发后), 您的家庭平均年人均收入为?

A. 3000 元以下　　　　　　　B. 3001 ~ 6000 元

C. 6001 ~ 9000 元　　　　　　D. 9001 ~ 12000 元

E. 12000 元以上

9. 若您已经参与旅游经营, 或有意向参与旅游, 那么您认为自己还需要提高哪方面的能力或素质, 以提高自己在乡村旅游中的盈利能力 (不超过 3 项)? (若无意向参与旅游, 则不必填写此项)

A. 旅游专业知识与经营技能　　B. 语言沟通能力

C. 网络应用能力　　　　　　　D. 传统手工技艺或歌舞演艺

E. 开阔视野增长见识　　　　　F. 其他

10. 对于提高村寨旅游扶贫富民效果, 您认为政府最需要做哪些方面的努力 (不超过 3 项)?

A. 保护村寨自然生态环境

B. 保护村寨淳朴自然的人文氛围

C. 加大投入, 完善村寨基础设施和旅游服务设施, 提高村寨旅游吸引力

D. 对村民加强旅游从业技能培训

E. 扶持生产, 发展特色种养殖和农产品加工

F. 加大对贫困户的金融、税收、医疗、低保等政策保障

G. 建立歌舞表演、特色农产品、旅游等专业合作社，发挥"传帮带"作用

H. 加大学生接受旅游管理相关专业教育资助

I. 实施移民搬迁

J. 其他

二、村寨旅游扶贫效果感知

（请根据您的真实感知情况在对应的分数框内打"√"）

感知项目	同意程度				
	非常 不同意	不同意	不确定	同意	非常 同意
11. 旅游促进了村寨经济的发展	□1	□2	□3	□4	□5
12. 旅游带动了村寨相关产业的发展	□1	□2	□3	□4	□5
13. 旅游增加了村民的就业机会	□1	□2	□3	□4	□5
14. 旅游增加了村寨女性居民的就业机会	□1	□2	□3	□4	□5
15. 旅游增加了村民个人收入	□1	□2	□3	□4	□5
16. 旅游促进了文化遗产的保护	□1	□2	□3	□4	□5
17. 旅游促进村寨文化活动的多样性	□1	□2	□3	□4	□5
18. 旅游提高了本地知名度	□1	□2	□3	□4	□5
19. 旅游促进了村寨与外界的各方面交流	□1	□2	□3	□4	□5
20. 旅游促进了民族团结	□1	□2	□3	□4	□5
21. 旅游增加了村寨凝聚力	□1	□2	□3	□4	□5
22. 旅游改善了村寨基础设施	□1	□2	□3	□4	□5
23. 旅游提高了本地的生活质量（住房、看病等）	□1	□2	□3	□4	□5
24. 旅游改善了村寨的治安环境	□1	□2	□3	□4	□5
25. 旅游改善了本地的自然环境	□1	□2	□3	□4	□5
26. 旅游提高了村民的能力与素质	□1	□2	□3	□4	□5
27. 旅游提高了村民的环保意识	□1	□2	□3	□4	□5
28. 旅游提高了物价和生活成本	□1	□2	□3	□4	□5
29. 旅游加剧了村民贫富分化	□1	□2	□3	□4	□5
30. 旅游导致或加剧了村民之间因经济利益而产生的冲突	□1	□2	□3	□4	□5
31. 旅游干扰了村民日常生活	□1	□2	□3	□4	□5

续表

感知项目	同意程度				
	非常不同意	不同意	不确定	同意	非常同意
32. 旅游导致了本地的交通拥挤	□1	□2	□3	□4	□5
33. 旅游破坏了本地风俗文化（黄赌毒等）	□1	□2	□3	□4	□5
34. 政府的旅游扶贫政策能适应村民需求	□1	□2	□3	□4	□5
35. 旅游扶贫主要依靠政府的规划、帮扶和管理	□1	□2	□3	□4	□5
36. 扶贫对象的识别精准、科学合理	□1	□2	□3	□4	□5
37. 扶贫项目或措施到村到户	□1	□2	□3	□4	□5
38. 扶贫队伍（或脱贫致富责任人）帮扶到村到户	□1	□2	□3	□4	□5
39. 我认为村寨发展乡村旅游总体利大于弊	□1	□2	□3	□4	□5
40. 我对村寨的旅游扶贫效果感到满意	□1	□2	□3	□4	□5
41. 我对自己目前的生活状况总体满意	□1	□2	□3	□4	□5

旅游参与意愿	愿意程度				
	非常不愿意	不愿意	不确定	愿意	非常愿意
42. 我愿意为了旅游发展保护自然资源和环境	□1	□2	□3	□4	□5
43. 我愿意参与旅游政策制定和决策过程	□1	□2	□3	□4	□5
44. 我愿意参与旅游开发与规划	□1	□2	□3	□4	□5
45. 我愿意为了旅游发展而出让土地、林场、山场等资源	□1	□2	□3	□4	□5
46. 我愿意自主经营一些旅游接待项目	□1	□2	□3	□4	□5
47. 我愿意接受景区或旅游企业聘用成为其工作人员	□1	□2	□3	□4	□5
48. 我愿意参与旅游教育和培训	□1	□2	□3	□4	□5

三、对于促进乡村旅游可持续发展，提高旅游富民效果，增进个人福利，您有什么建议？

附录3　南岭走廊民族特色村寨
旅游扶贫效果访谈提纲

一、村委人员

（一）村寨基本情况

1. 人口构成

全村共有多少户？总人口？村寨老人、妇女、小孩数量？

有哪些民族？分别有多少人口？

受教育程度，本科及以上学历有多少人？

常住人口有多少人？外出务工人员数量及情况？

2. 历史沿革

村寨的家族关系是怎么样的？（有几大姓氏、从哪里迁来、主要民族比例、历史沿革、民族节日、民族信仰）

自然村落是什么，行政区位如何划分？

3. 组织结构

村委会组织结构，村里有哪些领导，分别负责哪方面工作？

有什么样的社会组织？（如寨老组织、经济组织、旅游合作组织等）

4. 经济基础

村寨每年经济总收入？人均收入为多少？人均GDP为多少？

村寨每年接待旅游人数为多少？旅游收入为多少？贫富差距如何？

村寨的主要经济作物有哪些？占地多少亩？

有哪些特色产业农民专业合作社？该合作社共有多少户、多少人参与？其中的贫困户、贫困人口有多少？该合作社的运营情况如何？

村寨中发展了哪些产业？发展效益如何（就业、收入）？（电熔耐火材料厂、硬材料有限公司罐头厂、玻璃厂、蚕药厂、木器厂？）

（二）旅游发展情况

1. 旅游开发

村子里什么时候开始发展旅游的？

旅游开发主体？有哪些旅游管理部门，职责是什么？管理水平如何？

旅游经营方式？

是否有外来旅游投资商运营？

哪一年开始收门票？门票价格？收入及售卖方式？

村民是否参与门票分红，分红方式？若有分红，分红收益如何？

2. 旅游发展历程

发展历程是怎样的？（初级阶段、大发展阶段）

旅游基础设施建设情况（道路、垃圾污水处理、旅游厕所、环保等）？哪一年建设？投资部门及投资金额？

村寨开发了哪些旅游体验项目？哪一年开发？

3. 居民参与情况

通过哪些途径参与旅游开发？村寨中从事旅游的人数为多少？年龄层次、性别、受教育程度如何？

是否成立旅游合作社等旅游合作组织？成立了哪些？合作社的主要工作是什么？

全村有多少家农家旅馆经营户？其中有多少户为贫困户？价位如何？（规模、预订方式、入住率）

全村有多少餐饮经营户？其中有多少户为贫困户？餐饮特色是什么？（每户规模）

村寨开发了哪些旅游纪念品（种类），有多少家纪念品商店？是否有贫困户？是否有小摊位出售？

村寨售卖哪些土特产，有多少家，贫困户为多少？是否有小摊位出售？

村寨有多少导游？其中有多少为本村居民？

小商店数量？

村寨是否有歌舞表演？歌舞表演情况、场地、表演人员人数，其中贫困户人数？

4. 旅游影响

民族文化传承与保护现状？村寨民族技艺有哪些？如何通过旅游开发传承？

旅游开发对当地的自然环境、民风习俗、治安管理产生了什么影响？如何避免或减小旅游对当地风俗习惯的负效应？

村寨在旅游开发中遇到了哪些问题？如何解决？

（三）旅游扶贫情况

1. 贫困户情况

全村建档立卡户有多少？孤寡老人、五保户分别有多少？开发旅游前的贫困人口有多少？通过旅游开发脱贫人数有多少？

截至 2018 年 6 月，村寨脱贫情况（已脱贫人数，脱贫方式，未脱贫人数）

2. 扶贫举措

政府下拨的扶贫资金类型、数量及用途？是否有旅游专项扶贫资金？

是否有传统吊脚楼修缮维护专项资金？修缮情况？对于新建房屋是否有专门的建筑规划？

旅游扶贫措施有哪些？

各级政府对开发商有没有什么优惠措施，比如说税费优惠等方面（支农资金、建新拆旧、土地复垦）

各级政府对参与旅游经营的农民有没有什么优惠政策，比如说减免税费和低息贷款等方面，各级政府对景区的发展有没有什么资金支持？

村寨除了旅游扶贫外，还采取了哪些措施帮助村民脱贫？如何操作的？

二、旅游公司工作人员

1. 公司基本情况

公司哪一年建立？公司的性质是什么？（私人投资、公私合营、政府投资）

公司如何管理？成立了哪些部门？分别负责什么工作？各部门有多少员工？有多少本地员工？员工福利待遇如何？是否享受五险一金？对本地人会优先录用吗？

公司投资模式是什么？

2. 旅游公司发展历程

发展历程如何？获得过哪些荣誉？

在哪些方面进行投资，投资金额为多少，哪一年投资？项目建设情况？

3. 旅游运营

公司每年接待游客数量？每年旅游综合收入为多少？门票收入约占多少？盈利如何分配？（股东分红、景区建设、员工福利）

景区每年投资多少用于景区维护？投资多少为村寨进行建设？目前已经做了哪些事情？关于旅游扶贫又做了哪些事情？

4. 公司与政府、村民关系

公司与村集体、当地政府部门、村民的合作模式？门票收入如何分配？本地居民是否参与分红？分红比例为多少？

景区在管理经营中是否与当地村民产生矛盾？如何解决的？如何平衡各方利益关系？政府可以做些什么？

景区的资源、财产所有权是否明晰？若是界定清楚，各方是否对景区的产权分配满意？

景区如何平衡游客需求与当地文化传承之间的关系？为当地文化传承做了哪些事情？开发了哪些民族文化特色旅游项目？

5. 福利政策

公司开发运营过程中，享受了政府哪些优惠政策？

是否享受旅游扶贫的政策，有哪些？

6. 发展规划

景区有无长远规划，规划期为多久？什么时间做的，由哪个单位做的？

对于村寨的旅游扶贫开发，景区应该重点考虑什么？希望景区将来能做成什么样子？

三、村民

（一）个人及家庭基本情况

1. 家庭情况

您贵姓？属于哪个村，几组，是否为贫困户，属于哪种贫困户？（一般贫困户、低保户、扶贫低保户）

您的年龄、学历？家庭成员有哪些？分别从事什么工作？是否从事旅游工作？工作特点是什么？（完全从事旅游业、兼职从事旅游）

2. 家庭收入

是否还在种田？有多少亩田？种植作物是什么？

目前的家庭收入来源为哪些？家庭年收入约为多少？其中与旅游相关的家庭年收入约为多少？占家庭年收入的比例是多少？

您和您的家人在从事旅游工作之前的工作是什么？家庭收入来源有哪些？家庭年收入约为多少？

（二）从事旅游情况

1. 旅游经营

您是哪一年开始从事旅游业的？分别在什么时间做了哪些与旅游相关的工作

目前，您参与旅游的方式是什么？（经营旅馆、餐饮、纪念品售卖、小卖部、民族服饰租借、抬轿子等），参与旅游表演的人员情况？

您是否在经营农家旅馆/民宿/餐饮/小卖部？什么时间开始营业？投资金额多少？资金来源是什么？（贷款、借钱），经营方式是什么？每年的纯收入约为多

少？经营过程中遇到的困难？建设和经营过程中是否享受相关政策优惠？（减免税费、低息贷款）

您是否有民族手工艺品或土特产销售？家中是否有人还在做手工艺品？传承了哪些民族手艺？是否愿意学习并传承民族手艺？

2. 培训学习

政府是否有组织相关培训？（种植、养殖、民族手工艺）是否有与旅游相关培训？什么时间？培训了哪些内容？有什么收获？

在从事旅游工作期间，是否有外出考察的经历？什么时间去了哪里考察，有什么感受和收获？

（三）未参与旅游

（未参与旅游的村民）是什么原因没有参与旅游？您现在主要从事什么工作？（特色种植、养殖、农产品加工、外出务工）

种植什么作物？种植面积为多少？土地来源？租赁土地租金、年限？（养殖什么？养殖规模多大？）资金来源？需要多少劳动力，是否要雇佣工人？每年获得的收益约为多少？产品销售渠道是什么？

种植、管理和销售方面有什么需要解决的问题？希望政府提供哪些优惠政策或培训？以后是否有兴趣参与旅游经营？

（四）旅游感知

旅游的开发为您的生活带来了哪些改变？生活水平是否有所提高？（住房、医疗、教育、生活质量）村里有 Wi-Fi？古建筑的保护？

旅游的开发对当地的自然和生态环境带来了什么影响？环境是否遭到破坏？村寨内卫生清洁与旅游开发前有什么变化？

村里特别的习俗有哪些？旅游的开发对当地的习俗带来了哪些影响？是否改变了当地的一些习俗？

旅游的开发对于村寨人与人之间的相处关系是否带来改变？是否有因利益而产生的矛盾纠纷？村民跟村干部之间关系？对村干部的看法？

旅游开发过程中，开发了哪些与民族文化相关的旅游项目？你认为民族文化的展示是否存在不合理的地方，需要做哪些改进？还有哪些民族文化需要挖掘和传承？

您对本村旅游发展有什么看法、建议？

（五）扶贫感知

您享受到了哪些扶贫政策？关于旅游扶贫的优惠政策有哪些？是否享受到精准识别、精准帮扶的待遇，如何帮扶？

您的家庭收入较低的主要原因是什么？（缺乏劳动力、专业技能等）需要政府提供哪些帮助来提升家庭经济水平？

您的小孩是否在读书？教育上政府的补助有哪些？所在学校和专业是什么？您是否支持您的小孩就读旅游管理相关专业并回乡创业？为什么？您的小孩是否愿意就读旅游管理相关专业或回乡创业？

四、相关部门工作人员

1. 政府在村寨旅游发展中充当什么样的角色；村寨的扶贫联系单位是？

2. 政府对村寨旅游开发有哪些扶持政策，对参与旅游经营的村民及旅游开发商各有什么优惠政策支持？

3. 政府下拨的扶贫资金类型、数量及用途是什么？是否有旅游扶贫转型资金？针对旅游扶贫制定的政策法规文件有哪些？

4. 政府关于旅游精准扶贫采取了哪些措施？如何做到精准识别、精准帮扶？

5. 政府在××村的基础设施建设、扶持生产、转移就业、教育资助、移民搬迁、低保兜底、医疗救助、边贸政策等扶贫举措的具体实施情况、实施效果？村民是否满意？

6. 政府与景区是否有合作？如何合作？管理界限是否清晰？

7. 政府关于旅游扶贫开展了哪些工作？是否有旅游相关培训？培训内容、培训对象、培训形式、培训频率、培训效果？

8. 村民如何在旅游开发中获益？政府采取了哪些维护村民利益的政策或措施？村民对于旅游扶贫现状是否满意？

9. 村民、政府和旅游开发商之间的主要冲突是什么，政府将如何协调？工作中遇到的最大的冲突、困难、怎么解决？

10. 旅游开发过程中，政府对民族文化的保护扮演什么角色？采取了哪些措施？非遗项目及其申请工作？实施效果如何？村里获得的称号情况？全域旅游和智慧旅游？

11. 至今旅游扶贫绩效如何？旅游扶贫前后村寨的变化有哪些？旅游开发前主要收入来源、产业？开发后其他产业情况？在实施旅游扶贫的过程中最大的困难是什么，该如何解决？

12. 旅游发展中存在的问题？对今后的旅游扶贫工作有什么新的思路、想法？

参 考 文 献

[1] 白鹏飞. 陕西沿黄公路沿线乡村旅游扶贫驱动机制及策略优化 [J]. 贵州农业科学, 2018, 46 (8): 156 - 160.

[2] 曹兴华, 张才猛. 基于 AHP 模糊评价模型的旅游扶贫绩效感知研究——以扎尕那藏寨为例 [J]. 阿坝师范学院学报, 2019, 36 (1): 85 - 91.

[3] 曹妍雪, 马蓝. 基于三阶段 DEA 的我国民族地区旅游扶贫效率评价 [J]. 华东经济管理, 2017, 31 (9): 91 - 97.

[4] 常建娥, 蒋太立. 层次分析法确定权重的研究 [J]. 武汉理工大学学报 (信息与管理工程版), 2007, 29 (1): 153 - 156.

[5] 陈超凡, 王赟. 连片特困区旅游扶贫效率评价及影响因素——来自罗霄山片区的经验证据 [J]. 经济地理, 2020, 40 (1): 226 - 233.

[6] 陈超群, 胡伏湘. 基于可持续生计的乡村旅游扶贫绩效研究——以长沙市为例 [J]. 东北农业科学, 2019, 44 (5): 76 - 81.

[7] 陈国柱, 卢双鹏, 程子彪. 秦巴山片区旅游扶贫效率测度及精准优化研究 [J]. 资源开发与市场, 2018, 34 (5): 729 - 734.

[8] 陈慧萍. 生态人类学视角下民族地区生态旅游扶贫研究——以贵州省中洞苗寨为例 [J]. 贵州民族研究, 2019, 40 (12): 139 - 145.

[9] 陈剑, 李忠斌, 罗永常. 特色村寨民族文化产业业态创新与高质量发展 [J]. 广西民族研究, 2020 (4): 167 - 172.

[10] 陈炜, 张志明. 全域旅游视域下青海民族地区包容性旅游扶贫模式研究 [J]. 青海民族研究, 2018, 29 (4): 48 - 55.

[11] 程慧, 徐琼. 我国旅游扶贫效率的时空差异及其驱动因素研究 [J]. 湖南财政经济学院学报, 2019, 35 (1): 83 - 92.

[12] 程文超, 王璐, 晓琴, 乌日汗, 王冲. 扶贫旅游推动贫困地区脱贫的成效及对策研究 [J]. 科技经济导刊, 2019, 27 (22): 3 - 5.

[13] 笪玲, 刘晓鹰. 相对剥夺视角下乡村旅游扶贫研究——以贵州兴义万峰林社区为例 [J]. 地域研究与开发, 2019, 38 (2): 124 - 128.

[14] 党红艳,金媛媛.旅游精准扶贫效应及其影响因素消解——基于山西省左权县的案例分析 [J].经济问题,2017 (6):108-113.

[15] 邓雪,李家铭,曾浩健,陈俊羊,赵俊峰.层次分析法权重计算方法分析及其应用研究 [J].数学的实践与认识,2012,42 (7):93-100.

[16] 邓云芳,黄炜,孟霏,吴仕玉.武陵山片区乡村旅游扶贫成效影响因素及提升对策研究 [J].现代商贸工业,2018,39 (12):140-141.

[17] 丁煜,李啸虎.基于 DEA 和 Malmquist 指数的旅游扶贫效率评价研究——以新疆和田地区为例 [J].新疆财经大学学报,2017 (4):56-65.

[18] 杜晓利.富有生命力的文献研究法 [J].上海教育科研,2013 (10):1.

[19] 冯斐,唐睿,冯学钢.西部地区旅游扶贫效率及其影响因素研究——以甘肃省平凉市为例 [J].地域研究与开发,2020,39 (2):105-110.

[20] 冯伟林,冉龙权.基于社区参与的西南民族地区旅游扶贫机制构建——以重庆武陵山片区为例 [J].江苏农业科学,2017,45 (16):304-307.

[21] 冯伟林,陶聪冲.西南民族地区旅游扶贫绩效评价研究——以重庆武陵山片区为调查对象 [J].中国农业资源与区划,2017,38 (6):157-163.

[22] 奉永成.湖南:精准脱贫奔小康 [J].老区建设,2020 (19):91-93.

[23] 高玉洁.政府促进江苏民营企业与区域经济发展对策研究 [D].哈尔滨:东北农业大学,2019.

[24] 顾博.黑龙江省少数民族特色村寨文化资源开发与建设研究 [J].黑龙江民族丛刊,2019 (2):27-33.

[25] 顾荣,陈凯,陈建成.基于价值网络理论的扶贫旅游参与机制研究——以河北省 39 个国家级贫困县为例 [J].资源开发与市场,2018,34 (11):1593-1598.

[26] 国家民委经济发展司.中国少数民族特色村寨建筑特色研究 (一) 村寨与自然生态和谐研究卷 [M].北京:民族出版社,2014:1.

[27] 韩林芝,刘新梅,郑江华,韩春鲜.新疆旅游扶贫效率时空分异特征及其驱动机制——以新疆 33 个国家级贫困县为例 [J].新疆大学学报 (哲学·人文社会科学版),2019,47 (6):23-33.

[28] 何孟飞.习近平摆脱贫困观形成的实践基础及其主要特征 [J].思想理论教育导刊,2019 (10):26-30.

[29] 何琼峰,宁志中.乡村旅游扶贫中农户参与的影响因素与内在机理——基于扎根理论的湖南凤凰县案例研究 [J/OL].中国农业资源与区划,2020,41 (5):278-285.

［30］何星，覃建雄．ST－EP 模式视域下的旅游精准扶贫驱动机制——以秦巴山区为研究对象［J］．农村经济，2017（10）：86－90．

［31］何星．乡村振兴背景下民族地区旅游扶贫中的生态化建设——以阿坝州为例［J］．云南民族大学学报（哲学社会科学版），2019，36（2）：73－79．

［32］洪芳．定性研究和定量研究的比较分析［J］．南方论刊，2013（12）：52－53．

［33］侯玉霞，代涵奕，张鲜艳．南岭走廊民族地区旅游扶贫效率评价及时空分异［J］．广西民族研究，2020（4）：158－166．

［34］胡春丽．乡村旅游扶贫的实践依据和驱动机制［J］．农业经济，2018（3）：76－77．

［35］黄华乾．漓江流域社区居民对生态旅游影响的感知研究［D］．桂林：桂林理工大学，2013．

［36］黄渊基．连片特困地区旅游扶贫效率评价及时空分异——以武陵山湖南片区 20 个县（市、区）为例［J］．经济地理，2017，37（11）：229－235．

［37］黄渊基．旅游扶贫机制优化研究［J］．中南林业科技大学学报（社会科学版），2018，12（3）：7－15．

［38］黄渊基，徐美，郑毅．基于层次分析法的集中连片特困地区旅游扶贫效果评估与分析——以湖南省武陵山片区为例［J］．邵阳学院学报（社会科学版），2019，18（1）：52－60．

［39］黄子奇．泛珠三角区域入境旅游流与区域经济耦合协调度及其时空分异研究［D］．长沙：湖南师范大学，2019．

［40］黄宗华．生态旅游扶贫是践行绿色发展理念的创新实践［J］．中国党政干部论坛，2019（6）：87－89．

［41］冀欢欢．可持续理论视角下民族村寨旅游开发探析——以勾蓝瑶寨为例［J］．旅游纵览，2020（11）：103－104，107．

［42］蒋佳霖，李友军，谢雨萍．民族地区乡村旅游精准扶贫机制建设研究——以广西融水苗族自治县为例［J］．商业经济，2019（11）：107－109．

［43］焦克源，杨建花．基于 AHP－熵权法的民族地区旅游扶贫效益评估研究——以甘南藏族自治州为例［J］．农林经济管理学报，2017，16（2）：133－143．

［44］康晓光．中国贫困与反贫困理论［M］．南宁：广西人民出版社，1995：8－9．

［45］赖水平．西南贫困地区"交通＋旅游＋扶贫"探究［J］．广西民族大学学报（哲学社会科学版），2019，41（3）：73－78．

[46] 兰雄现，蔡雄．发展旅游业加速了少数民族脱贫——龙胜各族自治县旅游扶贫的调查 [J]．广西物价，1996（12）：35－38．

[47] 李锋．价值理性视阈下的乡村旅游扶贫伦理认知 [J]．海南大学学报（人文社会科学版），2019，37（6）：59－67．

[48] 李根，刘贝．旅游精准扶贫可持续发展机制研究 [J]．时代金融，2018（23）：80－81，95．

[49] 李光明，刘丹玉．新疆农牧区贫困户参与旅游精准扶贫行为 [J]．北方园艺，2019（17）：158－165．

[50] 李辉．可持续发展视角下山东省旅游业效率研究及影响因素分析 [D]．兰州：兰州财经大学，2019．

[51] 李佳，田里，王磊．连片特困民族地区旅游精准扶贫机制研究——以四川藏区为例 [J]．西南民族大学学报（人文社科版），2017，38（6）：116－121．

[52] 李娟．我国西南地区旅游扶贫的总体思路与重点问题 [J]．改革与战略，2017，33（8）：102－105．

[53] 李绍明．李绍明民族学文选 [M]．成都：成都出版社，1995：10．

[54] 李小娟．创新乡村旅游扶贫的受益机制 [J]．开放导报，2018（4）：67－70．

[55] 李晓甫，高梦琪．民族地区旅游扶贫长效机制优化研究——以恩施女儿城为例 [J]．农村经济与科技，2019，30（1）：95－96，155．

[56] 李烨．中国乡村旅游业扶贫效率研究 [J]．农村经济，2017（5）：72－78．

[57] 李迎军．西藏旅游扶贫影响因素研究 [D]．拉萨：西藏大学，2019．

[58] 李莹英．基于空间计量模型的河南省区域旅游经济空间溢出效应研究 [D]．上海：上海师范大学，2019．

[59] 李赢铭，宁永丽，黄潮．民族村寨旅游扶贫冲突与治理——以勾蓝瑶寨为例 [J]．广西民族研究，2018（6）：148－153．

[60] 李玉玲．旅游系统视角下广西灌阳县旅游扶贫研究 [D]．桂林：桂林理工大学，2019．

[61] 李英，邹明露，孙晓．基于DEA－MI模型的县域旅游精准扶贫效率评价研究 [J]．保定学院学报，2019，32（5）：58－67．

[62] 连惠芗．旅游精准扶贫管理的途径探索 [J]．社会科学家，2018（8）：91－94．

[63] 廖军华，黄艳．我国旅游精准扶贫研究进展及对新时代旅游精准扶贫

研究的启示［J］. 重庆社会科学，2019（5）：80-88.

［64］林丽娟. 光山县乡村旅游扶贫研究［D］. 桂林：广西师范大学，2019.

［65］林作新. 研究方法（第2版）［M］. 北京：清华大学出版社，2017：105-114.

［66］刘慧乾，于立新，王会战. 社区参与视角下乡村旅游精准扶贫机制研究——以西安水泉子村为例［J］. 北方经贸，2020（2）：156-157.

［67］刘静静，陈曦. "后申遗时期"的红瑶服饰保护研究——以晒衣节为例［J］. 重庆文理学院学报（社会科学版），2017，36（6）：31-37.

［68］刘娟娟. 扶贫背景下我国农村旅游产业链问题和优化［J］. 农业经济，2019（5）：33-34.

［69］刘婷. 产业链视域下安徽乡村旅游扶贫效应的影响因素分析［J］. 蚌埠学院学报，2019，8（6）：27-31.

［70］刘新. 乡村旅游产业精准扶贫绩效满意度影响因素研究——基于武陵山片区5个村寨200户建档立卡贫困户的调查［J］. 现代化农业，2019（6）：58-60.

［71］龙祖坤，杜倩文，周婷. 武陵山区旅游扶贫效率的时间演进与空间分异［J］. 经济地理，2015，35（10）：210-217.

［72］罗蕾. 基于居民感知的商南金丝峡社区参与旅游扶贫研究［D］. 西安：西安科技大学，2017.

［73］罗盛锋，黄燕玲. 滇桂黔石漠化生态旅游景区扶贫绩效评价［J］. 社会科学家，2015（9）：97-101.

［74］罗云艳. 我国乡村旅游扶贫模式创新与实现路径［J］. 改革与战略，2017，33（9）：97-99.

［75］马洁. 乡村旅游扶贫绩效评价及提升路径分析——以山西地区为例［J］. 商业经济，2020（1）：141-142.

［76］马颖，王立华. 政府行为视角下旅游扶贫的绩效评价与对策研究——以贵州省为例［J］. 中南林业科技大学学报（社会科学版），2019，13（4）：38-45.

［77］马悦. 绿色发展理念下的旅游扶贫开发思路及模式研究［J］. 农业经济，2020（1）：57-58.

［78］苗银家，周莉莉. 乡村振兴战略下乡村旅游扶贫效应及村民满意度研究［J］. 北方园艺，2019（20）：131-139.

［79］潘旭海. 熵权法在重大危险源应急救援评估中的应用［J］. 南京工业

大学学报（自然科学版），2011，33（3）：87-92.

［80］任新立. 关于区域经济理论与粤港澳大湾区经济实践的探讨［J］. 财经界，2019（10）：41-42.

［81］史映蕊. 民族学田野调查法对民族旅游研究意义探析［J］. 旅游纵览（下半月），2019（16）：18-19.

［82］司慧颖. 马克思贫困理论及当代中国贫困治理［J］. 重庆社会科学，2017（11）：40-45.

［83］苏芳，马南南，宋妮妮，殷娅娟，阚立娜. 不同帮扶措施执行效果的差异分析——基于可持续生计分析框架［J］. 中国软科学，2020（1）：59-71.

［84］谭超，徐运保. 乡村振兴背景下乡村生态旅游经济发展——评《地域文化特色中新农村生态旅游设计的保护与开发》［J］. 广东财经大学学报，2020，35（6）：117-118.

［85］唐承财，万紫微，孙孟瑶，卓玛措，马金刚，李子娇. 深度贫困村旅游精准扶贫模式构建［J］. 干旱区资源与环境，2020，34（1）：202-208.

［86］唐业喜，周盛芳，李智辉，李逸舒，陈其红，邓明蓉. 基于GIS的武陵山区旅游扶贫绩效空间差异分析——以湖南省37个县市为例［J］. 湖北农业科学，2019，58（20）：214-219.

［87］田宇. 红瑶服饰文化研究［D］. 南宁：广西民族大学，2012.

［88］汪姣. 乡村振兴战略下的民族地区旅游可持续扶贫研究［J］. 农业经济，2018（8）：30-32.

［89］汪连杰. 马克思贫困理论及其中国化的探索与发展［J］. 上海经济研究，2018（9）：15-21，34.

［90］王东琴，李伟，岳洁. 云南传统农耕文明区旅游扶贫模式研究——以大理州巍山县为例［J］. 世界地理研究，2020，29（1）：214-222.

［91］王海燕，蒋建华，袁晓文. 少数民族特色村寨旅游开发对文化传承的影响与思考——以川西北桃坪羌寨与上磨藏寨为例［J］. 广西民族研究，2018（2）：105-111.

［92］王慧. 旅游扶贫背景下乡村旅游开发模式的研究［J］. 中国农业资源与区划，2017，38（3）：198-201.

［93］王慧琴. 马克思主义反贫困理论视域下的精准扶贫思想的生成和实践研究［D］. 成都：成都理工大学，2018.

［94］王建华. "一带一路"倡议下青海省文化产业与旅游扶贫互动发展研究——以互助土族自治县为例［J］. 青海民族研究，2020，31（1）：108-114.

[95] 王锦兰. 基于社区居民感知的重庆安居古镇旅游发展研究 [D]. 重庆：重庆交通大学，2016.

[96] 王凯，甘畅，王梦晗，朱芳书，邓楚雄. 湖北省旅游扶贫效率时空格局及其影响因素 [J]. 长江流域资源与环境，2019，28（4）：863-871.

[97] 王凯，王梦晗，甘畅，邓楚雄. 武陵山片区旅游扶贫效率网络结构演化及其驱动机制 [J]. 山地学报，2019，37（4）：589-601.

[98] 王仟滢，霍云惠. 基于 AHP-模糊综合评价的旅游扶贫绩效研究——以安徽省歙县为例 [J]. 农家参谋，2019（13）：177-179，181.

[99] 王庆生，张行发，郭静. 基于共生理论的乡村旅游精准扶贫模式和路径优化研究——以山东省沂南县竹泉村为例 [J]. 地域研究与开发，2019，38（3）：108-112.

[100] 王树松. 黑龙江省高等教育规模与区域经济协调发展研究 [D]. 哈尔滨：哈尔滨师范大学，2019.

[101] 王晓伟，戈大专. 山东省旅游扶贫村发展困境与路径分析——以典型案例村为例 [J]. 农业现代化研究，2019，40（5）：728-735.

[102] 王祎. 武隆区居民对旅游影响的感知研究 [D]. 重庆：重庆师范大学，2017.

[103] 王瑜，胡尹慧. 乡村旅游资源与精准扶贫对接的机制及实现路径研究 [J]. 云南行政学院学报，2020，22（2）：12-16.

[104] 王元林. 费孝通与南岭民族走廊研究 [J]. 广西民族研究，2006（4）：109-116.

[105] 王兆峰，向秋霜. 基于 MOA 模型的雪峰山区社区居民参与旅游扶贫机制 [J]. 吉首大学学报（自然科学版），2019，40（3）：56-66.

[106] 王珍. 韩城旅游资源与旅游扶贫研究 [D]. 西安：西安科技大学，2019.

[107] 王志章，王静. 基于可持续发展的少数民族地区旅游扶贫绩效评价研究 [J]. 云南民族大学学报（哲学社会科学版），2018，35（5）：89-97.

[108] 闻涛. 扶贫开发成败在于精准 [N]. 人民日报，2015-06-25（005）.

[109] 乌兰，刘伟民. 内蒙古民族地区旅游扶贫效率评价及优化对策研究 [J]. 广西民族大学学报（哲学社会科学版），2018，40（6）：15-21.

[110] 吴迪. 五峰县旅游扶贫的现状和发展策略分析 [D]. 武汉：中南民族大学，2019.

[111] 吴殿廷，李东方．层次分析法的不足及其改进的途径 [J]．北京师范大学学报（自然科学版），2004，40（2）：264－268．

[112] 吴国琴．贫困山区旅游产业扶贫及脱贫绩效评价——以郝堂村为例 [J]．河南师范大学学报（哲学社会科学版），2017，44（4）：63－68．

[113] 吴靖南．乡村旅游精准扶贫实现路径研究 [J]．农村经济，2017（3）：99－103．

[114] 吴清．广东省旅游扶贫地的空间格局及影响因素 [J]．开发研究，2019（4）：116－121．

[115] 吴泽荣．广东少数民族特色村寨保护与发展的现状与思考 [J]．黑龙江民族丛刊，2016（2）：86－90．

[116] 吴忠军．论旅游扶贫 [J]．广西师范大学学报（哲学社会科学版），1996（4）：18－21．

[117] 吴忠军，罗洁．民族乡村经济振兴的"龙脊模式"研究 [J]．广西民族研究，2020（1）：117－127．

[118] 席宇斌．温泉旅游地时空演变特征与可持续发展研究 [D]．大连：辽宁师范大学，2013．

[119] 向从武，冯伟林．西南民族地区旅游扶贫成效与益贫机制构建 [J]．贵州社会科学，2019（3）：149－154．

[120] 向从武，谢正发．武陵山片区民族特色村镇旅游扶贫与协同发展研究——以渝湘交界地洪安镇和茶洞镇为例 [J]．云南民族大学学报（哲学社会科学版），2019，36（4）：79－83．

[121] 谢双玉，李琳，冯娟，乔花芳．贫困与非贫困户旅游扶贫政策绩效感知差异研究——以恩施为例 [J]．旅游学刊，2020，35（2）：80－92．

[122] 邢慧斌．国内旅游扶贫绩效评估理论及方法研究述评 [J]．经济问题探索，2017（7）：47－53．

[123] 熊涛，杨莎，郭昌钰，陈雪，刘君妍，秦趣．乡村旅游与精准扶贫协调发展的 SWOT 分析——以贵州省六盘水市娘娘山为例 [J]．农村经济与科技，2020，31（5）：90－92，118．

[124] 徐少癸，方世巧，甘永萍．精准扶贫视角下陕西生态旅游可持续发展路径研究 [J]．生态经济，2019，35（5）：140－145．

[125] 轩源．旅游扶贫重点村空间分布特征及影响因素分析——以安徽省为例 [J]．石家庄学院学报，2018，20（3）：65－72．

[126] 杨春娥．新时代少数民族特色村寨保护立法的基本原则 [J]．青海社

会科学, 2019 (5): 185 - 192.

[127] 杨光明, 杨航, 杨雪程. 三峡库区旅游扶贫效率的时空演异及发展路径研究 [J]. 资源开发与市场, 2018, 34 (6): 868 - 872, 888.

[128] 杨佳, 周丽君, 李秋雨. 吉林省乡村旅游扶贫效率测度及路径优化 [J]. 江苏农业科学, 2020, 48 (1): 21 - 27.

[129] 杨丽, 龙茂兴. 武陵山片区旅游业内生发展能力建设及其多维减贫机制创新研究 [J]. 贵州师范大学学报 (社会科学版), 2019 (4): 61 - 69.

[130] 杨丽. 民族地区内生型旅游扶贫机制研究——基于社区参与的视角 [J]. 凯里学院学报, 2019, 37 (2): 14 - 18.

[131] 杨荣翰. 南岭走廊民族和谐文化教育资源研究的若干问题探析 [J]. 郑州航空工业管理学院学报 (社会科学版), 2014, 33 (3): 174 - 176.

[132] 杨修发, 许刚. 利益相关者理论及其治理机制 [J]. 湖南商学院学报, 2004 (5): 38 - 40.

[133] 杨义菊. 湖北省乡村旅游扶贫现状与对策研究 [J]. 当代经济, 2020 (1): 92 - 95.

[134] 叶宗裕. 关于多指标综合评价中指标正向化和无量纲化方法的选择 [J]. 浙江统计, 2003 (4): 25 - 26.

[135] 殷悦. 马克思主义反贫困理论视阈下精准扶贫战略实践思考 [D]. 青岛: 青岛理工大学, 2017.

[136] 银马华, 王群, 杨兴柱, 司新新. 区域旅游扶贫类型与模式研究——以大别山集中连片特困区 36 个县 (市) 为例 [J]. 经济地理, 2018, 38 (4): 215 - 224.

[137] 由鑫鑫. 马克思主义贫困理论视域下我国农村贫困问题研究 [D]. 长春: 长春工业大学, 2018.

[138] 余会会. 基于居民感知的古村落旅游影响研究——以安徽江村为例 [D]. 南京: 南京师范大学, 2016.

[139] 张军, 蒋黄蓁苑, 时朋飞. 美丽乡村视域下的旅游扶贫模式与效应研究——以湖北省十堰市张湾区为例 [J]. 湖北社会科学, 2017 (6): 60 - 68, 115.

[140] 张立辉, 张友. 贵州黔南州传统民族特色村寨保护与开发利用研究 [J]. 民族学刊, 2019, 10 (6): 17 - 22, 112, 114 - 115.

[141] 张琳琳. 皖南国际文化旅游示范区旅游扶贫效率及空间差异研究 [J]. 黄山学院学报, 2019, 21 (6): 18 - 25.

[142] 张琼. 乡村旅游目的地贫困人口的受益机制构建研究 [J]. 农业经济, 2019 (12): 64-65.

[143] 张群, 刘荆州. 民族地区可持续旅游扶贫困境与驱动机制研究——以湖南永顺县为例 [J]. 中南林业科技大学学报 (社会科学版), 2019, 13 (5): 107-114.

[144] 张素梅, 王祖良, 谢雨萍. 西南民族地区乡村旅游精准扶贫效果评估体系研究 [J]. 农业经济, 2019 (6): 77-79.

[145] 张晓, 李春晓, 杨德进. 民族地区旅游扶贫多主体参与模式探析——以四川省马边彝族自治县为例 [J]. 地域研究与开发, 2018, 37 (2): 99-103.

[146] 张笑薇. 西部地区旅游扶贫机制选择与绩效评价 [J]. 改革与战略, 2016, 32 (11): 101-106.

[147] 张琰飞, 陆薇. 农旅融合促进扶贫的作用机制研究 [J]. 商学研究, 2018, 25 (2): 40-46.

[148] 张玉强, 李祥. 我国集中连片特困地区精准扶贫模式的比较研究——基于大别山区、武陵山区、秦巴山区的实践 [J]. 湖北社会科学, 2017 (2): 46-56.

[149] 郑本法, 郑宇新. 甘肃旅游扶贫开发研究 [J]. 开发研究, 1999 (4): 44-47.

[150] 郑群明, 刘蒙恩. 云南省旅游扶贫效率测度与时空演化分析 [J]. 广西经济管理干部学院学报, 2020, 32 (1): 102-108.

[151] 钟学进. 西南边境地区旅游精准扶贫效率评价及时空分异——以桂西南重点旅游扶贫区 11 县 (市、区) 为例 [J]. 社会科学家, 2019 (6): 76-82.

[152] 钟学思. 广西瑶族特色村寨旅游扶贫资源配置效率分析及优化 [J]. 社会科学家, 2019 (3): 91-96.

[153] 周大鸣. 民族走廊与族群互动 [J]. 中山大学学报 (社会科学版), 2018, 58 (6): 153-160.

[154] 朱宝莉, 刘晓鹰. 民族地区旅游扶贫的内生机制构建——以黔东南岜沙苗寨为例 [J]. 生态经济, 2018, 34 (9): 139-144.

[155] 朱道才, 刘锦. 乡村旅游扶贫绩效评价及提升路径——以大别山革命老区金寨县为例 [J]. 山西农业大学学报 (社会科学版), 2019, 18 (3): 23-28.

[156] 朱琳琳. 珠江—西江经济带广西段县域旅游扶贫效率测度研究 [J]. 统计与管理, 2020, 35 (4): 48-51.

［157］朱伟霞. 目的地居民对旅游影响的认知研究——社会交换理论的应用与实践［D］. 北京：北京第二外国语学院，2006.

［158］Adam M. Trau. Beyond Pro – Poor Tourism：（Re）Interpreting Tourism – Based Approaches to Poverty Alleviation in Vanuatu［J］. Tourism Planning & Development，2012，9（2）：149 – 164.

［159］Anderson，Wineaster. Cultural Tourism and Poverty Alleviation in Rural Kilimanjaro，Tanzania［J］. Journal of Tourism and Cultural Change，2015，13（3）：208 – 224.

［160］Andrew Holden，Joel Sonne，Marina Novelli. Tourism and Poverty Reduction：An Interpretation by the Poor of Elmina，Ghana［J］. Tourism Planning & Development，2011，8（3）：317 – 334.

［161］Anna Spenceley，Harold Goodwin. Nature – Based Tourism and Poverty Alleviation：Impacts of Private Sector and Parastatal Enterprises in and Around Kruger National Park，South Africa［J］. Current Issues in Tourism，2007，10（2/3）：255 – 277.

［162］Carmen María Llorca – Rodríguez，Amalia Cristina Casas – Jurado，Rosa María García – Fernández. Tourism and Poverty Alleviation：An Empirical Analysis Using Panel Data on Peru's Departments［J］. International Journal of Tourism Research，2017，19（6）：746 – 756.

［163］Carmen María Llorca – Rodríguez，Rosa María García – Fernández，Amalia Cristina Casas – Jurado. Domestic Versus Inbound Tourism in Poverty Reduction：Evidence from Panel Data［J］. Current Issues in Tourism，2020，23（2）：197 – 216.

［164］Croes Robertico，Vanegas Manuel Sr. Cointegration and Causality between Tourism and Poverty Reduction［J］. Journal of Travel Research，2008，47（1）：94 – 103.

［165］David W. Knight. An Institutional Analysis of Local Strategies for Enhancing Pro-poor Tourism Outcomes in Cuzco，Peru［J］. Journal of Sustainable Tourism，2018，26（4）：631 – 648.

［166］Denis Tolkach，Michael Pearlman，Brian King. Key Implementation Factors in Pro-poor Tourism［J］. Tourism Recreation Research，2012，37（1）：3 – 13.

［167］Faridul Islam，Jack Carlsen. Tourism in Rural Bangladesh：Unlocking Opportunities for Poverty Alleviation？［J］. Tourism Recreation Research，2012，37（1）：37 – 45.

[168] Folarin Oludele, Adeniyi Oluwatosin. Does Tourism Reduce Poverty in Sub – Saharan African Countries? [J]. Journal of Travel Research, 2020, 59 (1): 140 – 155.

[169] Geoffrey Manyara, Eleri Jones. Community-based Tourism Enterprises Development in Kenya: An Exploration of Their Potential as Avenues of Poverty Reduction [J]. Journal of Sustainable Tourism, 2007, 15 (6): 628 – 644.

[170] Hazel Tucker, Brenda Boonabaana. A Critical Analysis of Tourism, Gender and Poverty Reduction [J]. Journal of Sustainable Tourism, 2012, 20 (3): 437 – 455.

[171] Jordi Gascón. Pro – Poor Tourism as a Strategy to Fight Rural Poverty: A Critique [J]. Journal of Agrarian Change, 2015, 15 (4): 499 – 518.

[172] Manwa, Haretsebe, Manwa, Farai. Poverty Alleviation through Pro – Poor Tourism: The Role of Botswana Forest Reserves [J]. Sustainability, 2014, 6 (9): 5697.

[173] Mathieson A, Wall G. Tourism, Economic, Physical and Social Impacts [M]. London: Longman, 1982.

[174] Michael Muganda, Mondher Sahli, Karen A Smith. Tourism's Contribution to Poverty Alleviation: A Community Perspective from Tanzania [J]. Development Southern Africa, 2010, 27 (5): 629 – 646.

[175] Mohammad S. A. Soliman. Pro-poor Tourism in Protected Areas-opportunities and Challenges: "The Case of Fayoum, Egypt" [J]. Anatolia, 2015, 26 (1): 61 – 72.

[176] Nafbek Solomon Kebede, Berhanu Esubalew Bayeh. Alignment of Tourism against Poverty in Bale Eco-region, Dinsho district, Ethiopia [J]. International Journal of Tourism Sciences, 2017, 17 (4): 247 – 261.

[177] NjoyaEric Tchouamou, Seetaram Neelu. Tourism Contribution to Poverty Alleviation in Kenya: A Dynamic Computable General Equilibrium Analysis [J]. Journal of Travel Research, 2018, 57 (4): 513 – 524.

[178] Oviedo – GarcíaM. Ángeles, González – Rodríguez M. Rosar. Does Sun – and – Sea All – Inclusive Tourism Contribute to Poverty Alleviation and/or Income Inequality Reduction? The Case of the Dominican Republic [J]. Journal of Travel Research, 2019, 58 (6): 995 – 1013.

[179] Patricia Lindo, Maria Jose Zapata, Mieke Vanderschaeghe, et al. Can

Community-based Tourism Contribute to Development and Poverty Alleviation? Lessons from Nicaragua [J]. Current Issues in Tourism, 2011, 14 (8): 725 –749.

[180] Percy Mabvuto Ngwira, Oluwatoyin Dare Kolawole, Joseph E. Mbaiwa. Community Based Natural Resource Management, Tourism and Poverty Alleviation in Southern Africa: What Works and What Doesn't Work [J]. Chinese Business Review, 2013, 12 (12).

[181] R. Edward Freeman. Strategic Management [M]. Cambridge University Press, 2010, 290.

[182] Regina Scheyvens, Matt Russell. Tourism and Poverty Alleviation in Fiji: Comparing the Impacts of Small-and Large-scale Tourism Enterprises [J]. Journal of Sustainable Tourism, 2012, 20 (3): 417 –436.

[183] Renuka Mahadevan, Sandy Suardi. Panel Evidence on the Impact of Tourism Growth on Poverty, Poverty Gap and Income Inequality [J]. Current Issues in Tourism, 2019, 22 (3): 253 –264.

[184] Susan Lynne Snyman. The Role of Tourism Employment in Poverty Reduction and Community Perceptions of Conservation and Tourism in Southern Africa [J]. Journal of Sustainable Tourism, 2012, 20 (3): 395 –416.

[185] V. Dao Truong, C. Michael Hall, Tony Garry. Tourism and Poverty Alleviation: Perceptions and Experiences of Poor People in Sapa, Vietnam [J]. Journal of Sustainable Tourism, 2014, 22 (7): 1071 –1089.

[186] V. Dao Truong. Tourism policy development in Vietnam: A Pro-poor Perspective [J]. Journal of Policy Research in Tourism, Leisure and Events, 2013, 5 (1): 28 –45.

后　记

　　本书是在国家社科青年基金项目结题报告基础上修改而成，是我学术道路上的初次尝试，尚存很多不足，敬请各位前辈、同仁指正。南岭走廊是费孝通先生在20世纪80年代提出"民族走廊理论"时所特指的我国三大民族走廊之一，过去五年间，我带着对费先生的敬意，融合硕博阶段对民族旅游和民族学的学习，深入南岭多个民族村寨开展田野调查，虽不辞辛苦，亦稛载而归。

　　本书的完成得益于太多贵人的帮助，或如明灯指引方向，或如阳光给我力量。

　　首先，我要感谢吴忠军教授、俸代瑜副研究员、张海洋教授、金教授（Jaesok Kim）四位恩师十多年来的谆谆教导。本科英语专业出身的我，一直在学术研究的边缘游离，所幸在硕博阶段遇到四位恩师，老师们不嫌鄙陋，悉心言传身教，引导我走向学术之路。本书的选题得益于吴忠军教授的点拨，师恩如山，无以为报。

　　其次，我要感谢桂林理工大学旅游与风景园林学院全体领导班子对青年教师从事学术研究工作的重视和引导，特别感谢王璐教授、郑文俊教授、黄燕玲教授、贺剑武教授、肖岳峰教授、梁福兴教授、吕华鲜教授、李广宏副教授、邓敏教授、王荣副教授、杨艺老师、王志文老师、王娟老师、周茂杰老师等领导和老师们长期以来的关爱和鼓励。

　　特别感谢海南大学谢彦君教授、云南财经大学明庆忠教授、中南大学李忠斌教授、中央民族大学张冬梅教授、华南理工大学李力教授、台湾地区暨南大学曾喜鹏教授、北方民族大学王凯教授、延边大学崔哲浩教授、贵州省民族研究院周真刚研究员、贵州民族大学龚锐教授和李天翼教授、湘南学院陈敬胜教授、南宁师范学院陈炜教授和段文军教授、南岭民族走廊研究院办公室主任吴声军研究员、广西师范大学冯智明教授、桂林理工大学王力峰教授、原国家旅游局综合司副司长邓宗德先生、文化和旅游部市场管理司副司长余昌国先生、中国旅游研究院副院长唐晓云研究员、国家民委政策研究室副处长孙启军副研究员、广西文化和旅游厅资源开发处副处长吴启伟先生和市场宣传处主任科员郭雅洁女士、桂林旅游学会会长庞铁坚先生、桂林市七颗星旅游规划公司副总经理陈仁志先生等学者、领导、专家对本书的耐心指导。

重点感谢湖南省江永县委书记周立夫先生、兰溪乡乡长杨林先生、勾蓝瑶寨村支书欧阳明俊先生、广西龙胜县文旅局李培民先生、龙脊景区董事长陆思远先生、龙脊大寨村村支书潘先生、三江县政协副主席万清先生、林溪镇镇长杨明江先生、平岩村村主任杨军责先生、程阳八寨景区管委会主任莫福先生等，以及各民族村寨所有父老乡亲们对本书田野调查的大力支持。

本书的完成离不开课题组全体成员的不懈努力，特别感谢席宇斌副教授、李赢铭副教授、张鲜艳副教授、卢彦红老师、徐升艳教授、袁洁研究员、韦俊峰博士、代猛老师、杨娜副教授的无私奉献，还要感谢我的学生，代涵奕、赵映雪、王美钰、周密、付润洁、胡宏猛、王淑慧、李杨雯、李凌芳等研究生的辛苦付出。

感谢我的父母，在生活上对我无微不至的照顾；感谢我的先生，对我工作的大力支持；感谢我的龙凤胎子女，不嫌弃每天伏案工作的我，在本书撰写的最后阶段向我奔赴而来，让我的人生更有意义，你们是上天恩赐的礼物。

学术道路长漫漫，不忘初心砥砺行。我将永远带着感恩之心，在学术道路上不断前行，并且及时把学术成果融入教学中，引导学生们厚植家国情怀，传承工匠精神。

侯玉霞

2022 年 1 月

于漓江河畔